本书由西北政法大学退役军人事务研究院资助

本著作为2018年度教育部人文社科青年基金项目"延安时期党的领导与社会保障建设相统一的实践智慧及其当代意义研究"（项目批准号：18XJC710010）、2020年度西北政法大学教改项目"我校军转干部培训中'课程思政'与'思政课程'问题研究"（项目批准号：XJYB202036）、2018年度教育部社科基金重大攻关项目"近代救灾法律文献整理与研究"（项目批准号：18JZD024）阶段性成果。

革命根据地社会保障法律文献汇编与研究丛书

延安时期
军人、退役军人社会保障
法律文献汇编

文姚丽　董玮　编著

YAN'AN SHIQI
JUNREN、TUIYI JUNREN SHEHUI BAOZHANG
FALÜ WENXIAN HUIBIAN

陕西师范大学出版总社　西安

图书代号　SK23N1764

图书在版编目（CIP）数据

延安时期军人、退役军人社会保障法律文献汇编／文姚丽，董玮编著. — 西安：陕西师范大学出版总社有限公司，2023.12
（革命根据地社会保障法律文献汇编与研究丛书）
ISBN 978-7-5695-4039-0

Ⅰ.①延… Ⅱ.①文…②董… Ⅲ.①革命根据地—军人—社会保障法—汇编—中国—1931-1949 Ⅳ.①D922.122

中国国家版本馆CIP数据核字（2023）第251640号

延安时期军人、退役军人社会保障法律文献汇编
YAN'AN SHIQI JUNREN、TUIYI JUNREN SHEHUI BAOZHANG FALU WENXIAN HUIBIAN
文姚丽　董　玮　编著

责任编辑	张爱林
责任校对	赵荣芳
装帧设计	锦　册
出版发行	陕西师范大学出版总社
（西安市长安南路199号　邮编710062）
网　　址	http://www.snupg.com
印　　刷	陕西龙山海天艺术印务有限公司
开　　本	787 mm×1092 mm　1/16
印　　张	28.5
字　　数	560千
版　　次	2023年12月第1版
印　　次	2023年12月第1次印刷
书　　号	ISBN 978-7-5695-4039-0
定　　价	158.00元

读者购书、书店添货或发现印装质量问题，请与本公司营销部联系、调换。
电话：（029）85307864　85303629　　传真：（029）85303879

序 言

中国共产党领导下的百年社会保障制度及实践取得了举世瞩目的成就，建立了普惠性的社会保障制度体系，新时代中国社会保障事业进入高质量发展阶段。新民主主义革命时期中国共产党领导下的社会保障事业为新中国社会保障制度的建立奠定了深厚的根基。目前，学术界对新中国成立后的社会保障制度及实践的研究积累了丰富的经验，涌现了一大批卓有成就的研究成果。研究中国共产党领导下的百年社会保障制度及实践，需要溯本求源，系统梳理、研究新民主主义革命时期各革命根据地的社会保障制度及实践。

再者，中国社会保障史的研究需要建立在大量翔实而可靠的史料基础之上，因此需要整理编撰中国社会保障史史料性丛书。为了梳理和厘清中国共产党成立以来至新中国成立这一时期的相关社会保障的现实与理论逻辑，清晰了解其历史发展脉络，准确把握中国共产党社会保障的实质与内涵，更好地推动社会保障事业的科学发展，我们对截至目前公开发布的党的文献、党和国家领导人的批示和文选、档案资料进行了搜集、整理汇编。《革命根据地社会保障法律文献汇编与研究丛书》收录了中国共产党成立以来至新中国成立这一历史时期各革命根据地的社会保障法律文献。

本丛书的重点内容有两方面：一是搜集整理革命根据地的社会保障法律文献，形成系列法律文献汇编，为社会保障学术界广大学术爱好者及民政、人力资源与社会保障等实务部门提供中国共产党在新民主主义革命时期的社会保障历史性文献资料；二是深入研究新民主主义革命时期的社会保障制度及实践，为当代中国社会保障高质量发展提供历史镜鉴。按照社会保障的内容划分，具体包括军人及退役军人社会保障、灾荒救助、社会保险、儿童保育与教育、医疗卫生、慈善等板块。

本丛书所选资料来自以下几个方面：一是各档案馆馆藏革命根据地政府档案。遗憾的是由于各革命根据地档案资料的对外开放程度不一，编者对各革命根据地档案资料馆的史料未能做到全面全方位的查阅。二是学术界已出版的史料汇编。新民主主义革命时期各革命根据地的社会保障法律文献散见于各类史料汇编之中，为了便于中国近现代社会保障史研究的顺利开展，有必要对革命根据地的社会保障法律文献进行全面的整理并汇编成册。三是报纸期刊类。新民主主义革命时期的报纸、期刊，如《解放日报》《新中华报》《红色中华》《向导》《中国农村》《红旗》等涵盖了各革命根据地大量的社会保障史料。四是部分人物传记，内容涉及党和国家领导人对新民主主义革命时期社会保障制度建设和实践的批示、答复等。

需要说明的是，关于革命根据地社会保障法律文献，之前虽然未做系统的整理汇编，但部分社会保障法律文献散见于各类文献汇编之中，因此部分社会保障法律文献有多个出处，本丛书在整理汇编过程中一一列出了已查阅到的所有文献出处，以求尽可能完整体现文献的来源，便于读者相互比对、校正。

延安时期指的是中共中央在陕北的13年，具体指1935年10月19日中共中央随中央红军长征到达陕北吴起镇(今吴起县)、落户陕北到1948年3月23日毛泽东、周恩来、任弼时在陕北吴堡县东渡黄河、迎接革命胜利的曙光这段时间。陕甘革命根据地是土地革命战争后期全国硕果仅存的较为完整和稳固的根据地，是党中央和各路红军长征的落脚点，是八路军主力奔赴抗日前线的出发点；在抗日战争、解放战争时期，是党中央所在地，是中国革命的政治指导中心，是中国人民解放斗争的总后方。陕甘宁边区政府在党中央的领导下，带领边区人民与日本帝国主义、国民党反动派进行了艰苦卓绝的斗争，对支援抗日战争、解放战争做出了伟大的贡献。早在土地革命战争时期，刘志丹、谢子长、习仲勋等领导了陕甘地区的武装起义、游击战争。1934年11月，在南梁召开工农兵代表大会，建立陕甘边区工农民主政府。1935年1月25日，陕北苏区第一次工农兵代表大会在赤源县（原安定县，现子长市）白庙岔召开，正式建立了陕北省苏维埃政府。1935年2月5日，中共陕甘边特委和中共陕北特委在赤源县周家硷召开联席会议，成立了中共西北工委和中国工农红军西北革命军事委员会。1935年9月，红二十五军长征到达陕北，与西北红军第二十六军、二十七军会师，成立红十五军团和中共陕甘晋省委。同年10月，中央工农红军到达陕北。11月，中华苏维埃共和国中央执行委员会决定将西北苏区划分为陕北省、陕甘省和关中、神府两特区，由苏维埃中央政府西北办事处统一领导。1937年3月，中共中央决定将陕甘宁苏区改为陕甘宁特区。1937年9月6日，陕甘宁边区政府正式成立。1949年5月20日，西安解放；6月14日，边区政府机关迁入西安市办公；以后随着解放战争向西北地区的迅速发展，先后成立了陕西、甘肃、宁夏、青海等省政府。至1950年1月19日，西北军政委员会在西安成立，陕甘宁边区政府完成自身历史任务宣告光荣结束。因此，延安时期的社会保障法律文献核心是陕甘宁边区的社会保障法律文献，本书即涵盖了陕甘宁边区的社会保障法律文献。

《延安时期军人、退役军人社会保障法律文献汇编》按照社会保障学的体例结构，主要收录了抗战时期和解放战争时期（1937年—1949年）陕甘宁边区政府及下辖的陕北东西两分区、三边分区、神府分区、绥德分区、延属分区、陇东分区及直辖县政府的军人社会保障法律文献，主要内容包括军人和退役军人抚恤优待、拥军爱民、军队干部教育、医疗卫生、社会福利、退役安置等方面的法律文献。本书的文献来源包括三方面：一是新民主主义革命时期的报刊，主要有《解放日报》《布尔什维克》《红旗》《斗争》《群众》《向导》《新中华报》《解放前的中国农村》《中国农村》《东方杂志》等；二是已经出版的文献史料，包括人物文集、传记等；三是已整理出版的陕甘宁边区文献。

2021年7月28日，退役军人事务部召开专家咨询委员会第二次全体会议，钱锋副部长强调要注重从学理的深度、历史的维度和现实的角度，探究退役军人工作高质量发展的理论逻辑、历史逻辑和实践逻辑，构建一套具有退役军人工作特色的理论话语体系；要聚焦推动退役军人工作高质量发展的主题，退役军人事务的高质量发展需要总结党百年来（退役）军人社会保障的历史经验。2022年1月，退役军人事务部启动了《中国共产党领导下的退役军人工作发展史》的编撰工作，退役军人事务部党组书记裴金佳指出，要抓紧编纂《中国共产党领导下的退役军人工作发展史》，在系统梳理建党100年来退役军人工作发展历程的基础上，科学谋篇布局、突出编写重点，完整、准确、全面认识把握建党100年来特别是党的十八大以来的退役军人工作。

延安时期的军人、退役军人社会保障奠定了新中国军人、退役军人社会保障的制度和实践基础。考虑到军人、退役军人事务工作的高质量发展，尤其是中国共产党百年来军人、退役军人社会保障制度及实践经验的总结归纳，需要对延安时期的军人、退役军人社会保障法律文献进行系统的搜集与整理，为军人、退役军人事务的高质量发展提供历史镜鉴。汇编延安时期军人、退役军人社会保障法律文献，也是总结退役军人事务工作历史逻辑的需要，以供退役军人事务部系统、学术界研究参考。

本丛书的编纂得到了中国社会保障学会、陕西师范大学出版总社及西北政法大学人权研究中心等多方的大力支持，在此深表感谢！由于时间、精力、能力所限，短时间内编纂一套史料性丛书，对于一个非史学专业出身的青年学者来说实属不易，故文稿中疏漏、不足之处在所难免，望读者朋友指正，以求在后续的编纂过程中不断修改完善。

文姚丽
2022年6月11日

目 录

第一部分　军人、退役军人抚恤优待 …………………………………… 001

一、军人、退役军人抚恤 ………………………………………………… 003
1. 关于残废牺牲老病等抚恤的规定 ………………………………………… 003
2. 抗日战士优待抚恤条例（草案）………………………………………… 006
3. 陕甘宁边区抚恤暂行办法 ………………………………………………… 009
4. 陕甘宁边区政府指令
　　——指示马家圪子查验处被抢一案善后事 …………………………… 013
5. 陕甘宁边区政府为颁布《陕甘宁边区抚恤优待条例（草案）》的命令 …… 014
6. 陕甘宁边区政府批答
　　——为李生昌腿被碾伤批领抚恤款事 ………………………………… 018
7. 陕甘宁边区政府命令
　　——颁发《陕甘宁边区抚恤革命烈士、荣誉军人及优待革命年老人员条例》 …… 019
8. 陕甘宁边区政府命令
　　——关于颁发抚恤条例 ………………………………………………… 022

二、军人、退役军人优待 ………………………………………………… 025
1. 陕甘宁特区政府颁布抗日军人优待条例 ………………………………… 025
2. 陕甘宁边区政府批答
　　——各县优待粮数、户数应重新审核 ………………………………… 027
3. 陕甘宁边区政府指示
　　——关于执行优军等条例 ……………………………………………… 030

4. 陕甘宁边区政府命令
　　——颁布《邮寄烈士遗物小包暂行办法》……033
5. 陕甘宁边区政府、中国人民解放军西北军区司令部联合通令
　　——颁发《邮寄烈士遗物保价小包暂行办法》……035
6. 陕甘宁边区政府通知
　　——关于荣誉军人、荣校学员乘坐火车半价购票……037

三、优待军、烈、工属 ……038

1. 陕甘宁边区政府指令
　　——关于家在统战区的抗工属来延安县种地所收粮食运回问题……038
2. 认真执行优抗条例……040
3. 陕甘宁边区政府命令
　　——颁发优待抗日军人家属条例……043
4. 陕甘宁边区政府命令
　　——在拥军月内实行优待抗属购物办法……048
5. 陕甘宁边区政府家属待遇暂行办法……051
6. 陕甘宁边区优抗工作总结……053
7. 陕甘宁边区政府命令
　　——公布《陕甘宁边区优待革命军人家属及革命工作人员家属办法草案》……072
8. 如何改善优抗工作……079
9. 陕甘宁边区政府命令
　　——关于今后优待军、烈、工属的原则……082
10. 陕甘宁边区政府命令
　　——颁发《陕甘宁边区优待革命军人、烈士家属条例》及《陕甘宁边区革命工作人员家属生活困难处理暂行办法》……084
11. 陕甘宁边区政府命令
　　——出外干部家属优待办法……089
12. 陕甘宁边区政府通知
　　——为准黄龙专署开办分区干部子女学校……090
13. 陕甘宁边区政府通知
　　——关于各直属分区不新设立干部子弟小学……091

14. 陕甘宁边区政府批答
　　——关于烈、军、干属子女入学问题…………………………………093

四、代耕……………………………………………………………………097
1. 陕甘宁边区义务耕田队条例……………………………………………097
2. 陕甘宁边区政府民政厅为优待抗属组织代耕工作给各县的指示信………099
3. 陕甘宁边区优待抗属代耕工作细则………………………………………101
4. 陕甘宁边区政府关于优待代耕工作的指示信……………………………107
5. 民政厅指示各县加强优抗代耕工作
　　——务使抗属足衣足食　友军抗属同等优待……………………………109
6. 陕甘宁边区政府批答
　　——为批答贸易公司呈请对工作人员家属代耕办法………………………111

五、其他优待…………………………………………………………………112
1. 陕甘宁边区政府指令
　　——准予公布《国医国药奖励优待条例草案》……………………………112
2. 陕甘宁边区粮食局运输人员待遇抚恤办法………………………………114
3. 陕甘宁边区财政厅关于技术干部优待办法的通知………………………118
4. 陕甘宁边区政府通知
　　——关于边区及各县常驻议员与政府委员津贴由…………………………119
5. 陕甘宁边区税务人员待遇及抚恤方法……………………………………120
6. 陕甘宁边区税务人员待遇及抚恤方法……………………………………122

第二部分　拥军爱民　　　　　　　　　　　　　　　　　125

一、政策法规…………………………………………………………………127
1. 陕甘宁边区政府关于动员及代雇民夫、牲口的规定………………………127
2. 陕甘宁边区战时动员壮丁牲口条例………………………………………129
3. 陕甘宁边区战时动员壮丁牲口条例施行细则……………………………133
4. 陕甘宁边区战时动员物资办法……………………………………………136
5. 陕甘宁边区民政厅关于动员工作指示信…………………………………140

6. 陕甘宁边区政府关于拥军月具体办法 …………………………………………… 142

7. 陕甘宁边区政府训令
    ——动员沿途人民慰劳三五九旅七一八团 …………………………………… 144

8. 陕甘宁边区战时动员壮丁与牲口条例 ………………………………………… 145

9. 陕甘宁边区政府命令
    ——颁发《拥护军队之决定》及《拥军运动月的指示》 …………………… 148

10. 留守兵团司令部及政治部关于拥护政府爱护人民的决定 …………………… 153

11. 留守兵团政治部关于拥政爱民运动月工作指示 ……………………………… 156

12. 留直政政工会议决定拥政爱民实施办法 ……………………………………… 159

13. 陕甘宁边区在年节给全体指战员的慰问信 …………………………………… 161

14. 陕甘宁边区政府命令
    ——颁布《陕甘宁边区政务人员公约》 ……………………………………… 163

15. 陕甘宁边区政府、八路军留守兵团司令部关于编余人员送分区安置
     处理原则规定的训令 …………………………………………………………… 166

16. 陕甘宁边区政府民政厅、八路军留守政治部关于执行《编余人员送分区
     安置处理训令》之补充办法（提供参考）…………………………………… 168

17. 西北局关于拥政爱民及拥军工作的决定 ……………………………………… 171

18. 留守兵团政治部指示所属各部加强拥政爱民工作 …………………………… 174

19. 陕甘宁边区政府指示信
     ——关于拥军工作指示 ………………………………………………………… 177

20. 中央关于检查拥政爱民及拥军优抗工作的指示 ……………………………… 183

21. 中共中央转发《陕甘宁边区各旅进行拥政爱民工作的办法》……………… 185

22. 陕甘宁边区政府指示
     ——1945年拥军优抗工作 ……………………………………………………… 187

23. 陕甘宁边区政府指示信
     ——增加自卫力量补充地方部队保卫秋收及拥军节约 ……………………… 190

24. 陕甘宁边区政府关于拥军月的工作指示 ……………………………………… 192

25. 联防军政治部关于拥政爱民月的指示 ………………………………………… 194

26. 边区政府关于嘉奖各地民兵英雄的命令 ……………………………………… 196

27. 陕甘宁边区政府命令
     ——颁发《民国三十六年生活供给标准与生产任务及节约办法》………… 198

- 4 -

28. 陕甘宁边区政府关于战勤工作的指示 …… 204
29. 陕甘宁边区政府参军动员令 …… 207
30. 陕甘宁边区人民战时服勤暂行办法 …… 210
31. 陕甘宁边区政府命令
　　——公布《战时勤务动员暂行办法》 …… 217
32. 陕甘宁边区政府、陕甘宁晋绥联防军司令部命令
　　——颁布《一九四八年度供给标准》 …… 223
33. 陕甘宁边区政府通知
　　——关于《一九四八年度供给标准》的补充规定 …… 236
34. 陕甘宁边区政府命令
　　——关于动员随军常备担架问题 …… 238
35. 陕甘宁边区政府命令
　　——关于清理战勤工作 …… 241

二、拥军的其他方式：自卫军、少年先锋队 …… 245

1. 陕甘宁边区政府、边区保安司令部命令
　　——公布《陕甘宁边区抗日自卫军组织条例》 …… 245
2. 陕甘宁边区重新整理边区自卫军工作的决定 …… 248
3. 陕甘宁边区抗日自卫军组织条例 …… 252
4. 陕甘宁边区政府命令
　　——禁止擅自扩兵归队等扰民行动 …… 256
5. 陕甘宁边区动员潜逃及逾假不归战士归队暂行办法 …… 257
6. 陕甘宁边区政府命令
　　——为令三十一年年底前潜逃及逾假不归战士均免予归队俾回家参加生产 …… 260
7. 陕甘宁边区军用电话线保护办法 …… 261
8. 陕甘宁边区服制规则 …… 263
9. 陕甘宁边区政府关于粉碎敌军"清剿"的指示 …… 265
10. 陕甘宁边区潜逃战士归队条例 …… 267
11. 陕甘宁边区抗日少年先锋队组织条例（草案） …… 270

三、经验总结 ··· 272

1. 陕甘宁边区政府给固临县政府的指令 ······································· 272
2. 加强军民团结 ··· 275
3. 造成拥军热潮　增强拥军工作 ·· 278
4. 开展拥政爱民运动 ··· 281
5. 南泥湾劳军观感 ·· 283
6. 留直政总结拥政爱民工作 ··· 288
7. 拥军运动和拥政爱民运动的经验 ·· 289
8. 拥政爱民运动中的好榜样 ··· 292
9. 双拥运动的由来、发展及其经验启示 ···································· 295
10. 枣园拥军拥政爱民工作的介绍 ·· 309
11. 我们应把拥军工作做得更好 ··· 312
12. 陕甘宁边区政府关于拥军工作指示 ······································ 315

第三部分　军队干部教育 ··· 317

1. 中央军委、军委总政关于军队干部教育的指示
   ——总的指示 ··· 319
2. 中央军委、军委总政关于军队干部教育的指示
   ——军事教育 ··· 322
3. 中央军委、军委总政关于军队干部教育的指示
   ——政治教育 ··· 328
4. 中央军委、军委总政关于军队干部教育的指示
   ——文化教育 ··· 331
5. 中央军委、军委总政关于军队干部教育的指示
   ——各种干部的业务教育 ·· 333
6. 西北局关于区乡干部冬训指示 ··· 338
7. 陕甘宁边区政府关于发动群众对敌斗争及注意对干部的教育奖惩电令 ········· 340
8. 开革命教育事业先河的军队教育 ·· 341
9. 蔡子伟回忆陕甘边区红军干部学校 ······································· 345
10. 陕甘宁边区红军干部学校始末 ·· 347

11. 杨伯伦回忆红二十六军干校的建立及活动 ………………………… 349
12. 任质斌谈中央红军教导师在庆阳 …………………………………… 351
13. 中国抗日红军大学及红大第三科情况简介 ………………………… 354
14. 抗大七分校在陇东 …………………………………………………… 356
15. 胜利的保证
　　——抗大七分校二大队豹子川时期政治工作纪事 ……………… 358
16. 我们在战斗中成长 …………………………………………………… 367
17. 吴岱峰谈陕北（包括陕甘边）红军军事学校情况（节录） ……… 370

第四部分　军人、退役军人医疗卫生 …………………………………… 373

1. 陕甘宁边区政府指令
　　——关于救治瘟疫及纠正军队不用边币事 ……………………… 375
2. 陕甘宁边区政府通令
　　——护送伤兵办法的规定 ………………………………………… 376
3. 陕甘宁边区政府关于关中人民解放卫生院之编制给关中专署的命令 … 378
4. 陕甘宁边区政府通知
　　——关于人民解放卫生院之编制 ………………………………… 379

第五部分　军人、退役军人社会福利 …………………………………… 381

1. 陕甘宁边区政府关于增加残废金的通知 …………………………… 383
2. 陕甘宁边区政府对民政厅呈请增加残废金问题的批答 …………… 385
3. 陕甘宁边区政府为照准增加四二年残废金给民政厅的公函 ……… 388
4. 陕甘宁边区政府为奖励劳动英雄的命令 …………………………… 389
5. 关于加强荣誉军人教育及娱乐活动的决议 ………………………… 391
6. 陕甘宁边区政府通知
　　——一九四七年荣誉军人残废金及烈属抚恤费发放新规定 …… 393
7. 陕甘宁边区政府关于新订残废等级标准及残废证发给办法的通知 … 396
8. 陕甘宁边区政府关于确实解决贫苦烈军工属生活困难的指示 …… 399

9. 陕甘宁边区政府指示
　　——关于解决未种或少种夏田的贫苦烈军工属的口粮问题 ……………… 401
10. 陕甘宁边区政府通知
　　——一九四九年上半年抚恤各费应照所颁标准从速发放 ……………… 403
11. 陕甘宁边区政府通知
　　——关于颁发一九四九年下半年抚恤各费标准仰即遵照执行 …………… 408

第六部分　军人退役安置 …………………………………………………… 415

1. 陕甘宁边区抗日军人退伍条例草案 ……………………………………… 417
2. 陕甘宁边区抗日军人退伍及安置暂行办法 ……………………………… 420
3. 陕甘宁边区政府给在延安各医院休养所病员的慰问信 ………………… 424
4. 陕甘宁边区复员方案 ……………………………………………………… 426
5. 陕甘宁边区政府关于发给退休人员生产补助金的通知 ………………… 431
6. 陕甘宁边区政府关于成立干部休养所问题致习仲勋的函 ……………… 433
7. 陕甘宁边区政府函
　　——关于分别成立干部休养所问题 …………………………………… 434

第七部分　烈士公墓 ………………………………………………………… 435

1. 陕甘宁边区政府民政厅关于建筑革命公墓给延安市的训令 …………… 437

后　记 ………………………………………………………………………… 439

第一部分
军人、退役军人抚恤优待

　　本部分主要收录延安时期军人、退役军人抚恤优待的条例、办法、规定、指令、指示、命令、通令、通知、指示信、细则、批答及工作报告、经验总结等，具体内容包括五个方面：一是抚恤，涉及残废牺牲老病的退役军人群体、抗日战士、革命烈士、荣誉军人、革命年老人员等抚恤款具体内容。二是优待，包括抗日军人、阵亡烈士、荣誉军人、荣校学员等特殊群体的优待，涉及各县优待的户数及粮食数量，乘坐轮船、火车、汽车等半价购票等优待内容。三是优待革命家属、军烈属，主要涉及抗属的优待，包括拥军月内实行的优待抗属政策、公营商店优待抗属购物的折扣办法、优待军烈工属的原则、革命工作人员家属生活困难处理的问题、干部子女学校及入学优待等具体问题。四是为优待抗属组织的代耕，涉及如何组织代耕工作、义务耕田队及代耕的细则等内容。五是其他优待，具体涉及国医国药奖励优待、粮食运输人员的抚恤优待、技术干部优待、边区及各县常驻议员与政府委员的津贴、税务人员待遇与抚恤等内容。

一、军人、退役军人抚恤

1. 关于残废牺牲老病等抚恤的规定

（1937年2月1日）

为执行苏维埃优待伤亡残废战士的决定，特按照目前生活程度及国家财政状况，规定暂时办法如下：

A.凡红色战士因革命战斗而成残废者依下列标准发给残废证书及抚恤金：

1. 一等残废标准

（1）两目失明者；

（2）脑神经失其记忆力或不能说话者；

（3）脊柱神经失其作用，上肢瘫痪，下肢瘫痪，半身瘫痪，痉挛性瘫痪（乃全身动摇不定），萎缩性瘫痪；

（4）两手裁断，或两手瘫痪者；

（5）一腿裁断或废者；

（6）内脏损坏而他部不能完全代偿者；

（7）口腔喉部失去作用不能咀嚼者。

每年抚恤金大洋叁拾元。

2. 二等残废标准

（1）一目失明或两目差明者；

（2）声带损坏说话不清者；

（3）口腔因伤而不便饮食者；

（4）两侧性面神经瘫，或因伤后而经常头痛者；

（5）一手一足不垂者；

（6）大便自遗，小便失禁者；

（7）下肢关节强直而行动不便者；

（8）一部内脏损失甚轻而他一部尚能代偿者；

（9）一手切断或瘫痪者。

每年抚恤金大洋贰拾元。

3. 三等残废标准

（1）一目差明者；

（2）上肢关节强直筋肉收缩伸张不开者；

（3）手指足趾失去过半者；

（4）生殖器因伤而失去一部者；

（5）两耳失听者。

每年抚恤金大洋拾贰元。

4. 四等残废（即临时残废）

凡伤愈后神经麻痹，运动不适须足一年后才能恢复其原状者，给抚恤金一次大洋拾元。

B．凡机关工作人员在革命工作中因某种原因而致残废者由内务部考查此照准等级照给恤金。

C．凡红军战士因革命战斗而牺牲者，对于其家属一次总给抚恤金大洋贰拾元。其家属依照优红条例继续办理。

D．凡属在红军部队机关中工作者在因伤痛后须休养身体，得斟酌情形给以休养费，由贰元至伍元。

5. 老者优待费

（1）凡在红军中有服务五年以上者，年满四十五岁而退伍者，每年给优待费伍元。

（2）继续在红军中工作者每年给优待费拾元。

E．退伍而家在白区的，得斟酌情形，除给以应需路费外，还须给以相当优待费。

F．上列规定由公布日起发生效力。

中央内务部部长

蔡树藩

【资料来源】

雷志华、李忠全主编：《陕甘宁边区民政工作资料选编》，陕西人民出版社，1992年，第206—207页。

2. 抗日战士优待抚恤条例（草案）

第一章 总则

第一条 本条例为激扬坚决抗战精神，增加与巩固抗战力量制定之。

第二条 凡参加抗日战争之将士及其直系血亲配偶、未成年之弟妹均受本条例之优待。

第三条 凡在后方为抗战服务之一切工作人员，任期达三年以上，仍无薪给而为抗战事业继续服务经边区政府审核批准者，亦得享有本条例之同等待遇。

第二章 优待抚恤委员会

第四条 为实现本条例并健全工作起见，特组织各级优待抚恤委员会（以下简称本会）。

第五条 本会设总会于陕甘宁边区政府民政厅所在地，直接受其管辖，各县设县分会。

第六条 遇工作必要时，由总会决定得于抗日军队中设立分会。

第七条 本会之各级分会，直接隶属总会，同时并受所在政府或政治部之指挥与监督。

第八条 本会及各级分会，设委员三人至七人，主任一人。总会人选由边区政府委任，各级分会则经所在政府或政治部提出名单，由总会核准委任。

第九条 本会各级分会以兼任为原则；于特殊繁忙时，得设专员负责。

第十条 本会各级分会须按月将一切工作统计调查表等，逐级呈报总会。

第三章　优待办法

第十一条　抗日战士在服务期内应受下列各项优待：

一、本人及家属免纳边区之一切捐税。

二、家属所住之公舍免纳租金。

三、本人及家属享受公营商店百分之一减价购买物品待遇，在必需品缺乏时并得优先购买。

四、乘坐轮船、火车、汽车等其费用由公家发给。

五、子弟入学读书免缴一切费用。

六、伤病必须治疗休养时由公家发给费用。

第十二条　倘战士家属缺乏劳动力，其耕种田地应由代耕队为之播种收获，代耕队组织条例另定之。

第十三条　抗日战士家属因疾病丧葬或其他事故发生特别困难时，得呈请政府酌予必要资助或动员人民互助之。

第十四条　抗日战士服务五年以上年满四十五岁者，得退职休养。如不愿退休而继续服务者，由民政厅发给老年优待证享受特殊优待。其办法另订之。

第十五条　抗日战士因年老或残废退职者，得终身享有本条例之一切优待。

第四章　抚恤办法

第十六条　凡战斗将士阵亡或因公积劳病故者得依下列各项办法抚恤之：

一、公布其死亡时间、地点、战役及服务功德等以资表扬。

二、搜集其遗物陈列于革命历史博物馆永垂纪念。

三、殓葬其遗体并建立纪念牌。

四、子女弟妹等幼小时由政府抚养教育，并于年满十八岁后介绍职业为止。

五、其直系遗属享受本条例之一切优待。

第十七条　凡因战斗受伤残废或因公积劳伤残者，由边区政府发给荣誉战士优待证书并终身按年领取抚恤费。该优待办法另订之。

第十八条　荣誉战士得享受下列待遇：

一、入荣誉军人学校学习。

二、入荣誉军人休养所休养。

三、由政府代为介绍适当职业。

四、由政府给予适量田地耕种终身。

第五章　附则

第十九条　本条例应享优待之人如有犯罪事实经法院判罪者，得宣布停止或撤销其优待权。如有冒充军人或军属求优待者得酌情处罚。

第二十条　本条例之修改及解释权属于边区政府。

第二十一条　本条例自公布之日实施。

【资料来源】

艾绍润主编：《陕甘宁边区法律法规汇编》，陕西人民出版社，2007年，第351—352页。

3. 陕甘宁边区抚恤暂行办法

（1940年公布）

第一条　本办法根据陕甘宁边区优待抚恤抗日将士条例制定[①]之。

第二条　本办法基本上适用于由边区内而直接参战的抗日战士之优老养病抚恤伤亡等。

第三条　其他各抗战工作服务人员，经该主管部属首长依法证明，转请边府民政厅考察确实批准者亦适用之。

第四条　凡抗日将士因革命牺牲者，由该主管部属首长填具详细证明表，转所属优待抚恤委员会依法办理下列抚恤事宜：

（一）登记其功绩纪念品具报上级备查。

（二）登记其家庭状况，转请所在地方政府依法抚恤。

（三）暂发给其直系遗属抚恤金二十元。

第五条　抗日将士在伤病中或伤病后，因公积劳成疾，须休养滋养者，由该主管部属每月斟给予休养费或滋养品。

第六条　抗日将士服务五年以上（后方工作人员八年以上）年满四十岁者，由该主管部属首长填具详细证明表，转所属优待抚恤委员会发给抗日战士年老优待证书，在职

[①] 在《延安和陕甘宁边区的双拥运动》（李敏杰主编，李万良、袁俊宏编，甘肃人民出版社，1992年，第2-5页）、《陕甘宁边区民政工作资料选编》（雷志华、李忠全主编，陕西人民出版社，1992年，第210-212页）两部史料汇编中使用的是"制定"，但在《陕甘宁边区行政救助法典汇编》（关保英主编，山东人民出版社，2016年，第66-68页）中使用的是"订定"，意思上基本一致，本史料汇编选用"制定"。

者每年发给优待金十元，退伍者每年发给优待金五元。

第七条　抗日将士因革命战斗而成残废者，以下列标准发给荣誉将士优待证及抚恤金：

甲　一等残废标准

（一）两目失明者[①]；

（二）脑神经失其作用或不能说话者；

（三）脊柱神经失其作用上下肢瘫痪，或半身瘫痪、痉挛性瘫痪（如全身动摇不定）、萎缩性瘫痪者；

（四）两手折断或失其作用者；

（五）一腿折断或全废者；

（六）内脏损坏而他部不能完全代管者；

（七）口腔喉部失其作用不能咀嚼者；

（八）其他重大残疾相当于上列作用者。

注：暂定一等残废每年发给抚恤金三十元。

乙　二等残废标准

（一）一目失明或两目差明者；

（二）声带损坏说话不清者；

（三）口腔因伤不便饮食者；

（四）两侧性面神经瘫痪或因伤后而经常头疼者；

（五）一手一足同时下垂者；

（六）大便自遗小便失禁者；

（七）下肢关节僵直[②]而行动不便者；

（八）一部内脏损失甚轻而他部尚能代管者；

（九）一手折断或瘫痪全失作用者；

（十）其他类似以上作用者。

注：暂定二等残废每年发给抚恤金二十元。

[①] 在《陕甘宁边区民政工作资料选编》（雷志华、李忠全主编，陕西人民出版社，1992年，第210-212页）中为"失眠者"，其他版本史料汇编为"失明者"，根据上下文意思，此处应为"失明者"。

[②] 在《陕甘宁边区民政工作资料选编》（雷志华、李忠全主编，陕西人民出版社，1992年，第210-212页）中为"强直"，而在《延安和陕甘宁边区的双拥运动》（李敏杰主编，李万良、袁俊宏编，甘肃人民出版社，1992年，第2-5页）中为"僵直"，根据上下文意思，此处应为"僵直"。

丙　三等残废标准

（一）一目差明者；

（二）上肢关节僵直筋肉收缩伸张不开者；

（三）手指足趾失去过半者；

（四）生殖器因伤而失去一部而尚能人道者；

（五）两耳失听者；

（六）其他类似以上作用者。

注：暂定三等残废每年发给抚恤金十二元。

丁　临时残废标准

凡在伤愈后神经麻痹、运动不适，须满一年后才能恢复其原状者，共给抚恤金一次十元。

第八条　凡第七条法定发给之荣誉战士优待证书，须持有正式医疗机关证明表，到就近抚恤委员会领取。

第九条　凡抗日将士因公积劳成疾而请领荣誉将士优待证书者，须持有医生及该主管部属首长之详细证明表及履历表，到边府民政厅或指定之代办机关领取。

第十条　持有优待证之年老战士荣誉将士退伍而家在边区以外者，除给路费外，还须给予相当优待费。

第十一条　优待证书除非有人证明在危急的水火灾中或战斗中遗失者外，概不补发。

第十二条　凡持有原残疾证书或医院证明表不合法定等级或有疑难者，各级抚恤委员会得停缓换证，随时与就近医生共同检查，另行判定其等级。

第十三条　荣誉将士优待证书式样如下：（略）

第十四条　年老战士优待证式样如下：（略）

第十五条　本办法自公布之日起施行。

【资料来源】

《抗日根据地政策条例汇集·陕甘宁之部》（上），1942年，第219—222页。

陕西省档案馆、陕西省社会科学院合编：《陕甘宁边区政府文件选编》第二辑，档案出版社，1987年，第550—553页。

甘肃省社会科学院历史研究室编：《陕甘宁革命根据地史料选辑》第一辑，甘肃人民出版社，1981年，第56—59页。

李敏杰主编，李万良、袁俊宏编：《延安和陕甘宁边区的双拥运动》，甘肃人民出版社，1992年，第2—5页。

雷志华、李忠全主编：《陕甘宁边区民政工作资料选编》，陕西人民出版社，1992年，第210—212页。

陕西省档案局编：《陕甘宁边区法律法规汇编》，三秦出版社，2010年，第444页。

关保英主编：《陕甘宁边区行政救助法典汇编》，山东人民出版社，2016年，第66—68页。

4. 陕甘宁边区政府指令

——指示马家圪子查验处被抢一案善后事

〔抗字第835号〕

（1941年1月13日）

令财政厅　厅　长　霍维德
　　　　　副厅长　曹力如

呈一件，为报靖边马家圪子查验处被抢请追究由。

呈悉。查本案曾经税务总局呈报到府，业经本府以该县竟发生杀人越货事件，训令该县长严究凶犯，详查公款的损失，加强自卫军的组织、防范，以后不能再有此事件发生，去矣。惟该查验处干部刘元良同志因公殉难，惨遭杀害，至堪惋惜，仰该厅长速即详叙该同志生前劳绩，从优抚恤，具报备核为要。

此令

主　席　林伯渠
副主席　高自立

【资料来源】

陕西省档案馆、陕西省社会科学院合编：《陕甘宁边区政府文件选编》第三辑，档案出版社，1987年，第29页。

5. 陕甘宁边区政府为颁布《陕甘宁边区抚恤优待条例（草案）》的命令

（1944年9月9日）

各专署、各县（市）政府

各旅团

各卫生机关：

《陕甘宁边区抚恤优待条例（草案）》业经本府第八十三次政务会议通过，现予颁行。民国二十九年公布之陕甘宁边区抚恤暂行办法应废除之。凡今后处理抚恤优待事宜应以本条例为依据。

此令。

主　　席　林伯渠
副 主 席　李鼎铭
民政厅长　刘景范
副 厅 长　唐洪澄

附：陕甘宁边区抚恤优待条例（草案）

第一条　凡抗日军人及抗日工作人员有下列情形之一者受抚恤：

（一）因作战阵亡者。

（二）因公积劳病故者。

第二条　凡抗日军人及抗日工作人员有下列情形之一者受优待：

（一）因作战残废者。

（二）因公残废者。

（三）军人服务八年以上年满五十者。

（四）工作人员服务十年以上年满五十者。

第三条　受本条例抚恤或优待之人员除特殊情形者外，均以下列范围为限：

（一）阵亡或病故人员之遗属居住边区境内者。

（二）残废本人居住边区境内者。

第四条　凡抗日残废军人及抗日残废工作人员之残废标准依下列所规定：

一、有下列情形之一或类似情况者定为一等残废：

（一）脑神经部分失作用者（如两目失明或两耳失听、不能说话等）。

（二）脊柱神经失作用，全身或半身瘫痪，或大便自遗小便失禁者。

（三）两手折断或失作用者。

（四）一腿折断已成残废者。

（五）内脏损坏而他部不能完全代效者。

（六）口腔、喉部失作用不能咀嚼者。

二、凡有下列情况之一或类似情况者，定为二等残废：

（一）一目失明或两目差明者。

（二）声带损伤，说话不清，或口腔不便饮食者。

（三）侧面神经瘫痪经常头痛者。

（四）一手并一足不能同时自由伸屈，或一手瘫痪，或一手折断全失作用者。

（五）双腿关节僵直而行动不便，或一腿失去大部作用者。

（六）内脏一部损坏甚轻而他部尚能代效者。

三、有下列情况之一或类似情况者，定为三等残废：

（一）一目差明，一耳失听，或两耳带聋者。

（二）一腿稍拐者。

（三）一臂关节僵直，肌肉伸缩不开者。

（四）手指或脚趾之一部失去半数或一部之前节者。

四、凡在伤愈后神经麻痹，运动不适，恢复原状尚需时日者，定为临时残废，发给临时残废证，按照三等残废给领优待金；一年后另行检查，以伤势决定继续优待或停止优待。

第五条　抚恤及优待金标准依下列规定：

（一）阵亡或在服务中病故者一次发给等于四石小米之恤金，由其遗属承领之（遗属解释见《陕甘宁边区优待抗日军人家属条例》第二条）。

（二）一等残废每年发给等于八斗小米之优待金。

（三）二等残废每年发给等于四斗小米之优待金

（四）三等残废每年发给等于二斗小米之优待金。

前项恤金及优待金均按照发给时之当地小米市价发给之。

第六条　凡受优待之残废人员均须取得下列证明书，由所属之主管机关验明并呈经边区抚恤委员会审核发给荣誉残废证后，方得按时向所在地之县市政府领取优待金。

（一）属于军人者须经团级卫生机关填发残废证明书说明残废情形及等级。

（二）属于抗日工作人员者须经县级卫生机关填写证明书说明残废情形及等级。

第七条　本条例第二条（三）（四）两款规定之受年老优待者，须由各该服务机关（团级或县级以上）首长填具服务年龄详细证明表，经边区抚恤委员会核发年老优待证，其作用与荣誉残废证同，发给等于三等残废之优待金。如六十岁以上失去劳动力者，其生活完全由政府供给之。

第八条　荣誉残废证及老年优待证如有损蚀，可向边区抚恤委员会或所在地专署调换；如有遗失，须经主管机关证明，并登报声明作废后呈报边区抚恤委员会查核补发之。

第九条　荣誉残废证及老年优待证不得转给他人，犯罪被剥夺公民权者，在剥夺其公民权期间停止优待。

第十条　荣誉残废证及老年优待证由边区政府统一制发之，抚恤金及优待金每年六月、十二月两次发给。

第十一条　受抚恤优待人除照本条例抚恤与优待外，并得享受《陕甘宁边区优待抗日军人家属条例》之优待。

第十二条　凡抗日军人及抗日工作人员退伍者，除仍享受本条例优待外，并由政府设法帮助建立家务，安定生活。

第十三条　本条例经边区政府委员会通过，边区政府公布施行。

【资料来源】

陕西省档案馆、陕西省社会科学院合编：《陕甘宁边区政府文件选编》第八辑，档案出版社，1988年，第352—355页。

雷志华、李忠全主编：《陕甘宁边区民政工作资料选编》，陕西人民出版社，1992年，第258—261页。

陕西省档案局编：《陕甘宁边区法律法规汇编》，三秦出版社，2010年，第449—450页。

关保英主编：《陕甘宁边区行政救助法典汇编》，山东人民出版社，2016年，第223—225页。

6. 陕甘宁边区政府批答
——为李生昌腿被碾伤批领抚恤款事

〔批字第26号〕

（1942年1月21日）

批甘泉居民李生堆：

面呈请求抚恤其弟李生昌被兵站汽车碾伤大腿一件，因事关十八集团军兵站，本府曾函商兵站负责同志，现据回复："给予该李生昌洋三千元（边币）作为赔偿碾毙驴价及抚恤费，希即备条领取。"仰该李生堆请求甘泉县府发给证明信件，并须商得其弟李生昌委托李生堆领款信件来府领取，但该李生昌如不愿托人领取此款时，待该李生昌伤愈亲自领取亦可。

此批

主　席　林伯渠
副主席　李鼎铭

【资料来源】

关保英主编：《陕甘宁边区行政救助法典汇编》，山东人民出版社，2016年，第129页。

7. 陕甘宁边区政府命令

——颁发《陕甘宁边区抚恤革命烈士、荣誉军人及优待革命年老人员条例》

〔努字第39号〕

（1948年11月11日）

各专员、县（市）长：

兹经本府第十七次政务会议通过《陕甘宁边区抚恤革命烈士、荣誉军人及优待革命年老人员条例》，随令颁发，仰即转饬所属一体遵照执行。

此令。

主　席　林伯渠

副主席　杨明轩

　　　　刘景范

附：陕甘宁边区抚恤革命烈士、荣誉军人及优待革命年老人员条例

第一条 凡革命烈士、荣誉军人（简称荣军）及年老之革命军工人员（简称革命年老人员），悉依本条例抚恤、表扬、优待之。

说明：本条例所称之烈士，系指作战牺牲或因公捐躯者言；所称荣军，系指作战负伤，或因公致成残废者言；所称革命年老人员，系指年满五十岁之军工人员，积极工作十年以上者言。

第二条 对于烈士之表扬，得依其革命历史、职务、功绩分别采取下列办法：

一、每年清明节，组织群众慰问烈属，并由县政府或区公署筹划举行追悼死难烈士纪念会，宣传烈士生前英勇事迹，教育群众。

二、由边区抚恤委员会规定或制发烈士纪念匾额或纪念证，由当地政府带领群众送给烈士家属。

三、经边区政府批准建立集体或个人纪念塔、碑、坊、馆、陵墓或编纂纪念册、传记等，以表彰其勋绩。由边府决定以烈士姓名为学校或地方名称，以资纪念。

第三条 烈士遗体搬运回籍者，除发给运送人员路费外，沿途各地政府应负责动员牲口转运，并妥予照料。安葬时当地村乡政府应组织群众致祭。

烈士家境贫寒者，得由原籍县政府按照规定发给埋葬补助费。

第四条 烈属均得经过如下手续，由政府发给一次抚恤金：

一、烈士属于军事系统者，由军分区及旅以上之政治部介绍其姓名、职务、生平事迹，报告边区政府转令原籍县（市）政府照章抚恤之。

二、烈士属于地方系统者，由专署呈请边区政府审查，通知原籍县（市）政府照章抚恤之。

三、未得以上机关之通知，而确知其已经牺牲者，由区公署呈报县政府查明属实后，按照本条二项手续办理。

第五条 荣军须经军事医院或部队团以上、地方县以上之卫生机关按残废等级做标准，检查确定残废等级，并向边区抚恤委员会取得"革命荣誉军人证"后，得按年分别享受抚恤。

第六条 设立荣誉军人教养院，接收因残废而暂时不能重回部队或参加其他工作之荣军，给以一定时期的休养和学习；因残废过重永久不能工作或生产者，得养老之。

第七条 荣军之残废等级，每年均须检查一次。残疾改变者，应改变其等级；残疾

消失者，应收回其残废证，换发"革命荣誉军人纪念证"。"革命荣誉军人纪念证"由边区政府制发。

第八条　年老人员由团以上之部队或县以上之机关正式申请，经边府核准发给"革命年老人员优待证"后，得按年享受革命年老人员优待。

第九条　荣军及年老人员退休者，得另发给生产安家补助费。

第十条　退休荣军及革命年老人员，应免除其本人之战勤负担。

第十一条　边区之抚恤工作，统由陕甘宁边区抚恤委员会办理之。抚恤委员会之组织章程、办事细则以及残废等级标准另定之。

第十二条　本条例所列之抚恤金、埋葬补助费、生产安家补助费等标准，均按陕甘宁边区政府之规定施行。

第十三条　凡因参战牺牲或负伤之民兵、担架运输人员，悉依本条例抚恤或表扬之。

第十四条　本条例自陕甘宁边区政府公布之日施行。

一九四九年抚恤金、埋葬补助费、生产补助费标准

名称	烈士抚恤金（一次发给）	烈士埋葬补助费（一次发给）	搬灵人员路费（每人每日）	荣军抚恤金（每年）				革命年老人员优待金（每年）	荣军及老年退休生产补助金（一次发给）		
				特等	一等	二等	三等		参加革命一年至二年者	每增加一年增发	最高限度	对革命有特殊贡献或参加革命已满十五年以上之年老人员
标准（米）| 三百斤	一百八十斤	二斤	一百八十斤	一百二十斤	六十斤	三十斤	六十斤	九十斤	三十斤	三百斤	除以上列标准发给外可再酌情加发

【资料来源】

陕西省档案馆、陕西省社会科学院合编：《陕甘宁边区政府文件选编》第十二辑，档案出版社，1991年，第274—277页。

陕西省档案局编：《陕甘宁边区法律法规汇编》，三秦出版社，2010年，第459—460页。

关保英主编：《陕甘宁边区行政救助法典汇编》，山东人民出版社，2016年，第435—437页。

8. 陕甘宁边区政府命令
——关于颁发抚恤条例

〔努字第96号〕
（1949年5月20日）

各行署主任、各专员、县（市）长：

兹制定《陕甘宁边区抚恤条例》《陕甘宁边区抚恤工作细则》[①]，随令发，希即遵照执行是要。

此令。

主　席　林伯渠
代主席　刘景范
副主席　杨明轩

---

① 《陕甘宁边区抚恤工作细则》原档案缺失。

附：陕甘宁边区革命烈士荣誉军工人员及年老之革命军工人员抚恤优待条例

第一条　凡革命烈士、荣誉军人（简称荣军）、荣誉工作人员（简称荣工）及年老之革命军工人员（简称年老人员），悉依本条例褒扬、抚恤、优待之。

说明：本条例所称之烈士，系指作战牺牲，或因公牺牲，或被敌残害者言；所称荣军、荣工，系指作战负伤或因公致成残废者言；所称革命年老人员，系指年满五十岁之军工人员连续工作达十年者言。

第二条　对于烈士得以其革命历史、职务与功绩，分别采取下列办法褒扬之。

（一）每年清明节定为烈士纪念节，由县政府或区乡政府筹划举行追悼死难烈士纪念会，并宣传烈士生前英勇事迹，教育群众，届时并应发动组织群众慰问烈属。

（二）由边区政府制颁"烈士纪念证"。

（三）经边区政府批准，得举行公葬或建立集体、个人纪念塔、碑、坊、馆、陵或编纂纪念册、传记等，以表彰其勋绩。

第三条　烈属经下列部队或机关之证明，得由原籍县政府或就近之抚恤机关一次发给其抚恤金。

（一）属于军事系统之烈士，须取得军分区或师以上政治部之证明文件。

（二）属于地方系统之烈士，须取得县以上政府之证明文件。

（三）未取得（一）（二）两款之证明文件，而确知其已经牺牲者，由区公署呈报县政府审核，给予抚恤。

第四条　根据荣军、荣工之残废等级，由边区政府分别颁发"革命荣誉军人证"或"革命荣誉工作人员证"，并按年发给荣誉金或抚恤金。

说明：参加工作或在校学习者得享受荣誉金，退休者得享受抚恤金。

第五条　对于因残废而暂时不能重回部队或参加其他工作之荣军或荣工，得设立荣誉军人教养院（简称荣院）或荣誉军人教养队（简称荣誉队），给以一定时间的休养和学习。残废过重，永久不能恢复参加工作或生产者，得养老终身。

第六条　荣军、荣工之残废状况，每年检查一次，如残废有所改变，则改变其等级。消失者应换发由边区政府制定之"革命荣誉纪念证"。

第七条　年老人员由团以上之政治部或县以上之机关正式申请，经边区政府核准颁发"革命年老人员优待证"后，得享受年老人员之优待。

第八条　荣军、荣工及年老人员退休者，发给一次生产安家补助费。

第九条　退休之年老人员及荣军或荣工，得按战勤条例享受减免战勤负担之待遇。

第十条　凡民兵民工因参战牺牲，或负伤致成残废者，由边区政府分别颁发"民兵民工光荣牺牲纪念证"或"民兵民工荣誉证"，并分别享受抚恤。

第十一条　抚恤工作，由边区各级抚恤委员会办理之，其组织规程另定之。

第十二条　本条例所列之荣誉金、抚恤金、优待金、生产安家补助费、埋葬补助费等及残废等级之标准均另定之。

第十三条　本条例自陕甘宁边区政府公布之日施行。前颁《陕甘宁边区抚恤革命烈士、荣誉军人及优待革命年老人员条例》即行作废。

【资料来源】

陕西省档案馆、陕西省社会科学院合编：《陕甘宁边区政府文件选编》第十三辑，档案出版社，1991年，第359—361页。

关保英主编：《陕甘宁边区行政救助法典汇编》，山东人民出版社，2016年，第484—489页。

二、军人、退役军人优待

1. 陕甘宁特区政府颁布抗日军人优待条例

（1937年）

中华民族此次对日抗战，悲壮惨烈，亘古未有；前方将士报国之忠、赴义之勇，实足以动天地而泣鬼神。安居在后方的民众，倘一念到前方将士牺牲如此惨重，试问尚有何物可以爱惜，何事值得留恋？为求尽一点未死者的责任起见，对前方为保护全民族生命财产而抗敌受伤殉难的将士，应当替他们分担一点家庭的责任，照顾他们的妻儿。本府为了安慰已死将士之灵，激励抗战将士之志，特颁布抗日军人优待条例。

第一条　凡参加抗日战争将士及其家属，均受本条例之优待。

第二条　各县县政府应随时调查登记抗日军人家属经济情况，呈报特区民政厅。

第三条　抗日军人在服务期间应受下列各项优待：

一、本人及其家属免纳特区一切捐税。

二、家属所居住的公家房屋免纳租金。

三、本人及其家属享受公家商店百分之一减价的优待，当必需品缺乏时有优先购买之权。

四、抗日军人乘坐轮船、火车、汽车费用由公家发给。

五、子弟读书免纳一切费用。

六、因伤病需休养时，休养费用由公家供给。

第四条　抗日军人服务五年以上、年满四十五岁者，可退伍休养，公家补助其终身生活；本人不愿退伍，愿继续服务者，应得特殊优待，由民政厅发给特别优待证书。

第五条 抗日军人家属缺乏劳动力耕种之土地，特区人应尽代耕代收之义务。

第六条 抗日军人在战争中牺牲或在服务中因劳病故者，依下列各项抚恤之：

一、凡死亡将士，应将其死亡时间、地点、战役、功绩，由政府汇集公布。

二、死亡将士之遗物应由政府收集在革命历史博物馆中陈列，以表纪念。

三、死亡将士应由当地政府帮助收殓并立纪念碑。

第七条 抗日军人死亡或残废者，其家属优待办法如下：

一、子女弟妹幼小的免费入政府设立之抗日军人遗族学校，直到年满十八岁由政府介绍职业为止。

二、仍继续享受本条例关于优待抗日军人家属之规定。

第八条 抗日军人因战争受伤残废得入残废院休养，一切生活费用由国家供给；不愿居残废院者由政府按年给终身抚恤费。其详细办法由特区政府民政厅以命令定之。

第九条 本条例自公布之日起施行。

【资料来源】

《解放周刊》第1卷第26期，1937年12月4日。

陕西省档案馆、陕西省社会科学院合编：《陕甘宁边区政府文件选编》第一辑，档案出版社，1986年，第41—42页。

雷志华、李忠全主编：《陕甘宁边区民政工作资料选编》，陕西人民出版社，1992年，第208—209页。

陕西省档案局编：《陕甘宁边区法律法规汇编》，三秦出版社，2010年，第443页。

2. 陕甘宁边区政府批答
——各县优待粮数、户数应重新审核

〔力字第22号〕

（1948年8月20日）

杨、霍专员：

七月三十日送民政厅关于各县优待粮数目表悉。经审核发现各县优待户数人数占军工烈属总户数人数之百分比如下：

县别	吴堡	绥德	子洲	米脂	清涧	葭县	衡山	镇川
户数百分比	100	86	72	50	88		25	40
人数百分比	100	54	51	50	54	46	21	19

据报上述比例数，除正〔镇〕横两县可能确系按真正贫苦者优待外，其他各县特别是吴堡县仍为一律优待或大部优待，不仅与边府产字第三号指示救济"部分"贫苦烈军工属的精神不符，而且救济面积过宽，粮食分散，对于十分贫苦烈军工属，实亦无济于事。应即重新审核，以期名实相符，既不增加人民负担，并真正解决贫苦军工烈属的困难问题。

你处核准麦子五千石，若以该表所开需优待人数六万五千九百人计算，每人三个月只得粮七升余，与实需要相差很远，恐难解决问题。但将真正应予救济的贫苦者人数核实，假如以百分之三十计，每人三个月以细粮一斗二升计，共需粮四千七百十九石，除前拨救济粮一千石（原拨二千石，以一千石救济非军工烈属之灾民）外，各县应自行调剂解决三千七百十九石。在此数目内，如再将优待面确实缩小，当能解决问题。仰即遵照执行并将情形报告本府为要。

  此致

敬礼！

主　席　林伯渠

副主席　杨明轩

代厅长　王子宜

附：绥德专署呈文

（1948年8月7日）

王厅长：

分区优待工作，曾前指示各县主要按劳筹划（劳负百分之八十，财负百分之二十），这次在县长会议上，根据产字第三号指示及电示又重新研究并布置了筹粮办法。据各县长反映大体均按此执行，筹粮办法以区为单位，由各村召开会议民主评议确定吃粮数目（一般地纠正了不分贫富一律优待的现象）。唯各县所需之优待粮数提出过多，经各县相互研究，觉得目前各地军工烈属日渐增多，若优待工作再做不好，对于归队及动员其他部门之人员较难进行，现军工烈属每日来区乡政府催要粮吃者日有数起。这是实际困难。他们提出至少还需七千石麦子，经我们研究批准五千石麦子。一面照顾军工烈家属，同时照顾群众负担，兹奉上各县应优待之户、人数及优待粮数表一份，仅供参考。因数目不确，今春统计三万六千余户，十八万人以上，该表是县长联系会上统计的，子洲来信更正，上次少统计八百余户，确实数目待后再寄，请审阅批示为盼。民便字七十五号之批答我们当指示各县执行，并纠正优待工作中的缺点。个别地区曾发生优待粮与公粮混同征收，我们已函令坚决纠正，并加强代耕工作，以求彻底解决军工（烈）属之生活问题。是否有当，祗准

鉴核示遵为荷

此致

敬礼！

杨和亭
霍祝三

【资料来源】

陕西省档案馆、陕西省社会科学院合编：《陕甘宁边区政府文件选编》第十二辑，档案出版社，1991年，第163—165页。

3. 陕甘宁边区政府指示
——关于执行优军等条例

〔产字第14号〕
(1948年11月18日)

各专员、县(市)长：

为进一步改进优待军、烈属工作，边府业已制定《陕甘宁边区革命军人、烈士家属优待条例》《陕甘宁边区抚恤条例》《陕甘宁边区革命工作人员家属生活困难处理暂行办法》，颁发各地。兹将应注意的问题，特再指示如下：

一、边区各地历年在优待军、烈属工作中，普遍存在的主要毛病：一方面是缺乏或放弃提高军、烈属的政治觉悟与干部和人民对军、烈属尊重爱护的教育工作，没有深切理解提高军、烈属的政治觉悟及政治地位不仅是对他们一部分人的优待、鼓励，而且是提高广大群众的阶级觉悟及巩固与扩大部队的一个重要政治任务。许多地方干部对这一工作不重视，甚至对军、烈属表示冷淡、厌烦的态度，是犯了严重的错误。另一方面在处理军、烈、工属生活困难问题上，存在游击主义思想，缺乏长期打算，缺乏或没有主动地、积极地组织并扶助军、烈、工属进行各种生产、建立家务，把物质帮助当作单纯的救济工作。因而未能从根本方面解决问题。不仅相当加重了群众的物质负担，而且养成了某些军、烈、工属的依赖性。各地在进行物质帮助中，也曾发生不分穷富的平均优待或一律不管、不催不管、徇私舞弊、"重工轻军""人在情在"等现象，仍未彻底清除。

所有上述偏向，都是必须深加检讨和严格纠正的。必须使全体干部、群众和军、烈、工属真正了解并贯彻如下方针，即加强军、烈、工属的政治教育，扶助他们发展生产、建立家务，达到自给，是优待工作的主要和中心任务。部分情形特殊的，则分别予以物质帮助。一切放任自流或舍本求末的态度和办法，都是错误的。

二、为贯彻执行优待条例所规定的各项原则和办法，必须坚决纠正干部中怕麻烦，认为有了帮粮办法，即完全不采用帮工、包耕等办法的错误观点。必须以认真的态度，依据不同的情况采取各种办法，具体解决问题，并深入农村，采取适当的步骤，配合今冬土地登记、征粮等工作，完成如下任务：

甲、以乡为单位，组织五人至七人的优待委员会。优待委员会由下列人员组成：乡政府委员一，为主任委员；另由各行政或自然村选举优军积极的正派群众和模范军、烈属参加。在乡政府领导下，进行如下工作：

（一）调查军、烈属生活情形，并依条例进行各项优待工作。

（二）检查群众对优待工作执行的情形，随时发现和解决优待工作中存在的问题。

（三）搜集并宣传烈士、战士的英勇事迹。

（四）进行或负责组织进行对军、烈属的慰问、鼓励及政治教育。

（五）按月向乡政府报告工作。

乙、发动群众，检讨过去优待工作，并逐户加以研究、讨论并确定如下事项：

（一）哪些户不应受物质优待，而应着重解决其生产中困难，并按户订出计划。

（二）哪些户应包耕、帮工并确定包耕多少土地，如何包法，何人包耕。将需要帮工、包耕户呈乡、区政府审查（包耕、帮工所需之工，折合战勤工统一计算，以求公平。包耕户尽可能选择劳力较多之忠诚农民，防止平均摊派或"抓大头"办法。并议定包耕公约，共同遵守）。

（三）哪些户应帮粮帮柴，各帮多少，提交乡、区政府审查，呈经县府审定。县府将全县帮粮户、帮粮总数呈报专署转呈边府批准。然后以县为单位，统一筹集，务须注意村、乡、区间之公平合理。县对区、区对乡要经常进行检查。

丙、年底召开优待工作总结大会，检讨并总结一年来工作。奖励模范军、烈属及优军积极的干部和群众。拥军月中各级政府应具体组织各项优军工作。

三、为悼念先烈、庆贺战斗功臣、安抚革命老年人员等，各地并应有步骤有组织地进行下列事项：

甲、烈士遗体运回原籍时，沿途各地必须帮助动员牲口，并妥为招待、料理。有特殊功绩者，由县政府组织祭奠。一般烈士安葬时，乡长应亲往吊唁。必要时，并得举行追悼会追悼之。

乙、各县政府应即责成专人着手收集并编纂烈士纪念册。凡土地革命以来之烈士，皆须记载其姓名、出身、革命工作简历、英勇事迹、牺牲情形等，以资纪念。

丙、依据各县具体情况，在明年内筹划建立烈士纪念馆（如米脂斌丞图书馆、绥德子洲图书馆等即可附设）或纪念塔，或在集镇或大道旁建立一处或数处纪念碑坊记载烈士姓名、职务、英勇事迹等。筹建计划拟就后，应先呈经边府核准。

丁、凡在前线立功之战士，应依其功绩的大小，分别予以庆贺。特等、甲等功臣，制送木匾，由专员或县长题词，特派专人组织群众，鼓乐赠送，并召开庆功大会。乙等功臣送木牌，由区政府组织当地群众庆贺之。丙等功臣赠送锦旗，由乡政府组织群众庆贺之。上列庆功事项，于接获部队通知书后，立即进行。必要时，各分区剧团得为功臣家属演剧庆功。所需经费，由县统一于附加粮中支付。每项开支须随时呈报审计处核销。

戊、切实调查统计各地烈属、荣誉军人、革命老年人员、退休人员，呈报边府。凡未予抚恤者应一律照章抚恤。

希接此指示后，与优待条例一并讨论执行。是要！

主　席　林伯渠
副主席　杨明轩
　　　　刘景范

【资料来源】

陕西省档案馆、陕西省社会科学院合编：《陕甘宁边区政府文件选编》第十二辑，档案出版社，1991年，第284—286页。

关保英主编：《陕甘宁边区行政救助法典汇编》，山东人民出版社，2016年，第438—440页。

4. 陕甘宁边区政府命令
——颁布《邮寄烈士遗物小包暂行办法》

〔努字第42号〕

（1948年11月21日）

各专员、县（市）长、各邮政局长：

兹制定《邮寄烈士遗物小包暂行办法》，随令颁布，仰即遵照执行。

此令

主　席　林伯渠
副主席　杨　明
　　　　刘景范

附：邮寄烈士遗物小包暂行办法

一、凡烈士遗物，得由负责处理此项遗物的机关，用布包扎妥善，送交邮局免费寄递。

二、烈士遗物小包重量一般与普通小包重量同，即三斤为限（每斤十六两）。三斤以上，又不能拆散寄递者，准予变通办理；但最高不得超过五斤。

三、此项小包之收寄，在部队整训期间，由军邮及普邮办理之；在作战期间，由巩固地区之普邮办理之。

四、交寄时，由负责处理此项遗物之机关首长签署证明文件，并在小包外皮注明"烈士遗物"字样，邮局方可收寄。

五、每次交寄，不得超过十件。如运输力许可，亦可多寄。由处理机关与接寄邮局商洽办理。

六、容易破损的东西，须用木匣封装妥善，方能收寄。

【资料来源】

关保英主编：《陕甘宁边区行政救助法典汇编》，山东人民出版社，2016年，第445页。

5. 陕甘宁边区政府、中国人民解放军西北军区司令部联合通令
——颁发《邮寄烈士遗物保价小包暂行办法》

〔通字第20号〕

（1949年3月22日）

各军政治部主任、各行署主任、专员、县（市）长、各邮政局长：

兹制定《邮寄烈士遗物保价小包暂行办法》随令颁布，仰即遵照执行。

此令

主　　　席　林伯渠

代　主　席　刘景范

副　主　席　杨明轩

司　令　员　贺　龙

政　治　委　员　习仲勋

副　司　令　员　王维舟

政治部主任　李卓然

附：邮寄烈士遗物保价小包暂行办法

一、凡一般衣服物件，按普通邮寄烈士遗物小包免费寄递外，所有金戒指、水笔、手表等贵重纪念品，得按此保价小包免费寄递之。

二、保价小包重量以一市斤为限，里边用坚固木匣钉实，外边再用结实布匹密缝，封口处加盖公章或火漆印志，否则邮局得拒绝接收。

三、交寄时寄件人（或机关）须填写包裹详情单，将内装物品、价值及收件人姓名、住址等详细填明，并由负责机关给邮局出具证明文件。

四、邮局对寄递小包应负封口完善、重量相符之责任，如发现封口拆动破裂者，邮局得拒绝接收。

五、除水、火、战争等人力不可抗拒之灾害外，如发生拆动、短缺、抽窃，邮局须负赔偿之责。

六、银洋及其他违禁品，概不邮寄。

七、本办法先由军邮及各军邮支局（整训期收寄，出发前五天不收）以及黄龙、关中、绥德、三边、陇东、延市各邮局办理收寄，其他各局仅限于投递，不办理收寄。

【资料来源】

关保英主编：《陕甘宁边区行政救助法典汇编》，山东人民出版社，2016年，第461—462页。

6. 陕甘宁边区政府通知
——关于荣誉军人、荣校学员乘坐火车半价购票

〔生字第78号〕

（1949年12月23日）

各省政府主席、行署主任、直辖市长、专员、县（市）长：

荣誉军人及荣校学员乘坐火车半价购票问题，中央铁道部已通知各铁路局自九月一日起按如下规定执行：

（一）荣军及荣校学员得凭本人之荣誉证购买半价客票。

（二）荣军管理人员如本人非荣军者（即无荣誉证），仍按照行政人员全价购票。

以上规定望即转知所属一体知照为要！

特此通知。

主　席　林伯渠
代主席　刘景范
副主席　杨明轩

【资料来源】

关保英主编：《陕甘宁边区行政救助法典汇编》，山东人民出版社，2016年，第523页。

三、优待军、烈、工属

1. 陕甘宁边区政府指令
——关于家在统战区的抗工属来延安县种地所收粮食运回问题

〔抗字第364号〕

（1939年11月24日）

令延安县县长刘秉温：

十一月二十日呈一件，呈请本县家在统战区的抗工属来延安县种地所收粮食要驮运回去以资养家由。

呈悉。据呈办法尚属可行，但须：

（1）要切实查明如确系该项抗工属之粮食，则按在统战区家内人口数共需粮多少，经县政府批准后，始准运回。勿使奸人借口抗工属运回粮食养家而偷运粮食出口，做违法贩粮生意。

（2）要该留在边区居住之抗工属留足明年之口粮。勿使全部运走后而明年再找公家救济。

（3）运粮回去，乡政府需要登记，以防其无限制地运出。仰即遵办。

此令

主　席　林伯渠
副主席　高自立

附：延安县府呈文

为呈请事：案据本府四科长傅丕滋报称："各区有一些抗工属及群众，家系在统战区住，他们来人在延安种地，所收获粮食现要驮运回去，以资全家食用。但本县前奉钧府禁止粮食出口布告，发散区乡村张贴，现在各哨站阻挡，颗粒不能出口。而有些抗工属及群众，前来本府讨论，如果不让运回，则全家饥饿难以解决"等情。据此，查该科长所称一节确属实情。而本县意见，凡抗工属及群众，家确在统战区，来人在延安种地，收获之粮食要经过县、区、乡审查确实后，由县给予正式手续者，可允许其运回。如果不然，全家饥饿问题则难解决。是否有当，理合备文，呈请鉴核示遵。

谨呈
边区政府主席高

延安县县长　刘秉温
十一月二十日

【资料来源】

陕西省档案馆、陕西省社会科学院合编：《陕甘宁边区政府文件选编》第一辑，档案出版社，1986年，第441—442页。

2. 认真执行优抗条例

(1943年2月9日)

　　边区政府重新修订了《优待抗日军人家属条例》。同时在拥军运动月中，各地正在热烈慰劳抗属，并检查过去的优抗工作，总结经验，研究改进工作的具体办法。这对于促进军民团结，援助前方抗战，增强保卫边区、保卫西北的力量，均有重大的意义。我们特根据政府的优抗条例，及各县优抗工作的反映，提供下列的意见。

　　边区优抗工作，继承了过去"优待红军家属"工作的优良传统，抗战以来又积累了五六年的经验，因而获得很大的成绩。这些成绩表现在：普遍组织了义务代耕队、杂务队，为抗属代耕土地、砍柴、挑水，解决各种困难，保证了全边区三万多户（不完全的统计）抗属最低限度的物质生活。同时，提高了抗属的社会地位，他们受人民的尊重，子女免费入学，看戏坐前排，过年过节有人去慰问。许多有劳动力的抗属，在政府的帮助和教育之下，积极参加了生产，其经济地位上升了，生活过得更优裕了。另外，政府对友区移来的抗属，亦予以救济和优待，这一部分抗属，据两年前的统计，甘泉等四县，即达六百八十六户三千二百三十九人。抗属在后方既能安居，便免除了前方将士的"后顾之忧"，而能专心努力杀敌。例如晋冀鲁豫某支队战士金旺，他的家住在边区，四兄弟有三人都相继参加了八路军，于去年自前方寄回家信称："得知家中生活如常，甚为高兴，我们在外活跃非常，打了很多胜仗，消灭了不少的日寇……"

　　边区优抗工作的成绩，已如上述，可是还有些什么做得不够的地方呢？优抗工作的主要缺点是：第一，某些个别的地方和个别的人，由于几年相对的和平环境，忘记了爱护革命军队的重要意义,发生"优抗工作是差事,太吃亏"的错误思想,对优抗工作采取消极的应付的态度,不认真执行优抗条例,对抗属的各种困难没有很好地给予解决。第二,部分代耕队的组织涣散,工作松懈,缺少具体的计划与严格的检查,因而发生"看情面,人在情在,人远情疏"的不良现象;某些人为抗属代耕,马马虎虎,迟耕、迟耘、迟收,违了农时,致使抗属的土地收获较少。第三,个别地方对抗属的尊重不够,对他们政治上的教育也很少注意。这样就不能不使某些抗属在物质生活上感到困难,在精神上感到不满。

这次政府颁布了新的优抗条例,并令各县必须认真遵照实行。这条例规定:应尽力保证抗属的生活水平不低于一般人民,并注意从政治上提高他们,鼓励和帮助抗属努力生产,走向自力更生的道路。条例又具体地规定了优抗的几项办法,如代耕、借用公物、免费入学、免费治病、折价购货、优先贷款、优先参加工厂工作、优先享受其他公益事业、尊重抗属、精神慰劳等等。

在优抗工作中最主要的两项工作,就是代耕和教育。

代耕是抗属生活的主要依靠。各级政府要根据边区的决定,参照地方实际情况,进行以下的工作:

一、加强义务代耕队的组织和领导,以乡为单位重新整理,将所有的劳动力组织到代耕队中去。

二、反对代耕中的平均主义,实行"贫先于富""抗属先于工属"的原则,各乡政府应调查清楚,凡是真正贫苦无劳动力的或劳动力不足的抗属,不论其亲人参加部队的远近、存在或亡故,均须一律看待,为其代耕或辅助代耕;对无劳动力的工属,同样要代耕,但首先为抗属代耕,其次才是为工属代耕。

三、代耕多少土地?这要以各地的实际情况来决定。以每一家抗属的经济、劳动力、生活等状况,以及代耕土地质量的好坏,具体规定代耕亩数和收获粮食的数目;并设法代其解决籽种、农具、耕牛、肥料等困难;杂务队也要按时供给抗属以必需的柴炭和水。标准是保证抗属的收成好,够吃够穿。吴满有领导的延安县柳林区二乡的优抗工作,可以说是模范的;该乡一致通过居民公约,抗属代耕地须保证每垧收获在五大斗以上,否则由代耕者照数补给;并在冬天将该乡抗属全年需用的木柴准备好了。至于某些地区实行的包耕制,只能在地广人稀的地方实行,并需得抗属的同意,以免发生荒芜土地的现象。

关于抗属的教育,就是要发动抗属参加各种社会活动,借以提高他们的文化和政治认识,改正某些抗属好吃懒做、有劳动力不参加生产及生活散漫的行为。要使抗属认识：亲人在前方杀敌保卫国土，是光荣的，自己在后方受到国家的优待，应该愉快地安心生活，并鼓励自己的丈夫、兄弟、儿子在军队里坚决勇敢地保国爱民。同时，模范的抗属应该不只依赖公家的优待，自己也应尽可能地参加生产，即使不能种地，纺纱、养猪等总是可以做的，这样不仅可以减轻公家和人民的负担，且能改善自己的生活。延安县几年来就有数百家抗属，因为积极地参加生产而变成富户了。

春耕即将开始，各县政府应迅速把代耕队整理完毕，今年一定要把抗属的土地代耕好。区乡干部应该经常地教育群众，使大家都了解：我们能安居边区过自由幸福的生活，完全是依靠前方将士和地方驻军的保卫；军队用血肉来保卫我们的生命财产，为什么我们不应该像敬爱自己家人一样地敬爱抗属呢？为什么我们不应该认真地代耕，保证抗属土地的收获像自己土地的收获一样丰美呢？假若我们对优抗工作采取应付的态度，岂不问心有愧吗？

认真执行了优抗条例，使抗属丰衣足食，才是真正地响应了拥军运动，才对得起英勇杀敌、保国卫土的将士。敬爱抗属、优待抗属，是每一个公民应尽的光荣义务！

【资料来源】

《解放日报》1943年2月9日第1—2版。

雷志华、李忠全主编：《陕甘宁边区民政工作资料选编》，陕西人民出版社，1992年，第253—256页。

3. 陕甘宁边区政府命令
——颁发优待抗日军人家属条例

〔战字第619号〕
(1943年1月17日)

兹经本府第三次政府委员会通过陕甘宁边区优待抗日军人家属条例另附优待抗日工作人员家属暂行办法。合行随令颁发仰即遵照并转饬所属一体遵照执行为要。

此令

主　席　林伯渠
副主席　李鼎铭

附一：新订陕甘宁边区优待抗日军人家属条例

（1942年12月9日第三次政府委员会通过，1943年1月公布）①

第一条　凡边区境内之抗日军人家属（以下简称抗属），均得享受本条例之优待。

第二条　本条例所称抗日军人，以直接参加抗日国防正规军、地方警备部队、保安团队、县区警卫队及脱离生产的自卫军干部为限。

本条例所称抗属，以抗日军人之配偶，并与抗日军人在一个家庭经济单位之直系亲属（父母子女及依其为生之祖父母与未成年之弟妹）为限。

（注）如已分家，虽系直系亲属，亦不得享受物质、劳力优待。

第三条　在土地革命时参加红军的军人已牺牲或残废的，参加抗日战争的军人已牺牲或残废的，其家属亦须按本条例之规定给以优待。

第四条　抗日军人未经其居住所在地地方政府动员或登记而自己直接参加抗日部队者，属于军事系统的要经团以上的军事机关证明并通知地方政府，属于政府系统的要经过县政府或县以上的政府证明，其家属方得享受优待。

第五条　抗属须经乡政府登记，并具体讨论其应享受优待等级（如减免负担劳役及代耕土地数，物质优待数等），报请县府发给优待证，以凭享受优待。

第六条　优待原则：

一、抗日军人家属与抗日工作人员家属同受优待的地方，应首先优待抗属，并使优待抗属工作比优待工属工作做得更好。

二、对于应受优待之抗属，应尽力保障其物质上普通水平生活，同时注意从政治上提高其向自力更生方向努力。

第七条　抗属均得享受下列各款之优待：

一、公有土地、房屋、场所、器具、物品之分给、借用、租赁、售卖与私人者，抗属得优先承领、承借、承租、承买，但以自耕、自住、自用为限。如有争执，以抗属贫富为序，贫者占先。

二、公营事业、公共机关之雇用招收员生者，抗属得优先参加。

---

① 关于本条例的公布日期，甘肃人民出版社1981年版《陕甘宁革命根据地史料选辑》第一辑标作"1月15日"，档案出版社1988年版《陕甘宁边区政府文件选编》第七辑标作"1月17日"，后者以〔战字第619号〕命令于1943年1月17日予以公布。

三、抗属子弟入学须优先录取。如经济贫困者，得优先享受贫苦学生之救济金，在小学内免费供给书籍文具。

四、公共卫生机关，抗属得免费治病；其无公立卫生机关，各地之贫苦抗属有病时，须动员群众互助，给以医疗。

五、公营商店之货物及合作社，抗属得持优待证享受九五折价购买之优待；物品缺乏时，须优先卖给抗属，但以抗属自用为限。

六、抗属得享受政府或银行农工商业贷款之优先权。

七、其他公益事业，抗属得优先享受。

八、除以上物质优待外，同时注意提高抗属社会地位，并给予精神上安慰（如群众大会时请抗属坐前排、每逢重要节日公私向抗属访问等）。

第八条　直接的劳动力和物质优待，依据抗属具体情况按下列规定办理：

一、有资产自力经营且可以维持普通生活水准以上的抗属，不享受物质与劳动力的优待。

二、有土地而劳动力不足维持普通生活者，酌量为之半代耕或辅助代耕。

三、土地较少全无劳动，无法谋生者，则为全代耕，并供给其足够用的柴水与最低必需的衣物。

四、无资产、无土地、无劳动力或尽其力尚不足以维持生活者，由地方政府拨给公地代耕（指有公地地方），或酌量救济之。

以上物质优待，应按各地生活标准具体规定数目，务使抗属生活不低于一般人民生活为准。

五、家境贫困之抗属，得酌量减轻或免除其抗战负担。

六、家境窘迫之抗属，如有婚嫁丧事，得享受人力物力互济之优待。

第九条　抗属之富裕者或壮丁较多者，仍应对政府负担人力、财力、物力的征募和动员。

第十条　代耕土地须按下列规定办理：

一、代耕土地，须按时耕种收获。

二、代耕庄稼，须不低于一般人民的收成。

三、抗属无力储积肥料者，须由代耕队负责调剂解决之。

四、因代耕不力而致歉收者，须由代耕人补偿之。

五、代耕者的饭食，由代耕人自备。

第十一条　在不荒芜抗属的耕地的条件下，在抗属与代耕者双方自愿的原则下，可采用包耕制，亦可采取抗属将自有土地出租或安庄稼等办法。但上述办法的收获额不足维持抗属生活时，代耕队须负责补足，补足的办法由当地政府决定之。

第十二条　抗属耕地因遭灾歉收，致不足维持生活时，须另募粮或钱给予救济，或酌予补助之。

第十三条　抗属的代耕土地及物质优待施行办法，由各县政府按具体情况另定之，呈报边区政府备案。

第十四条　代耕队之组织及工作细则另定之。

第十五条　抗属如有下列情形之一者，则停止其优待：

一、迁移边区以外，或迁移他处已受所在地代耕者；

二、抗日军人犯法革除军籍者；

三、抗日军人逃跑或非残废年老等原因脱离队伍者。

第十六条　本条例经边区政府颁布施行之。

附二：优待抗日工作人员家属暂行办法

第一条　抗日工作人员之家属（以下简称工属），因家境贫穷而无法过活者，其优待办法，得适用优抗条例第八条规定之优待，并依照工属具体情形，得享受第七条三、四两项之优待。

第二条　本办法所称工属，以直接参加抗日工作，脱离生产之各种工务人员的配偶与直系亲属（父母子女及依其为生之祖父母）为限。

第三条　工属之优待须经过乡参议会讨论，呈请县政府批准，发给证明书，才能享受优待。

第四条　工属或工作人员，如有优抗条例中第十五条规定情形之一者，即停止其优待权。

第五条　抗日工作人员，如领薪金或工资者，其家属不得享受本办法之优待。

附三：陕甘宁边区抗属离婚处理办法

一、抗日战士之妻五年以上不得其夫音讯者，得提出离婚之请求，经当地政府查明属实，或无下落者，由请求人书具①亲属凭证允其离婚。

二、政府应认真实行优抗办法，保证抗属物质生活，并在政治上提高其爱护抗日军人之认识，帮忙抗属与战士通讯；当发生抗属请求离婚时，必须尽力说服，如坚决不同意时，依照规定年限手续准予离婚。

三、抗日战士与女方订立之婚约，如该战士三年无音讯，或虽有音讯而女方已超过结婚年龄五年仍不能结婚者，经查明属实，女方得以解除婚约，但须经由当地政府登记之。

四、军队政治机关应提高战士对于婚姻问题之正确认识；经政府或司法机关登记判决离婚者，须劝说战士执行之。

五、实行战士在一年半内允许一月假期回家制度，由各旅将例假战士籍贯登记清楚，按县份编制起来，派人率领回乡，如期率领回队。（此办法只适用于家在边区的战士。）地方政府应同负保障归队之责。

六、凡在本办法施行前已经政府或司法机关登记判决之抗属离婚案，依法有效，不得撤销之。

七、关于抗属离婚，本办法未规定者，依照《陕甘宁边区婚姻条例》办理之。

八、本办法自公布日施行之。

【资料来源】

甘肃省社会科学院历史研究室编：《陕甘宁革命根据地史料选辑》第一辑，甘肃人民出版社，1981年，第247—251页，题为《修正陕甘宁边区优待抗日军人家属条例》。

陕西省档案馆、陕西省社会科学院合编：《陕甘宁边区政府文件选编》第七辑，档案出版社，1988年，第27—31页。

李敏杰主编，李万良、袁俊宏编：《延安和陕甘宁边区的双拥运动》，甘肃人民出版社，1992年，第20—23页。

雷志华、李忠全主编：《陕甘宁边区民政工作资料选编》，陕西人民出版社，1992年，第244—249页。

关保英主编：《陕甘宁边区行政救助法典汇编》，山东人民出版社，2016年，第178—181页。

---

① 书具：书面出具，即提供书面的证据。

4. 陕甘宁边区政府命令
——在拥军月内实行优待抗属购物办法

〔战字第652号〕
（1943年1月27日）

各专员、各县市长：

　　物资局已向本府呈准，为响应拥军运动月，决定发动全边区所有公营商店于拥军月内实行优待抗属购物办法。该办法规定，凡持有当地县、区、乡政府之证明文件，即可向当地公营商店购买物品。在价值一千元以下，可享受八折至九折之优待；超过此数时，仍照原价出售。希各县府迅即通知各区、乡抗属知悉。为要。

　　此令

主　席　林伯渠
副主席　李鼎铭

附一：边区物资局关于优待抗属购物折扣办法的呈文

林主席、李副主席：

为响应钧府决定之拥军运动月，职局决定发动全边区所有公营商店于拥军月内，实行优待抗属购物折扣办法，除已分函各地分、支局及延安市府立即发动所属各公营商店组织实施外，特此呈报经过，并请钧府立即转令各级政府，通知当地抗属知照：凡持有当地县、区、乡政府之证明文件，即可向当地公营商店购买物品，在价值一千元以下，可享受八折至九折之优待，超过此数则照原价出售。各级政府即应督促当地所有公营商店组织实施为盼！

此呈

局长　叶季壮
一月二十一日

附二：边区物资局的通知

各分、支局长：

边区政府已经颁发关于拥护军队的决定，并定于今年一月二十五日到二月二十五日为边区拥军运动月，总局为响应这个号召起见，特决定于拥军运动月内发动全边区所有公营商店一律实行优待抗属购物折扣办法，其具体办法如下：

一、各分、支局于接得此通知后，即应发动当地各公营商店制定优待抗属所必需之物品的种类及价格，出售按八折至九折出售，所备物品以价值千元为限，超过者仍照原价，并将具体办法在当地公开宣传鼓动抗属购买。

二、持有各乡区县政府发给抗属之证明文件，即凭证按折扣办法出售。

三、指定光华商店首先实施。

你局即应及时发动当地各公营商店具体拟就实施办法，组织实施过程并随时督促检查以利进行，除呈边府速令各县转达抗属外，其办理情形应随时函告本局，以备存查为盼。

此致

敬礼！

局长　叶季壮
一月二十日

【资料来源】

雷志华、李忠全主编：《陕甘宁边区民政工作资料选编》，陕西人民出版社，1992年，第250—252页。

陕西省档案馆、陕西省社会科学院合编：《陕甘宁边区政府文件选编》第七辑，档案出版社，1988年，第61—63页。

关保英主编：《陕甘宁边区行政救助法典汇编》，山东人民出版社，2016年，第183—184页。

5. 陕甘宁边区政府家属待遇暂行办法

（1946年8月2日）

一、凡政府各部门编整（制）内之工作人员的妻子，其本人不参加工作者，尽可能地动员回家；如有特殊情形不能回家者，一般方针是帮助其从事生产，建立家务，做到自给。

二、凡属下列情形之一者，完全自给之：

（一）家属在边区内有代耕或家庭富裕能自给者。

（二）家在边区外，有经济来源，力能自给者。

（三）无代耕，无接济，但有自给条件与自给能力者。

三、不能回家的家属，力不能自给需要补贴者，在未达到自给的过渡期间，按其具体情况，决定补贴标准如下：

（一）家在边区，无代耕且贫困，因病或带小孩致不能生产自给者，未参加过工作或参加过但不到二年的，每月补贴小米五升；参加过工作在二年以上的，每月小米一斗。

（二）家在边区外，无接济来源，因病或带小孩致不能生产自给者，未参加过工作，或参加过但不到二年的，每月补贴小米一斗；参加过工作在二年以上者，每月小米一斗，边洋二万元；如系长征来的家属，每年可发棉花二斤。

（三）各厅处首长家属，照大灶干部标准全部供给。

四、议长、常驻议员、主席、党外厅长的家属一切生活费用，行政处编造预算，由财政厅供给之。

五、原未补贴者,及今后各单位在职干部家属未经秘书长批准搬住政府者,一切生活问题概不负责。

六、本办法从公布之日起施行之。

办公厅

【资料来源】

陕西省档案馆、陕西省社会科学院合编:《陕甘宁边区政府文件选编》第十辑,档案出版社,1991年,第208—209页。

陕西省档案局编:《陕甘宁边区法律法规汇编》,三秦出版社,2010年,第451页。

关保英主编:《陕甘宁边区行政救助法典汇编》,山东人民出版社,2016年,第320页。

6. 陕甘宁边区优抗工作总结[①]

（1946年10月）

以往的概括

边区的优抗工作，有它的优良传统，在抗战的八年及以后的一年间，是起过和继续在起着异常伟大的作用。可是在抗战初期的几年，在相对的和平环境中，一部分人民和一部分工作人员中间却产生了忽视拥军的观念，更忽视了优待抗属和巩固部队的意义。于是表现在优抗工作上的就是代耕马虎和"重工轻抗"，逐渐淡薄了对抗属应有的重视。在几年来的生产运动中，又多趋向于自我经济的发展；同时由于人口分散，地理不便，单纯用代耕办法代耕，常常误工误时，荒芜了抗属土地，妨碍了本身生产，形成所谓三多（是非多、麻烦多、费力多）一少（收获少）的毛病，影响抗属生活。

自1942年底高干会以后，对于拥护军队、优待抗属，自上而下地有了一致的正确的认识和态度。1943年边府第三次政委会通过的简政实施纲要中，又具体规定了拥军工作的方针，颁布拥军决定及优抗条例，并规定了每年古历十二月下旬至正月中旬为普遍拥军运动月，贯彻高干会的精神，并展开了干部和群众的自我检讨的思想反省，纠正了以往的不正确认识，认真地进行拥军优抗的各种具体工作。同时留司留政也发布了拥政爱民决定、拥政爱民十大公约和拥政爱民运动月的指令（1943年1月）。此后，拥军运动

[①] 据《解放日报》1946年10月30日报道，此件为民政厅副厅长唐洪澄1946年10月29日在民政厅一科长联席会议上的总结报告。

与拥政爱民运动在各地普遍地开展起来,人民拥护军队的热情大大增长了,军政民间的关系也就大大改善了。因之,人民对抗属就更加尊重与关心,每遇过年过节就去拜年送礼,开联欢会、开座谈会、互相交换意见,改进了优抗工作。各县一年一度的冬训班都曾着重地检查优抗工作的执行。在军工属同受优待的地方,为了把"重工轻抗"倒转过来,各地曾规定了工属优待低于抗属的差别。1944年前后各地又先后出现了优抗模范,如岳先芳(延县柳林区)、呼正纲(靖边龙州区四乡)等。这些都有力地说明了自干部以至群众都普遍地重视了优抗工作。

同时边区的大生产运动,使人民的经济普遍发展,应该也有能力保障抗属的生活过得好些。1943年前后,各县大部分改变了代耕,实行帮粮制,认真地根据当地一般人民的生活水平,对贫苦抗属规定了享受帮粮的优待标准。自此以后,抗属的生活,不但是得到了保障,而且同一般人民经济的上升一样,逐年发展、逐年改善了。今天就全边区来讲,3万多户抗工属,已全部过着温饱的生活。

抗工属经济生活的上升,从志丹县五区三乡抗工属阶级成分的变化及1945年优待情形就可窥见一斑。如下表:

		雇工、赤贫	贫农	中农	土地被分后成贫中农	合计
参加革命时		8	7	1	4	20
1945年调查时	未变	1	2			3
	下降		1	1		2
	上升 贫	3				3
	上升 中	2	4		1	9[①]
	上升 富				3	3
1945年优待情况		未变1户(杜老婆)全帮粮1担6斗。上升的3户贫农(王海清、王世忠、王百成)共帮粮11石7斗	未变的2户(曹生华、岳万金)共帮粮4石8斗。下降1户(曹世英)给帮粮1石5斗	下降这1户(李兴堂)给帮粮2石6斗	这4户原来是富农,土地被分后成贫中农了	

上表充分说明了抗工属经济生活普遍的上升和我们还在继续帮助其不断地上升着。至于下降的李兴堂,是因为家中连年死人,办丧事累下了(可是他的家中现还有2头牛、1头驴,土地自种着,7口人还能自给大部);下降的曹世英,因为偷吸大烟不务正(业)所致(可是他家现有牛1头,土地自种着,2口人生活,仅差一少部分);未上升的曹生华是因为另家的影响;未上升的岳万金是因为家里不务正(业)的人(他哥哥);未上升的杜老婆,是因为老弱(就她1口人,现在享受着全帮助)。

---

① 此表数字不符,系原件如此。此处应该为7。

吴旗县一个典型乡（二区一乡）抗属经济状况的调查，更可证明现在抗属是无冻馁的。如下表：

有无土地比较		收获小米比较		养牛比较	
有60垧地的	4户	收15石的	4户	3头	1户
有50垧地的	5户	收12石5斗的	5户	2头	14户
有35垧到40垧地的	4户	收10石的	4户	1头	6户
有25垧到30垧地的	5户	收6石2斗到7石5斗的	5户	无	2户
有15垧到20垧地的	4户	收3石7.5斗到5石的	4户		
		无收获的	2户		
合计	24户		24户		24户

养驴比较		养羊比较		有无男劳动力比较	
5头	2户	60只	4户	4个劳动力的	1户
4头	3户	50只	1户	3.5个劳动力的	2户
3头	4户	40只	1户	3个劳动力的	2户
2头	2户	30只	1户	2个到2.5个	11户
1头	1户	20只	1户	1个到1.5个	7户
无	4户	无	13户	无	1户
合计	24户		24户		24户

该乡24户抗属中，有22户的经济生活都能维持着人民普通生活以上的水平。不能自给维持生活的仅有2户：一户是张连官家，劳动、土地、粮食、牲畜全缺，4口人（1个婆姨带3个娃），现在享受着全帮助，每年得帮4石5斗粮，吃喝不愁。另一户是李天海，缺土地、粮食、牲畜，家有7口人，2个半劳动力，原来光景好，有牛1对、马1匹、驴5头、羊40只，去年因为做生意折本，把家产赔光了，落得个父子三个给人家揽工，今年政府照顾他，给补登记了80垧地，光景就又逐渐好转。

又如清涧袁家沟五乡学武村王咸云的家庭4口人（母亲、婆姨、2个女子），1939年前，全家生活无着，曾讨过饭吃；1939年后群众给代耕，但指靠不住，纺织挣钱，勉强过活。1942年规定不给代耕队管饭了，一年才收1石粮，缺一半吃的。1943年实行帮粮后，就有个很大改变，得到帮粮及自己纺织收入5.3石，除开支（3.1石）长余2.2石。1944年得帮粮及其他收入7.05石，除开支可结余3.95石，2年的余粮就相等于2年的开支，真正是达到了丰衣足食。

就是在大部分仍采用代耕制的淳耀、赤水等县，创造组织班子（唐将班子）代耕、帮雇长工等办法，也都能在适合于当地情况下，获得较好的成绩。

拥军运动与拥政爱民运动，使边区军民大团结更加紧密。优抗工作对巩固与扩大部队起了很大作用，使保卫边区更有保证。但从全部优抗工作看来，还存在着严重的缺点。

由于处在边区相对的和平环境与边区经济的普遍发展及优待帮粮的确实提高，某些抗工属及部分工作人员中间（部分战士也同样）模糊了代耕的意义，相当地产生了平均的享受欲望。于是就要求优待平均，认为都是干革命的，都应该得到一份。同时有些人更忽略了有人出人、有钱出钱、支持抗战是大家的义务，而以为只要出一个人就应得到代耕的报酬。加上一部分进行工作的干部也习惯于方式的简单化，又怕惹人，就乐得给予个平均优待。这样就形成了一方面是坐食"俸禄"，另一方面是单纯供给。于是用不着周密研究与认真审查，省得去帮助生产与计划督促，只把帮粮数字布置下去，就算完事。甚至在部分地区就产生了工作应付、制度废弛、领导放松及其他许多偏向。

第一个是物质优待的范围不合理地扩大。

只要一参加工作，立刻就要求给予优待，变优待成工资。为了争取其参加工作往往不问其家庭是否需要帮助，就给予享受优待（甚至个别人在动员时许口愿），于是出来求学的学生，家庭也得给代耕，动员到工厂做工的工人，家庭也得给代耕（按：工人有工资报酬）。动员参军的更必须给代耕。如延川县文安驿区高如金，把一个12岁的小娃娃送到陇东去（开始说去当勤务）住学念书，马上要乡政府就给优待。类似情形，几乎各地都有。

实行了薪金制的，还要代耕，最初理由是家庭累手大，以后就习成惯例。小学校教职员、合作社人员、工厂职工等在不少地方还继续给予代耕的。据甘泉一个典型乡（一区二乡）的材料所载，这样代耕的户数占受耕优待抗工属户数15%。

有些机关随便动员生产人员，其中不少部分是脚出家门就给代耕上了。而这些机关的生产又搞得毫无成绩。如富县政府农场动员了近20个生产人员，去年全年生产了120石粗粮，却开支了60石细粮，出入相抵，所收无几。而有4个生产人员，家中还要群众代耕，结果是得不偿失，加重民负，劳民伤财。又如赤水、新宁等县县府各有七八十个生产人员，成绩亦不很大。若以全边区所有机关的生产人员统计起来，当是很可惊的！（其中也有很大部分不受代耕的。）

本县籍干部，原来家庭不受代耕的，把家属一搬到机关，就要群众给代耕了。如志丹县机关家属就有26户，大部都是家在本县，其中12户家景富裕，原来不受代耕，自搬到机关以后，就由群众来给代耕了。即其中14户原受代耕的，搬到机关以后，粮、柴也都得群众驮送了。群众要为这26户家属从几十里路以外驮粮、送柴，每年耗费人工、驴工的价值等于给25.5个人的全代耕（全年需人工347个、驴工705个，按延市工资折边洋16077000元，以45000一斗米折合35.73石，以每人一年全代耕帮粮1.4石折合，等于25.5

人的全代耕）。带家属住在机关的，不止志丹一县，边区、分区、县等各级机关，是所在都有的。据绥德等10个县的统计，每县平均有17户以上（10县共172户）。

随部队的家属，也要驻地代耕。如八团安置在定边有80多户，由地方帮粮。骑兵旅已去前方，在靖边驻防时安置下20多户，还留在那里，由群众代耕，送粮送柴。其中系边区籍的，有的原籍还给代耕一分，到驻防地来，部队里也给帮助，类似，确是不合理的。

总之，在平均优待与平均享受的思想影响下，抗工属物质优待的范围是无限地扩大了。

第二，因之，就大大加重了人民的负担。

优待的范围继续扩大，人民的负担逐年加重。如米脂县以1943年的帮粮为100，1945年帮粮就是282，将近提高了2倍。详见表：

	年别		
	1943年	1944年	1945年
抗工属户数	976	1237	1527
户数的指数	100	128.7	166.7
征帮粮石数	775	1607.83	2185.6
帮粮的指数	100	207.44	282
附　注	均以1943年数作为100		

从上表看，该县抗工属户数逐年增加，优待帮粮的增加，部分是合理的，但帮粮数远超过户数增加的比例，所以大部分是不合理的。

现在边区31个县、市、区（中心区）的统计（缺2个县），共有抗工属33967户，其中受优待的有15625户，占46%。1945年征优待粮是33378.55石，帮柴约折粮13343.5石，合46722.05石，将近等于1945年边区公粮（12万石）五分之二，个别县份优待帮粮竟有超过公粮1倍的。

如清涧县，1945年征帮粮3567石，超过公粮（2800）四分之一以上。再加400万斤帮柴，几乎高于公粮1倍。又如子长县今年征帮粮6560石，超过去年公粮（2720石）的1倍还多。

单从劳动力筹划帮粮的，如子长县1944年每个劳动力平均负担5斗5升帮粮，固临县今年每个劳动力平均负担到7斗5升，个别地方有负担到1石5斗的。

负担加重，总的说来是由于优待范围的扩大，同时还有如下的三个原因：

（一）一个原因是优待原则上的错误。如清涧的平均优待与定边的贫富一样优待。

清涧的平均优待亦即所谓"端出端入"，它的原则有二条：一条是凡抗工属按最高帮助标准平均帮助。另一条是凡是劳动力平均负担（1945年后改为财劳共负）。这样造成了享受与负担的不合理，负担也增加了。以袁家沟五乡的调查，1943年未实行平均优待，与1944年实行了平均优待以后比较，增加民负[①]60%。

定边的贫富一律优待有三条原则：一、贫的代耕是大人5垧，小孩3垧；二、中等之家的代耕是大人3垧，小孩1.5垧；三、富的代耕是大人1.5垧，小孩1垧。以城区四乡的调查，26户受代耕的，其中仅6户是应该享受的，实增加了人民61%的负担。

（二）另一个原因是优待的不合理，应该代耕少的给代耕多了，应"拉直棍"（拉直棍即人不帮他代耕，他亦不帮人代耕，也是一种优待办法）的也给代耕了。以甘泉、佳县、子洲等县3个乡的材料证明，这样就增加了26%的民负。

该3个乡抗工属共90户，其中现在享受代耕的有61户，共征帮粮110.9石，经逐户的审查，其中应该少受代耕和根本不应受代耕的有19户，共应减去帮粮30.1石，占现征粮数的27%。这27%的帮粮，由于优待的不合理给人民加在身上了。（3个乡即甘泉的一区二乡，佳县的乌龙区一乡，子洲的苗区四乡。）

其次一个不合理的现象是吃双份优待粮。如陇东一个经济机关人员梁爱民，家在延川享受着一份代耕，妻子在陇东，住在机关，机关供给，1944年以前一直如此。今年二月，他老婆又去陇东，家中还享受优待粮5.2石（按：梁家中完全不代耕是可以的）。

（三）再一个原因是"拉直棍"的不合理。现在抗工属户数54%不受代耕的当中，除很少数模范抗工属，如吴满有、王国保等负担优待粮外，大多数富裕之家都拉了直棍。如延安丰富区二乡秦登玉，家8口人，2个劳动力，养2头牛、1头驴、40只羊，自种30垧地，另外外账500万元，因为一个儿子在县上剧团工作，就一满免去了优待负担。有的竟为了免去优待负担，争取自家门内有一个"当公家"的，如延长六区二乡郭生瑞，自动把10多岁的娃送到油厂去，回来马上要求"拉直棍"，这样富裕抗工属应出的负担，都转移到非抗工属的肩头上。

第三，形成负担与享受的不合理。

负担上有两种不合理现象。一种是由劳动力单方面负担，不分贫富按劳分摊，形成贫富间的悬殊不公。有贫的负担公粮很少，而负担优待帮粮却超过公粮四五倍以上。如子长西区白有祥家（2个劳动力）出公粮3斗，出帮粮1石1斗。白有双（1个劳动力）出公粮1斗，出帮粮6斗。这样给贫苦农民经济发展以很大影响。

[①] 民负：农民负担。

另一种是同一县境之内，各区间的负担悬殊不公，因为筹划得不统一，如延安县蟠龙区抗工属受代耕的户数多，每个劳动力平均负担粗粮6斗2升，川口和柳林区抗工属受代耕的户数少，每个劳动力仅平均负担粗粮3斗，相差1倍。

抗工属享受上也存在二种不合理现象。一种是与区乡间负担上悬殊不公的原因一样，形成优待标准悬殊，在蟠龙区大小二口之家，全帮粮是粗粮2石9斗，而柳林与川口区，大小二口之家，全帮粮粗粮6石，致使苦乐不均。

享受待遇的另一种不合理，是计算抗工属资产收入的无原则苛刻与无原则宽厚。如子长个别区乡，去年进行优待的时候，将抗工属全部的收入，连养猪也计算在内。而在清涧计算资产收入时，凡是1垧土地都以5升收入计算，自种与租伙完全没有差别。这样就使得贫者益贫，富者益富。

第四，帮助建立家务的形式主义，形成部分抗工属的依赖观念。

帮助建立家务的工作，各地都普遍做得不够。1944年仅是来了个短促突击，帮助订生产计划，送猪送羊，帮粮帮钱，盖房子借东西，等等，"运动一下就运动过去"，大部分形成了形式主义。帮助订生产计划是根据着主观愿望，如靖边县段海聚婆姨，一个女人带6个娃娃（最大的一个才有10岁），县委组织部长去帮助订生产计划，要她一年纺150斤纱。这对于一个不带娃娃的纺纱能手也是难完成的任务。送东西也是平均送，如吴旗富户栏有百八十只羊的，还要给上5只。如靖边在送羊"浪潮"里，给那不务正人家送的羊成了"节羊"，过一个节日杀吃一只。只管送了东西，订了计划，再就不问其他了。对抗工属缺乏启发教育，少具体督促其生产，多偏重于单纯供给，养成部分抗工属的依赖观念。

这些偏向，有的是个别存在，有的是普遍现象，发展下去将会产生极不良的后果，是可以预测的。

首先，它将影响到军政民的团结与长期保卫边区的巩固。

由于革命的长期性，革命部队是必须扩大的。如依米脂3年来抗工属户数增加的指数（100∶166.7）与帮粮增加的指数（100∶282）发展下去，再依平均享受、平均优待发展下去，享受优待的人数将愈多，负担优待的人数将愈少，负担逐年加重，势必妨碍到人民的经济发展，影响到群众同抗工属的关系（劳动的与不劳而食的矛盾）。造成抗工属与群众的埋怨政府（一个是埋怨优待少，一个是埋怨负担重），也将影响到军政民的关系与边区的保卫。如清涧个别村庄，由于负担太重，致使干部、抗属、群众三方面的互避、互怨的事实就是很值得警惕的。

其次，发展下去又将会腐蚀我们革命军、工人员的意识，淡漠为人民服务的观念，养成"因为工作必须享受"的思想。

如佳县保卫科长杜万清,代耕少了就怠工,不代耕"要离开工作"就是一个很好的证明。

再次,发展下去又会影响到真正贫苦困难的抗工属,生活不易改善。因为平均优待、争取享受形成粥少僧多,力量分散,反不能得到适当的帮助与解决。同时在"人在人情在"的私有观念没有得到纠正以前,更是不可能得到适当帮助与解决的(一大部分贫苦的,都是参加革命久离开了地方的)。至于贫苦抗工属的家务也将更难建立起来。

几年来边区的优抗工作有成绩,成绩必须得到发扬;也有严重的偏向,偏向必须加以克服。更必须给以恰当分析与足够的认识,这样才能把我们的优抗工作提高一步,真正做到优待合理,减轻民负,发展生产,建立起家务。

下面我们就要谈到如何改进与提高我们优抗工作的一些原则与办法。

今后办法

第一部分　关于物质优待

一、重新确定物质优待的范围

(一)革命军人家属、未实行薪金制的革命工作人员家属以及丧失劳动力的退伍残废人员,其家庭贫困不足维持一般人民普通生活的,得享受物质优待,应依其实际情况,具体地分别给以帮助。

至于一般的精神优待(开群众会及看戏坐前排、遇事遇节的拜年送礼、慰问等),凡是革命军人及革命工作人员的家属,以及退伍残废人员均应享受,得到人民的尊重与爱护。物质优待与精神优待两者均须重视,一方面要帮助其生活不低于一般人民,另一方面要使其社会地位比一般人民光荣。同时军工属亦需了解,丈夫、子弟参加革命为应有之义务,必须自尊自重,自觉地帮助革命部队,巩固与扩大革命政府工作的顺利推行。

(二)已实行了薪金制的合作社人员、邮政职工、工厂职工、学校教职员等,其家属不得享受物质的优待。(尚未实行薪金制的教职员,应实行薪金制。)

(三)机关(包括农场、作坊、商店等)之生产人员其家属生活贫困者,概由其本机关帮助解决,但帮助之物质不得高于各该地军工属物质优待的标准。

(四)建议贸易公司、银行、税务局等都逐渐实行薪水制。

（五）未脱离生产之革命烈士遗属，其家庭无以为生者，得给以具体的帮助。

（六）关于女干部之娘家，如原系依其为生，因其参加工作，而致不能生活者，可酌情给以帮助。如已脱离工作，其娘家之优待即应停止。

（七）随军家属的解决办法：骑兵旅（已去前方）已安置在靖边张家畔的家属（25家），其家在边区的，可分别遣回原籍；家在外边（边区外）的维持现状；其他各地之随军家属，概由部队本身统一负责管理。

（八）机关家属的解决办法：

1. 各级机关干部带家属的，必须具备下列条件，并须经主管首长的批准。带出本县之后，其家属原享受之优待须无条件地停止。

（1）参加革命无家可归的。

（2）结婚年久无子，且常年因工作不能回家的。

（3）家庭贫苦，享受地方最高帮助的。

（4）有特殊情况，经主管机关首长许可的。（主管机关首长：政府系统的指各厅、处、院、行长，专员，县、市长。党委系统指边党委组织部长、地县委书记等。）

2. 县区级干部，凡家在该县以内者，其家属一律不得带住机关。如行带来，即其家属在本乡受有优待者，其生活亦由其自己设法调剂解决。实行"优待不出乡制"，当地之帮粮帮柴，不得动员群众驮送出乡。外县干部且距离家乡很远，具备第1项条件之一，得主管机关首长批准者，其家属可带住机关，如生活困难，本机关可给以帮助，但以不超过各该地军工属物质优待最高帮助之标准为限。

3. 分区级以上各机关干部家属，具备第1项所列条件之一，经各该主管首长批准者，得带来机关，生活不能自给的，可依下列规定之待遇，向财政厅预算。

（1）一律降低现在小孩的待遇标准。（所有小孩子每月减发2斤肉，每年减发1丈宽面布、1斤棉花，面不减。）

（2）1个女人不带小孩的，每年帮助小米6斗。

（3）1个女人带1个孩子的，大人每年帮助小米3斗，小孩依照标准预算。

（4）1个女人带2个孩子以上的，大人不帮粮，小孩依照标准预算。

二、合理地进行优待

（一）优待的原则

1. 失去了主要劳动力（如仅有女人、娃娃）又无土地或资财不能维持普通生活的，给予最高帮助；完全丧失劳动能力的（如老幼残废，完全不能动弹，只能坐食），得给以特别之帮助。

2. 劳动力缺乏、土地或资财少，其收入不足以维持普通生活的，酌量给予部分帮助。

3. 有劳动力，有土地或资财，但其收入仅能维持普通生活的，可"拉直棍"（人不帮他，他亦不帮人）。

4. 有劳动力，有土地或资财，其收入足以维持普通生活以上者，均得负担优待义务。

5. 军工家属同受优待的地方，应首先优待军属。

（二）优待的标准

1. 最高帮助标准：在各个同一经济区域内，依据人民一般普通生活水平全部之所需，定出相差不远的、每年物质全帮助之统一标准。（相当于中农生活所需之三分之二，其余三分之一，要依其自己生产解决的。）现将大会决定各分区县帮粮的新标准及现行标准列表于下：

陕甘宁边区各县帮粮标准一览表（单位：石）

分区县别	现行的标准		新定的标准	
	大人	小孩	大人	小孩
延市	1.2	0.6	1.3	0.8
延安县	1.8	1.2	1.3	0.8
安塞	1.6	1.6	1.3	0.8
延川	1.5	1.0	1.4	0.8
延长	2.1	2.1	1.5	0.9
固临	1.8	0.9	1.5	0.9
富县	1.5	1.5	1.5	0.9
甘泉	1.65	1.2	1.4	1.0
志丹	1.32–1.62	1–1.3	1.4	1.0
子长	1.4	0.8–1.0	1.3	0.8
垦区	1.8	1.2	1.3	0.8
绥德县	0.8–1.0	0.5	1.0	0.6
米脂	1.2	0.6–0.8	1.0	0.6
清涧	0.9	0.5	1.0	0.6
子洲	1.2	0.5–0.8	1.0	0.6
佳县	1.2	0.6–0.8	1.0	0.6
吴堡	1.2	0.6	1.0	0.6
定边	1.625	0.975	1.4	1.0
安边			1.2	0.8
靖边	1.2	0.4–0.8	1.3	0.8
盐池	1.2	0.6	1.4	1.0
吴旗	1.5	1.0	1.4	1.0

续表

分区县别	现行的标准		新定的标准	
	大人	小孩	大人	小孩
关中	1.8	1.0–1.6	1.5–1.8	1.0–1.3
陇东	2.8	1.6	1.5–1.8	1.0–1.3
备注	7岁及以下为小孩，8岁及以上为大人			

除帮粮以外，各地帮柴的最高标准定为：一人之家给石炭800斤，二人之家给石炭950斤，三人之家给石炭1100斤，四人之家给石炭1200斤，四人以上之家不再增加。没有石炭的地方以2斤硬柴或3斤软柴折合1斤石炭来计算。

2. 部分帮助之标准：应以最高帮助为标准，扣除其资产收入外，不足部分再帮助补足之。但在计算其收入时，须根据以下之规定：

（1）凡地租、房租、牛租、放账、自种地、商贩以及其他资财等收入得计算之。

（2）凡军工属妇女自种地之收入不得计算之。

（3）凡副业之收入不得计算之。

3. 军工属帮助标准之差别：一般的工属大人之帮粮低于军属1斗，小孩无差别。（但受最高帮助及出边区外工作之工属，帮粮数与军属同。）

（三）优待的形式

1. 帮粮制。在绥德、延属、陇东、三边等分区全部采用，关中分区也部分采用。总结过去经验及依据现在的情形，今后仍可采用。

2. 代耕制（或帮工制）。现关中仍多采用，其他分区个别地方亦有采用的，均系在军工属为数较少区域，或因土地好，或因亲友关系，群众乐意代耕，或军工属愿意要求为其代耕等条件下来实行的。今后各地在类似这些情况下，仍可采用。

3. 其他辅助形式：如帮雇长工，以新宁县实行的经验，在那军工属家里有人领导土地又多的（自己劳动力弱）条件下，是一种公私两利的办法。

三、公平地筹划优待负担

（一）负担的原则

1. 为克服贫富间负担不公，确定财劳共负的原则。

2. 帮粮由财富来负担，帮柴由劳动力来负担。

（二）筹划的方法

1. 在统筹区域内，需筹帮粮之数，跟公粮及营业税双方附加之。至于跟公粮及跟营业税之分配比例，各地可酌情自定。但依财富负担时对"拉直棍"之军工属，其财富不予负担。

2. 在统筹区域内，需筹帮柴之数，由所有劳动力平均分担之（劳动力弱的可酌情折合），但"拉直棍"军工属之劳动力不予计算在内。

（三）统筹与调剂

1. 为克服各县区乡间优待负担之悬殊不公，一般的实行以县为统筹统支的单位，但军工属过少的地方统筹范围亦可缩小。在实行以县为统筹时，必须警惕各区乡间的本位观念。

2. 为克服各县间优待负担之悬殊不公，实行自上而下的调剂，各县须于每年征公粮以前一个月，将该县军工属优待负担确数呈报专署及边府参考，以便在分配负担上，边府对各分区、各分区对各县给以必要之照顾。

四、建立帮粮的收发制度

（一）各县区乡间建立适宜账簿制度，设置收发三联单据，并要定期公布数字（拥军月和开县乡级参议会时）。

（二）为便于军工属建立家务起见，帮助粮以一次发给为原则，但有少数不（会）过光景之军工属，则按季发给。未发之数集存仓库或交由忠实农户保管。

五、认真地审查登记

（一）颁发军工证书

1. 联政组织部制发革命军人证明书（亦可委托旅团首长负责代发），分别寄给军人家属，以凭证向当地政府登记。

2. 边府民政厅制发革命工作人员证明书（亦可委托专县首长负责代发），分别发给其家属，以便凭证向当地政府登记。

（二）乡政府进行登记

1. 执有军工证书者，得登记之。

2. 在其他解放区服务之军人，未发证明书，其家属得村民会之证明，经乡政府核实者，得登记之。

3. 为革命牺牲之烈士（指脱离生产之战士及一般干部）遗属，经乡政府核实或负责干部证明者，得登记之。

4. 执有退伍（或复员）证，或退伍证遗失而由村民会证明经乡政府核实者，得登记之。

5. 登记应包括如下之内容：

（1）他（她）是何人家属，其人何时参加革命，现在何处任何职务。

（2）他（她）家大小人口、姓名、年龄、劳动强弱、职业及专长。

（3）他（她）家经济状况及现在生活情形。

（4）他（她）家历年来是否受物质优待，具体情形怎样。

（5）群众及村乡干部对他（她）家今后是否应受优待的具体意见。

（三）登记与审定物质优待标准

1. 民政厅制定登记表样式，各县依样印发各乡，以便登记。

2. 县区干部配合乡村干部逐乡彻底登记。

3. 各乡登记完竣后，以区为单位，召开区乡干部联席会议，县派干部参加（有驻军的地方应请驻军派代表参加），逐户讨论其是否应受优待，及应如何具体地分别优待，以做最后决定。

4. 建立审查登记制度，每3年彻底登记审查一次，视其家务建立之程度，重新订定优待标准或停止物质帮助。

（四）优待之转移与停止

1. 军工属的优待，在本县内不得转移。

2. 军工家属由甲县转移乙县得执有军工证书及甲县政府之详细转移介绍信（信内写明是否受优待，已受优待粮多少），乙县始得登记审定优待。

3. 有下列情形的则停止其优待：

第一，军工属已转移他县者。

第二，军工人员已革除军籍和政籍者。

第三，军工人员非因年老残废并携有证书，而脱离部队及机关者。

第二部分　关于帮助建立家务

一、搞通思想贯彻政策

（一）在干部方面

1. 认识政策的重要。在边府1944年拥军工作指示信中，明确地指出："由于抗战与革命的长期性，拥军优抗工作须有长期打算。"帮助其生产安家就是最长远的打算，单纯的需米供米、需柴供柴的办法，易形成其坐食依赖，同时军工属增加，优待不减，人民负担过重。所以必须打破单纯的供给观点，必须打破怕困难怕麻烦的思想，来积极地帮助建立家务，使其生产自给不靠优待，走上彻底地解决问题，得以一劳永逸。

2. 认识工作的性质。帮助建立家务的工作，也是一件艰巨的经常的工作，必须耐心经常地督促检查，及时地总结经验解决困难，纠正突击一下就万事大吉的想法。它是一种细腻的组织工作，必须调查研究，有计划有步骤地进行，纠正粗枝大叶简单化的作风。帮助建立家务的工作，又不单单是领导上几声号召几个干部努力一下所能奏效，必须发动群众，激发群众的帮助热忱，鼓起军工属的生产情绪，组织起来，建立经常的领导核心，坚持下去，不仅真正能将家务建立起来，而且能长久地巩固坚持。

（二）在群众方面

必须认识革命军工人员牺牲自己之利益，一心一意为人民服务，给人民创造了丰衣足食的生活。因此对军工人员家属的尊重、爱护、扶助，不仅是应该，而且也是应有的义务。一定要竭尽自己应有的力量来帮助军工家属生产，建立家务，得过着同自己一样的生活。

（三）在军工属方面

必须认识家人参加革命是光荣的，同时也是应尽的义务。作为革命军工人员的家属，受着人民和政府精神或物质的优待与尊敬，决不可自高自大，更应自尊自重，所以在生活上，一心只想依赖供养，这是错误的，绝非长久之道。发展生产建立家务，才是最可靠最长远的办法，同时自供自给是何等的光荣，应想尽方法从事各种劳动，即缺劳动力的亦应操作纺织、缝纫、养鸡、养鸭、饲猪、畜羊等副业。勤劳治家力求节约，争取在军工中的模范作用，成为模范的军工属。

要展开这一工作，各级领导上，应经常在干部、群众、军工家属中，对这方面努力而又确有成绩的，予以褒扬奖励；对这方面特别坏的予以批评和纠正。

二、研究对象具体帮助

（一）军工属中建立家务需要帮助的是哪些人

1. 不需要帮助的：根据延安等31县市区（中心区）的材料分析，总其33967户军工属中，能自力维持普通人民生活以上的约有23776户，占70%。这70%的军工属其家务是根本无须帮助的。

2. 不可能帮助的：根本丧失了劳动力，没有生产条件的老弱残废，是不能够帮助其建家的。这一部分占军工属的极少数，那只有靠物质优待以养老送终了。

3. 急切需要帮助的：依前面统计军工属中约有30%，不能和不足以自力维持生活，须受着物质的优待。

其中除去不可能建立家务的一小部分，则急切需要建立家务者当不足30%。但这部分贫苦军工属中,据各地的反映,绝大多数是1937年以前参加革命的军工属,所以急需分别帮助给以建立家务。

（二）军工属家务能够帮助建立起来的条件

这种条件,种类很多,最主要的有以下的许多类型:

1. 军工属中凡系农村积极分子,勤俭、耐劳、务正的妇女,虽有困难只要稍许得到一些帮助,其家务即可建立起来。如绥德义合区三乡孙家园军属刘金英（丈夫在警七团工作）,曾任过乡支书、妇女主任,1944年又任县联委员,惯于勤苦,从事纺织,自1个银洋从1940年到1944年发展到56万之家务。自耕11垧地,代耕2垧,达到了丰衣足食。又如米脂桃镇一乡的杜兰芳等,都是很好的例子。

2. 军属中凡家里有人管事的,虽有困难,只能稍得到一些帮助,其家务是可以建立起来的。如清涧袁家沟五乡白完军老婆（50来岁）孩子当兵去了,她领导着两个媳妇纺织喂蚕来维持生活,前几年没本钱,公家发了2斤花,纺成线再换花,每斤花缴13两线,自己赚下的做本钱,白日黑夜地纺织,家务就逐渐建立起来。

3. 军属中凡自己有小孩精神有寄托有情绪过日子的妇女,家务是可以建立起来的。如清涧袁家沟五乡惠明儿的婆姨（30来岁）男人走七八年没消息,留一个10来岁的男娃,始终没提过离婚,主要是牵挂娃娃,觉得有盼望,自己勤劳纺织,以自己3年的努力建立起来家务,买1条牛（1/3）、1个猪、1只羊,用给人揽织40丈布换来个零工（10天来做1天活）来务育庄稼。1944年用几十万元给自己问了个媳妇。

4. 军属中虽有生产条件,但不会计划管理过光景的,只要经常帮助他（她）打算,其家务也可以建立起来。有句土话说"吃不穷穿不穷,打算不到一世穷",就是指这种人说的。

5. 军属中贫苦得失掉了生产信心的,只要集中力量一下给帮助打定基础,恢复了生产信心,其家务就可以建立起来。俗话说"人穷不作,马瘦不吃"就是这个道理。

6. 军属中虽有困难但有一技之长的,只要给以具体的帮助解决其困难,其家务就可以建立起来。如米脂六区姜新庄姜纯直老汉有肺病,劳动不成,1头毛驴19垧地,养活老小7口人。1943年收成不好,生活困难,不愿孩子去三边工作,干部给以解劝安慰,并问他有什么本事,他说会做粉,但没有本钱,干部就在村信用社给他借了两石绿豆做资本,因而解决了困难,生活就有了保障,儿子在外工作也安心了。

7. 贫苦军属中务正过光景的,虽没有特殊帮助,只要用同样优待标准持续几年以后,就必然会有积蓄,加上自己生产努力其家务就可以建立起来。如延安丰富区五乡王恩福的婆姨,她男人在中警团服务,她一个人在家,政府这几年来以半代耕优待她,她自种1垧麦地和瓜菜，雇短工耕1垧川地，到现在积存了8石多粮，家务建立起来了。相反的如果每年就改订一次优待标准，将她生产多少在优待帮粮之内就扣除多少，那她的家务就很难建立起来。

8. 总结以上7条，军工属的主观努力和政府（群众）的客观帮助相结合，是帮助建立家务的关键。根据几年来的经验都得到了有力的证明。

（三）帮助军工属建立家务须要克服的困难

1. 首先遇到的困难是：丈夫久无音信，没有孩子或孩子死了的军属悲观失望，没心过光景建立家务。例如延安县的郭凤英，丈夫七八年都没消息，前二年曾务育下一个孩子，生产还能积极干，到1944年这个孩子死掉了，从此就再没心事〔思〕过光景了，一谈就哭："我30来岁的人，要那光景干甚？反正早死10年也要当个风流鬼。"

解决这个问题，清涧有个引娃娃的办法，值得提倡，给她设法引个娃娃，这样就会转变情绪，去安心过日子。

2. 再一个遇到的困难是：丈夫从没音信，要求离婚未遂，而致坐食浪费的军属，让她安心生产也是很困难的。这个问题的解决，就是适当处理其婚姻问题。在清理登记时，可将这类问题的材料汇报民厅，以便设法探寻其丈夫音信，好决定其去留。除此根本办法外，近年来发现民间解决这个婚姻问题，有自行采用如下的二个办法：一个是父兄做主改嫁的办法；另一个是父兄及族人做主招夫的办法。这两种办法也都有毛病，但民间自行解决，我们也不必去禁止。

3. 再一个遇到的困难是：丈夫当兵多年没信，急切地想男人，加上受到了旧社会恶劣习气所染，而致抽大烟，"打游击"浪荡堕落不务正的军属，帮她生产建家是特别困难的。这一类型的军属是为数极少的，但影响确非常之大。对她们的帮助，首先应该是改造教育，促其务正。

三、加强组织领导

要政策贯彻下去，必须有一套细密的组织领导，以往的经验教训我们：

（一）必须有个别指导——一般号召必须与个别指导相结合。检讨我们几年来帮助军属建立家务的工作，一般号召是有了，缺乏的就是个别指导，民政厅如此，某些分区县亦如此。这就是成绩之所以不够大，在领导方面应负责的。今后各县必须具体地帮助一个乡或一个村，先把工作做好，及时取得经验，指导各乡，分区及民政厅尤必须总结一般经验推广各县。这样使一般的号召能得到普遍的实施。

（二）必须走群众路线——从群众中来，到群众中去，通过群众依靠群众。检讨我们几年来建立家务的工作，凡是群众发动得好的地方成绩就大，反之则小。延市1944、1945年帮助退伍军人建立家务的办法，是走群众路线的一个例子，其内容如下：

1. 要慎重选择对象，以勤俭务正的人为中心。如1944年帮助马炳仁、苏占青建家，但马不好好劳动，串门子，苏懒惰又吸洋烟，结果家务一点也没有建立起来，这样就降低了群众帮助的情绪。所以选择对象要慎重。

2. 对瞅准的对象要了解。乡干部要开会研究，找他们座谈，征求群众意见，务正的人先给以物质上的帮助，不务正的首先是帮助除去毛病。

3. 召开退伍军人座谈会，征求他们的意见，由他们提出给谁帮助建家。在会上奖励动手起家的模范，并布置这些模范讲述自己辛勤起家的经过，以教育大家。同时组织发动大家互相帮助。1945年南关乡在这个会议上，由曹泽雷、李步才、刘兴等讲述自己的起家故事，影响很大。最后他们一致提出给尹金山、王新光二人建立家务。

4. 开群众会（村的）征求群众意见，由群众来决定。事先布置好群众间积极分子起带头作用。同时由预定受帮助的人商量好一个建家生产计划准备在会上讲。如新民村会议上有人提出给尹金山、王新光二人帮助建家时，当场到会的40多个人都表示尹金山年老务正，应该帮助。王新光年轻且好吃懒动，应该由村长和他谈话，自己提出保证，改了毛病才给帮助，于是在尹金山讲了自己的生产计划以后，村民会就讨论给以具体的帮助。

5. 编入居民小组，专人负责监督。如新市乡十五组，对1944年曾帮建家的马炳仁、苏占青，在村民会上（1945年）进行了批评教育，马、苏做了反省，最后具体定出规则：苏戒酒戒烟，由组长高志厚负责监督；马给介绍去做鞋，赚来的钱由组长保管帮助建家，不准再串门子。

（三）必须定期检查总结实行奖惩

1. 对群众中军属中的积极分子建立的领导核心组织，应有经常的及时的领导检查与监督。

2. 每年举行一次军属建立家务的检查总结，并订出次年的计划。

3. 在检查总结中，将所发现的军属中生产建家的好坏典型及群众中优军的好坏典型，实行分别的奖励和批评（以及其他惩处）。

4. 在检查总结中，检查出军属家务已经建立起来的，要使他（她）巩固下去。检查出军属生产建家的困难，应给以具体的解决。

最后结语

我们的优抗工作，经此次10多天的深入讨论，大会小会，贯穿了一个基本精神：自下而上地搜集材料、研究问题（从群众中来），又决定了今后的方针和办法（到群众中去）；对抗属负责（解决问题），对群众负责（减轻民负）。要达到既享受合理（困难多的多帮助，困难少的少帮助），又负担公平（富的、劳动力多的多负担，贫的、劳动力少的少负担）。帮助其生产，把家务真正建立起来。这个新办法的基本原则，是这次参加大会的全体同志经过详细研究，一致通过的，所以今后必须坚决彻底执行。各地同志应当依据各地的具体条件，运用各种适当形式，并应及时了解情况，研究经验，在具体的方法上给以不断充实和改正，但原则是不能违背的。

贯彻大会的精神与办法，决定关键，在于通过干部思想与认真审查登记。

"参加一份工作就该享受一份代耕，不代耕至少也得免除负担"的不正确想法，在干部间、抗工属间大量地存在着，纠正过来是需要花很大力量的。正如这次参加大会的一位同志所说："出人又出钱（指富有的抗工属还要出优待负担）。这在优待办法上，简直是一个革命。"是的，新办法的精神，在纠正一部分干部的糊涂观念这一点来说，确是"一个革命"。既是"一个革命"，那就非同小可，必须党政齐动员，自上而下，贯彻思想教育，取得干部的认识一致。延安县长曹扶，在干部会议上，首先提出自己家庭不但不让群众代耕，还要负担优待的义务，是教育干部、推动工作的一个范例。

另一个关键，决定于这次登记审查的确切认真与否。没有认真确实地登记，就很难有正确的审查。审查不正确，优待就很难做到合理。我们这次决定的许多好办法，则将难以实现。所以这次的登记审查，绝对必须切实认真。

最后，还有几个问题需要加以解释和说明：

第一，物质优待的最高帮助标准应依据中农生活三分之二的问题。为什么最高仅帮助三分之二，不给以全部所需呢？因为帮助的意义，就包含着自己必须生产，如给以全部，那叫供给而不叫帮助。同时除帮柴外，给以中农所需生活三分之二的帮粮，则吃用全够，所缺仅是穿的一部分。根据一般抗工属从事纺织及其他副业生产，是保证可以解决的。又为什么要以中农为准呢？因为目前处于革命的过渡阶段，主要力量应放在争取革命的胜利，还没有力量完全希望都享受富农以上的生活。此外，革命军工人员，为人民服务流血流汗，广大人民也不忍听其贫困。所以提出以中农的生活为准，来给以分别的帮助。

第二，实行帮粮全由财富负担是否加重了中农负担的问题。根据现有的材料研究，实行了帮粮全由财负以后，贫雇农的负担自然是减轻了。在绥米一带，出5斗到7斗公粮的中农之家，有两个劳动力以上的，负担都没有加重，仅是那有1个劳动力的稍重了一点（因为绥米帮粮过去是财劳共负的）。加重的是出1石公粮以上的富裕中农及富农。在延属分区一般出2石公粮以内的中农之家，负担都减轻了，加重的是出2石公粮以上的富裕中农和富农。换句话说，就是出公粮多的富户优待负担比过去多了——这是应该多负担的。

第三，颁发军工证明书的问题。颁发军工证明书，在今年以内，因内战形势的影响，是可能办不完峻〔竣〕的，但是登记审查的工作，却要马上进行，不能有丝毫的迟疑和等待，完全依证明书登记，那将是明年的事了。

第四，几个名称的订正问题：

（一）抗属，统一改称军属。拥军优抗，统一改称拥军优军。

（二）全优待、全代耕、全互助等，统一改称最高帮助。半优待及辅助优待、半代耕及辅助代耕、半互助等，统一改称部分帮助。

（三）优待粮柴、代耕粮柴、互助粮柴等，统一改称帮粮帮柴。

【资料来源】

陕西省档案馆、陕西省社会科学院合编：《陕甘宁边区政府文件选编》第十辑，档案出版社，1991年，第297—321页。

7. 陕甘宁边区政府命令
—— 公布《陕甘宁边区优待革命军人家属及革命工作人员家属办法草案》

（1947年2月3日）

各级政府、各旅团司令部、各机关学校：

兹制定《陕甘宁边区优待革命军人家属及革命工作人员家属办法草案》，随令公布施行。此令！

主　席　林伯渠
副主席　李鼎铭
　　　　刘景范

附：陕甘宁边区优待革命军人家属及革命工作人员家属办法草案

第一章 优待范围

第一条 凡边区境内之革命军人家属（简称军属）及革命工作人员家属（简称工属），均得享受本办法之优待。

（说明）本条所称革命军人，以直接参加革命正规军、地方警备部队及脱离家庭生产之游击队为限。所称革命工作人员，以脱离家庭生产为限。

第二条 革命牺牲之烈士家属（简称烈属）及革命军人因作战残废或年老丧失劳动力而退伍者，除照章抚恤外，并得享受本办法之优待。

第三条 本办法所称军、工属，以革命军、工人员之配偶，并与革命军、工人员在一个家庭经济单位之直系亲属（父母、子女及依其为生之祖父母和未成年之弟妹）为限。

第二章 优待种类

第四条 凡军、工属，边区人民均应尊重与爱护。

第五条 贫苦军、工属，应帮助其进行生产，建立家务，达到自给自足。在家务建立之前，必须依其具体情形，分别给以帮粮、代耕、帮工、雇工、帮柴等方法优待之。

第六条 贫苦军、工属，除享受帮粮、代耕等优待外，并得享受下列各项之优待：

（一）公有土地、房屋、器具、物品分给、借用、租赁、售卖于私人时，军、工属得优先承领、承借、承租、承买，但以自种、自住、自用为限。

（二）军、工属子弟，得优先享受贫苦学生之救济金，并在小学内免费供给书籍文具。

（三）军、工属得享受政府各种贷款及社会救济之优先权。

第三章 优待粮、柴之范围与标准

第七条 下列军、工属应享受人民优待之粮、柴：

（一）失去主要劳动力（如仅有女人、小孩）又无土地或资财，无法维持普通生活者，给以最高优待。如完全丧失劳动力者（如老弱残废完全不能动作）应予特别照顾。

（二）缺少劳动力、土地或资财，其收入不足以维持普通生活者，酌予部分之粮、柴优待。

第八条 下列军、工属，不得享受人民优待之粮、柴：

（一）已实行薪金制和工资制的邮政职工、工厂职工、学校教职员及机关杂务人员等。

（二）合作社及机关生产人员。

（三）有劳动力、土地或资财，其收入足以维持普通生活者。

（说明）本条第（二）项人员之家属，生活困难者，可由该生产部门帮助解决。但帮助之物资，不得高于各该地工属优待之标准。

第九条　优待粮、柴之标准：

（一）最高优待应以相当于当地一般普通人民生活所需之三分之二的数量为标准。其不足部分，由军、工属自行生产解决之。（边区各县最高优待标准，详表附后。）

（二）部分优待，以其资产收入尚不足前项规定之最高优待标准者，补助其不足之部分。

（说明）凡地租、房租、牛租、放账、农业、商贩以及其他资财等应计算在其收入之内，但纺织等副业及妇女自种地之收入，不得计算在内。

（三）凡工属之优待粮，应一律低于军属之百分之十。

第四章　优待负担

第十条　优待负担，以财劳共负为原则。

第十一条　军、工属较多地区，优待粮、柴以县为单位筹收，粮按财富负担，柴按劳力负担。

（说明）在普通生活以上之军、工属亦得出优待负担。

第十二条　军、工属较少地区，以乡为单位采取代耕、帮工等方式优待之。

第十三条　优待负担较重地区，应自上而下在其他负担上予以照顾。

第五章　登记与审查

第十四条　由边区政府制发革命军人证明书（简称军证）及革命工作人员证明书（简称工证），分发各军政机关，负责登记，并寄给军、工人员家属，凭证向当地政府取得军、工属之身份。

（说明）革命军人证明书，在战争时期暂缓颁发；革命工作人员证明书，由边府民政厅分发，进行登记工作，必要时可分别委托各厅、处、院、会、行、专署、县府负责登记。

第十五条　由民政厅制定军、工属登记表式样，责成各县登记之。（式样附后。）

第十六条　军、工属登记以乡为单位，乡政府应依下列规定进行登记：

（一）执有军、工证明书者（在军证未颁发之前，应调查确实，予以登记）。

（二）经调查确实在其他解放区服务之军、工人员家属。

（三）经调查确实之革命烈士家属。

（四）执有证明文件（退伍证或复员证）之退伍军人，如将证明文件遗失者，经调查确实后登记之。

第十七条 各乡登记完竣后，应交由乡代表会逐户进行审查，提出应否优待粮、柴与优待标准之意见，呈请县政府批准实行。

第十八条 每三年彻底审查登记一次，依其家庭经济状况，重新审定优待标准。

第六章 其他

第十九条 优待粮之收发应依下列规定行之：

（一）实行收发三联单据，建立会计制度，并定期公布优待粮收发数字（拥军月或开县、乡参议会时）。

（二）优待粮应以一次发给，便于军、工属调剂使用，建立家务；但遇游惰不务正业者，则按季发给，余粮应寄存附近仓库或妥实农户保管之。

第二十条 优待转移与停止：

一、军、工属之优待粮、柴，在本县之内不得转移，实行"优待不出乡"。

二、军、工属由甲县转移乙县时，须先取得乙县之同意或上级政府之批准之证件，甲县方得发给转移之介绍信（写明是否受粮、柴等优待及其标准，已优待多少），乙县始予登记审定优待。

三、有下列情形之一者，停止优待：

（一）军、工人员已革除军籍和政籍者。

（二）军、工人员无证明文件而脱离部队及机关者，及确实证明其逃亡者。

（三）军、工属已转移他县者。

第二十一条 检查与奖惩：

（一）优待军、工属工作，必须定期进行检查总结（每年至少一次），并分别予以奖惩。

（二）军、工能自尊、自重、自觉地帮助部队巩固与政府工作或积极生产建立家务者，及干部群众尊爱军属并具体帮助建立家务卓有成绩者，均得分别给以精神或物质之奖励。

（三）干部中如有轻视优军工作、假公济私及贪污优待粮等情事者，须分别依法惩办，对优待工作不力之群众及游惰浪费优待粮之军、工属，得召开群众会批评，或个别教育纠正之。

第七章 附则

第二十二条 本办法由边区政府公布施行。

第二十三条 本办法公布之后，一九四三年一月公布之《陕甘宁边区优待抗日军人家属条例》即行作废。

附：军政机关干部家属待遇办法

第一条 军政机关干部家属不得带住机关，带住机关者，必须具备下列条件之一，并经本机关审查确实，呈请主管机关批准。

（一）无家可归者；

（二）结婚年久无子，且常年因工作不能回家者；

（三）有特殊情况者。

（说明）本办法所称之主管机关，边区一级，政府系统归民政厅；联防系统归联司政治部。分区一级，政府系统归专署；军事系统归分区政治部；县区级归县政府。

第二条 本县籍县区级干部，其家属一律不得带住机关。自行带出者，实行"优待不出乡"，其优待物资应由自行调剂或在本乡取用，群众和政府概不负运送之责。

第三条 外县籍县区级干部，其家属带住机关者，应依第一条之规定办理。如生活困难，以各该地工属之优待标准优待之。

第四条 分区级以上军政机关之干部家属，带住机关者，应依第一条之规定办理。其生活困难者可按下列规定待遇之：

（一）干部之父母，因年老丧失劳动力不能生产者，按一般干部生活标准待遇。

（二）干部之妻子，除自己进行生产外，每年补助小米三斗至六斗。遇特别困难时（如患重病不能生产或初学生产，收入过少，不能维持生活者），得酌情予以临时之补助。

（三）干部之小孩，按财政厅规定之标准待遇。

本条除临时补助由本机关生产解决外，其余一切待遇均由财政厅供给。

陕甘宁边区各县每年最高优待粮标准一览表（单位：石）

	关中、陇东二分区各县（10个县）	延长、固临、鄜县（3个县）	甘泉、志丹、定边、盐池、吴旗（5个县）	延川县	延安、安塞、靖边（3个县）延安市垦区	子长、安边（2个县）	绥德分区各县（6个县）	附注：工属之优待粮一律低于军属之10%
大人（8岁及以上）	1.5至1.8	1.5	1.4	1.4	1.3	1.2	1	
小孩（7岁及以下）	1至1.3	0.9	1	0.8	0.8	0.8	0.6	

陕甘宁边区各县每年最高之帮柴标准一览表

人数	一人之家	二人之家	三人之家	四人之家	附注
石炭数	800斤	950斤	1100斤	1200斤	1. 四人以上之家均不再增加。 2. 没有炭的地方可以2斤硬柴或3斤软柴折合1斤石炭。

县区乡军、工属（包括退伍、复员人员）登记表

军、工姓名			年龄			注
籍贯			何时入伍			
现在何部任何工作及是否薪金制						
家长姓名			年龄		职业	
家属人口	男	大		合计	大	1.家属以其配偶及一个经济单位之直系亲属为限。 2.备考栏内可填写每年之消费情形。 3.此表可依式放大或缩小。
		小				
	女	大			小	
		小				
经济状况	劳动力	人力		全半	畜力	
	土地	垧数			其他资产或经营收入	
		收入				
以往是否受优待	以往享受优待情况	代耕				
		帮粮				
		帮工				
		帮柴（炭）				
审查意见				最后决定		
备考						

陕甘宁边区儿童生活费新标准

类别	儿童岁月	计算单位	物资数量		附注
奶费	一个月至十二个月	每人每月	肉六斤		比四六年标准减二斤
	十三个月至七十二个月	每人每月	肉五斤		
粮食	十三个月至二十四个月	每个每日	麦子十两		与四六年标准同
	二十五个月至四十八个月	每人每日	麦子十四两		
	四十九个月至七十二个月	每人每日	麦子斤二两		
服装	初生婴儿	初生至一岁只给此一次	大布三丈	棉花二斤	比四六年标准减布五尺，只初生婴儿减棉花一斤
	一岁以上至三岁	每人每年	大布一丈五尺	棉花二斤	
	三岁以上至六岁以下	每人每年	大布二丈五尺	棉花二斤	

【资料来源】

陕西省档案馆、陕西省社会科学院合编：《陕甘宁边区政府文件选编》第十一辑，档案出版社，1991年，第97—105页。

陕西省档案局编：《陕甘宁边区法律法规汇编》，三秦出版社，2010年，第452—455页。

8.如何改善优抗工作

我们陕甘宁边区对于优待抗日军人家属，做了许多工作，但是由于几年来居于比较和平的环境中，对于优抗工作，仍存在一些不够的地方，我认为有商量的必要。

从领导机关来说，有的县，就拿延安县来说吧，对于全县的抗属，虽有全县的统计，但对每一抗属家庭经济状况缺少进行全部的登记。对优待的情况来说，我们对这方面情况的具体周密的了解，还是有缺点的。

从下边执行优待抗属来说，有少数地区，抗属勉强能维持一般的生活，就不优待了。如甘谷驿的张家沟门四家抗属，没有一家受到很好的优待，真正考察起来，其中还是有应该受优待的。如贺老汉家，今年上半年没有一颗粮吃，后来区政府借了五斗粮才能维持生活，他仍是光景不好的家庭。该镇的东门外有三家抗属，有一家时常没有柴烧，有时遇到连绵阴雨，整天无法煮饭，只能拿点米到有柴的人家去煮。据优待主任告诉我，每家抗属每月规定发给九十斤干柴，检查起来，靠近交通要道的抗属，有部分没有得到这个数目的。

对代耕土地，不能早翻、早种、早锄、早收。我们拿青化砭王子贵家来说，今年代耕的一垧玉米地，种得较迟些，地也未早翻，代耕的四垧米谷地，今年最高估计可收获一石五斗，而非抗属的四垧地，最高估计可打一石五斗以上，可见这种代耕工作的马虎态度。以至有部分的农民和少数的干部中有这样的一种说法："凡是经营不好的土地（如草多或者禾苗长不高）不是'二流子'的地，便是受代耕的地。"

政府依人口计算去优待多少土地，也值得研究。比如给大人优待四垧到五垧地，而给小人只给优待两垧到三垧地，乡政府应该具体看，有些娃娃吃过大人的粮。至于粮食的收获量，是代耕好坏来决定的，假如代耕地与非抗属家庭的地，粮食来差得太远了，应该依据抗属经济状况，决定必要粮食数量的补充（就是政府指定那几家群众来负这种责任），可是执行中的迟延现象也是常有的。我们可以看到，每家抗属全年需多少收入，才能应付一年的支出，维持全年的生活，可是替抗属打这种算盘的干部，现在还是不大多的。

上面这些现象，说明我们对优待工作有缺点，影响到一部分抗属生活的改善，引起其思夫、思儿之心。

为什么产生这些缺点？据我所了解的，靠交通要道的地方，对代耕工作，一般地说来是比拐沟较差些，因为交通要道，群众支付的差事比拐沟里较多，如沿途往返的转运伤兵和病员等等，乡级干部也同样忙于各种动员工作。当然干部的责任心也是有关系的。还有，拐沟里的群众，是比大川边群众更要忠厚些，因此通常检查代耕时，拐沟好过交通道旁，当然交通近旁代耕做得好的例子也还是有的。他如给抗属优待柴伙〔火〕，大川边燃料的来源，绝大多数须用钱购买，拐沟里只要有劳动力不用很多时间就可以获得柴火，抗属也不易缺乏烧的。

还有一个问题，今年"七七"，各县除动员加紧优抗工作外，还从精神上给抗属做了一些慰劳与慰问工作。如县府召集附近抗属开会，请吃饭，各区（川口、南区等）在县府指示之下，也都进行了。这是好的。但在这样的时节，发动抗属写信给丈夫或儿子，鼓励他们在前方坚决抗战、保卫边区的热情（这是帮助巩固部队提高战斗情绪的一方面），是做得最差的。只有一种自发的运动在进行着，即当农闲的时候，抗属亲自跑去，母亲看儿子，妻子看丈夫，这倒不少；如今年初春姚店哨站查路条，见天天都有抗属的往返。我想这不是个道理，因为一去来回要动员群众的牲口，不能不增加群众的负担，在经济上是一种消耗。这样做不但没有巩固部队，反而有些妨碍部队的巩固，而军队政治机关对发动战士寄家书，鼓励家庭积极参加生产，建设新边区，也还做得不够经常。

我曾记得在抗战以前的时期，党政军民在这方面是做了不少的工作，农村代耕队的优待情绪，似乎比今年提得高。青年队替军人家属代耕，并实行过礼拜六制度。这种好的作风与传统，今天应当在抗战中充分发扬它。

为把优抗工作做好并提出这样几点意见：

第一，对抗属生活应该进行调查，特别对贫苦的抗属，解决他们的生活问题。在目前，应早点进行秋收，把他们的粮食快入仓；收获的粮食不足支出，应要代耕者依据当地情形，补足一定的粮食数量，不要迟延时间。

第二，对代耕土地，要进行检查。假如各级干部对这工作检查督促得严格些，困难也会早一些解决。正因为我们平时检查督促不够（特别是大道旁边），才会有今天这些缺点。

第三，对模范抗属应该表扬。如蟠龙宋家沟李云旺家属，积极发展纺织，家庭生活过得很富裕，免去不少农民对他的优待。像这样的模范例子，还是很多，须要积极去表扬，影响较懒惰的抗属，使他们积极起来，参加生产如秋后的纺织。

第四，对抗日军人子弟，要他们入学，如家庭较困难者，应该是免费入学，使他们都能有受到教育的机会。

第五，我们的干部要常深入农村，去慰问他们；他们有什么困难，需要政府解决，应帮着解决。

优抗工作做得好与坏，可以直接影响到军队的情绪，因为他们绝大多数是穿着军装的农民，谁都有家庭。

至于抗属家书，政府也要给他们设法解决。他们绝大多数不识字，更谈不上写信。今天边区发展国民教育的时候，许多地方都兴办了学校，政府可以给教员们以一个这样的任务：代抗属写家书，不取任何报酬。严冬到来，农家是闲着，为减少抗属跑去很远的地方看丈夫、看儿子的情形，尤应多从这方面着手。让我们的优待工作走向正规，解决抗属的吃饭穿衣，帮助巩固部队，度过困难，迎接胜利。

【资料来源】

《解放日报》1942年11月28日第2版。

雷志华、李忠全主编：《陕甘宁边区民政工作资料选编》，陕西人民出版社，1992年，第236—239页。

9. 陕甘宁边区政府命令
——关于今后优待军、烈、工属的原则

〔新胜字第74号〕

（1947年12月14日）

各专员、县（市）长：

过去各地对于军、工属不分贫富一律优待的办法，增加了农民很大负担，形成干部家属生活特殊、脱离群众的严重现象。今年二月间本府制定之优待办法，着重指出只优待不能维持普通生活的贫苦军、烈、工属。但至今除关中分区外，其他各地仍旧采取一律优待，充分地表现出缺乏阶级观点，现在必须立即纠正。二月间本府颁发的《边区优待革命军人家属及革命工作人员家属办法草案》，今天也不适用，因此特宣布废除，并决定今后优待军、烈、工属的一般原则如下：

（一）所有贫苦军、烈、工属及其本人，于土改中在平分土地的原则下，均应分得一份土地及牲畜、农具、粮食等财物。对于鳏寡孤独者，并应经过群众加以照顾，帮助其打下建立家务的基础，达到生产自给。

（二）一律停止对工属之物质优待（十分贫穷一时不能维持生活之老弱工属酌予救济）。

（三）凡系中农以上阶层之军、烈属，一律不予物质优待。

（四）凡有劳动力之贫苦军、烈属，在土改中得到土地及生产资料后，亦不予物质优待。

（五）贫苦军、烈属已分得土地财物，但缺乏劳动力去进行生产者，可酌予帮工或

代耕及补助柴火等物质优待，但须经各村贫农团或农民大会审查评定，并报告由县政府统一审定后实行。

（六）没有安家立业的贫苦退伍军人，在土改中分配土地和其他财物时，应经过群众给以照顾。历年安置在农村的残废或退伍军人，均应经群众审查，好的予以表扬；发现欺压群众为非作恶的，应交群众斗争教育，甚至没收其残废证或退伍证，取消其应享之一切优待。

（七）对于贫苦军、烈属和积极生产对群众关系好的残废或退伍军人，在政治上、精神上应多予鼓励和安慰。

以上规定，务希切实遵照执行。

此令

主　席　林伯渠
副主席　刘景范

【资料来源】

陕西省档案馆、陕西省社会科学院合编：《陕甘宁边区政府文件选编》第十一辑，档案出版社，1991年，第241—242页。

关保英主编：《陕甘宁边区行政救助法典汇编》，山东人民出版社，2016年，第374—375页。

10. 陕甘宁边区政府命令
——颁发《陕甘宁边区优待革命军人、烈士家属条例》及《陕甘宁边区革命工作人员家属生活困难处理暂行办法》

〔努字第32号〕
（1948年10月27日）

各专员、县（市）长：

兹经边区参议会常驻会、边区政府委员会联席会通过《陕甘宁边区优待革命军人、烈士家属条例》《陕甘宁边区革命工作人员家属生活困难处理暂行办法》，随令颁发，仰即遵照执行。

此令

主　席　林伯渠
副主席　杨明轩
　　　　刘景范

附一：陕甘宁边区优待革命军人、烈士家属条例（草案）

（1948年10月27日）

第一章　总则

第一条　凡在边区境内居住之革命军人家属（简称军属），均依本条例优待之。

第二条　凡因革命牺牲之烈士家属（简称烈属），及因革命致成残废，或对革命有功因年老丧失劳动力而退休之人员，除照章抚恤外，并得享受本条例之优待。

（说明）本条例所称革命军人，以直接参加人民解放军（主力军、地方军）、警卫队、游击队、警察以及军事勤务部门脱离生产之人员（支取薪金者例外）而言；所称烈士，以因作战牺牲，或因公捐躯者言；所称家属，以革命军人或烈士之配偶，及与本人在同一家庭经济单位之直系亲属（父、母、子、女，依其为主之祖父母，及未成年之弟妹）而言。

第三条　优待军烈属，应以加强军烈属的政治教育，提高其政治觉悟和社会地位，并组织与扶助其进行生产达到自给为主。部分情形特殊者，分别予以物质帮助。

第二章　优待办法

第四条　军烈属得享受下列之优待：

一、享受人民之尊重、爱护、鼓励、安慰。如庆功、贺喜、送光荣匾、年节慰问、疾病照顾、丧葬吊唁以及群众娱乐集会时坐前排等。

二、其子女得依边府干部子弟入学规定，优先入学，并得优先享受国民小学内贫苦学生之各种补助。

三、在土地改革中，有分得土地及财物之优先权。

四、公有土地、房屋、器具、物品等之分给、出借、出租、出售时，得优先承领、承借、承租、承买，但以自种、自住、自用为限。

五、在公营贸易部门低价出售物品时，有优先购买权，但以自用为限。

六、政府低利贷款时，合于贷款规定者，有优先借贷权。

七、患病时得享受公共卫生机关之免费治疗。

第五条　对于贫苦军烈属，首先应解决其生产中的具体困难，帮助其进行生产，建立家务，达到自给自足。

第六条　贫苦军烈属家务尚未建立或无法建立家务者，应按其具体情况分别给予下列之物质帮助，以维持其相当于当地一般普通人民生活之标准。

一、有劳力无土地牲畜，或只有部分劳力畜力而无土地者，可适当调剂给土地或介绍其承租、承伙他人土地并帮助其进行生产。

二、有土地而劳力畜力不足者，应组织群众分别帮助其不足之人工或畜工。

三、有土地而无劳力畜力且无其他营业收入者，应组织群众包耕其一定数量之土地，由包耕人按照该土地评定之常年产量，定期交粮、交柴，该土地之实产量如有长余概归包耕人所有，不足时由包耕人补足。

四、采用上述各项办法，其收入仍不足维持普通生活者，应帮助部分粮食。

五、土地、劳力、畜力全无，又不能进行其他营业者（老弱残病等特殊情形），应按当地一般普通人民生活所需标准帮助其粮食或柴炭。

第七条　凡对军烈属之劳力帮助，应与战勤负担统一计算分配，期达公平合理。帮粮应以县为单位，随农业税及商业税征收之，但须事先呈请边区政府批准。

第八条　对于军烈属之物质帮助，应每年定期检查评议一次，由军烈属自报，群众评定，区乡政府审查，呈报县政府批准后施行。

第九条　革命军人家中如有土地财产，无人经营时，乡政府应负责经营代管，俟其本人或其家属归来后全部交还。

第三章　登记审查

第十条　军烈属须有军人所在部队团以上政治机关或县以上政府之证明，并向所在乡政府登记后，始得享受优待。但因战争关系或地理条件限制，一时无法取得部队证明书，经当地政府调查属实者，亦得享受优待。

第十一条　军烈属移居时，如移住本县境内者，须取得县政府之批准介绍；移居在本分区内其他各县者，须取得专署之批准介绍；移居其他分区者，须取得边区政府之批准介绍，方可在移入地区凭证取得优待，并即通知其原住区停止物质帮助。

第十二条　有下列情事者，得分别停止优待：

一、军人被开除军籍或叛变投敌者，停止优待其家属。

二、军烈属因犯罪被褫夺公权者，停止其本人应享受之优待。

第四章　附则

第十三条　军烈属有下列情事者，应分别予以奖励或处分：

一、军烈属应受物质帮助，而自动谢绝，积极生产，建立家务，达到自给者，应予精神或物质奖励。

二、军烈属中如有游惰、浪费、不事生产或染有不良嗜好者，应严加管教。

第十四条 有下列情事者，应分别予以奖励或处罚：

一、干部或群众执行优待工作积极负责及有显著成绩者，应予以精神或物质奖励。

二、干部轻视优待工作，或假公济私从中贪污者，及群众对优军任务执行不力或有抗拒行为者，应酌情分别予以处分。

第十五条 确定每年旧历十二月初一日起至次年正月十五日止为拥军月。在此期间，政府应发动群众进行下列工作：

一、慰问当地或附近医院之伤病员、部队及军烈属，并给前方战士写慰问信。

二、县、区、乡政府须具体检查一年中的优待工作，并分别奖励军烈属模范和优军模范。

三、计划改进优待工作。

第十六条 本条例自公布之日施行。

附二：陕甘宁边区革命工作人员家属生活困难处理暂行办法

第一条 革命工作人员家属（简称工属），以直接参加革命工作、脱离生产之工作人员的父、母、妻、子及依其为生的祖父母、未成年之弟妹为限，应努力生产自给，维持生活。一般不予物质帮助。

第二条 工属生活确实无法维持者，得适用《陕甘宁边区优待革命军人、烈士家属条例》第六条之规定，酌予物质帮助。但物质帮助之程度，应低于同样军烈属之帮助标准。

第三条 贫苦工属取得物质帮助时，必须经过下列手续：

（一）取得工作人员本机关之正式证明及同级政府介绍，并向当地乡政府进行登记。

（二）物质帮助之程度，由当地群众民主评议，呈上级政府批准（如工作人员在外县工作者呈区公署，在本县境内工作者呈县政府）。

（三）移居他处时，如移在本县境内者，须经县政府之批准介绍；移在本分区其他各县者，须经专署之批准介绍；移居其他分区者，须经边区政府之批准介绍，方可凭证在移入区取得帮助，并即通知其原住区停止物质帮助。

第四条 随机关之干部家属，凡家在边区，且有生产条件者，须回家生产；如家在敌区或其他解放区无法归家，生活确实无法维持者，依下列规定处理：

（一）能参加工作者，尽量吸收其参加工作。

（二）不能参加工作，随干部在县级机关者，一律安置农村；随干部在分区级以上机关者，尽可能安置农村；其确实不能安置农村者，小孩之生活费由公家供给，大人之粮食由本机关依其生产自给能力呈请大公酌予补助一部或全部。

（三）机关干部参军或远调后，其原随机关之家属，可集中组织家属队进行学习与生产。家属小孩及大人之待遇与第二项同。

第五条　领取薪金或工资之工作人员，其家属不得取得本办法之物质帮助。

第六条　本办法自公布之日施行。

【资料来源】

甘肃省社会科学院历史研究室编：《陕甘宁革命根据地史料选辑》第三辑，甘肃人民出版社，1983年，第300—304页。

陕西省档案馆、陕西省社会科学院合编：《陕甘宁边区政府文件选编》第十二辑，档案出版社，1991年，第239—244页。

陕西省档案局编：《陕甘宁边区法律法规汇编》，三秦出版社，2010年，第456—458页。

11. 陕甘宁边区政府命令
——出外干部家属优待办法

〔努字第41号〕

（1948年11月20日）

各专员、县（市）长：

　　由于解放战争的迅速发展，解放区日益扩大，边区曾有并继续有大批干部调赴新区工作。为适当解决出外工作干部的家庭困难问题，使之安心为人民积极服务，兹特决定：凡调赴新区或其他解放区工作之干部家属，一律依照《陕甘宁边区优待革命军人条例》，予以与军属同样之优待，希即转饬所属遵照执行是要。

　　此令

主　席　林伯渠

副主席　杨明轩

　　　　刘景范

【资料来源】

关保英主编：《陕甘宁边区行政救助法典汇编》，山东人民出版社，2016年，第441页。

12. 陕甘宁边区政府通知
——为准黄龙专署开办分区干部子女学校

〔生字第47号〕
（1949年5月4日）

王、章厅长，白、刘厅长，贺、江、赵厅长：

黄龙专署四月十六日来呈，请求开办分区干部子女学校，应予照准。教职员一律实行薪金制，其款由公区教育经费内开支；并准予设管理员一，伙夫二，担水夫、保姆各一。特此通知。

主　席　林伯渠

代主席　刘景范

副主席　杨明轩

【资料来源】

关保英主编：《陕甘宁边区行政救助法典汇编》，山东人民出版社，2016年，第476页。

13. 陕甘宁边区政府通知
——关于各直属分区不新设立干部子弟小学

〔生字第66号〕

（1949年11月18日）

各直属专员、县（市）长：

　　渭南、宝鸡两专署呈请设立分区干部子弟学校一事，因目前仍在集中全力支援前线，财政还处于十分困难的情况下，决定各分区皆不新设立干小。但为适当照顾干部子女入学问题，各该分区对于适合本府于一九四八年九月二十六日颁发关于《干部子女入保小、干小学习的规定》之条件自愿入学者，均可投入就近小学学习。其生活费如原系公家全部供给之干部子女，仍由原机关预算供给。其余一律根据其家庭经济情况，政府分别予以补助。补助标准与审定手续暂规定如下：

一、补助标准（今年只一次）：

1. 家庭贫寒享受全优待者，每个小孩补助小米壹佰伍十〔拾〕市斤。
2. 家庭系部分优待者补助小米壹佰市斤。
3. 家庭生活富裕者不予补助。
4. 第1、2项，如果在本村入学在家庭吃饭者，按规定标准折半给予补助。
5. 补助之粮食，有地方粮款之地区由地方粮款开支，若地方粮不够或无地方粮款者，由各专署统一编造预算呈报财政厅核批。

二、审定手续：首先由当地乡区政府根据上述规定标准，将应入学者呈报县，由县府审查后填造登记表，注明干部本人及其家庭与入学小学等情况，呈报专署审核批准，方为有效。

主　席　林伯渠

代主席　刘景范

副主席　杨明轩

【资料来源】

关保英主编：《陕甘宁边区行政救助法典汇编》，山东人民出版社，2016年，第520页。

14. 陕甘宁边区政府批答
——关于烈、军、干属子女入学问题

〔力字第137号〕
（1949年9月30日）

曹、李、崔主任：

八月二十八日来呈及《陕北行政区烈、军、干属子女入学办法草案》阅悉，兹提出如下意见，希研究执行：

一、《陕北行政区烈、军、干属子女入学办法草案》中所规定之学生入学条件，比较本府三十七年九月二十八日颁发之《干部子女入保小干小学习的通知》中所规定者为宽，且没有学生数目上的限制，似不妥当。因为陕北是较老的革命根据地，烈、军、干属子女为数不少，在群众经过长期战争、元气尚未完全恢复的情况之下，学生数目如不加以限制，不但财政开支困难，群众负担亦会因之加重，故学生入学条件仍应依照本府前颁之《干部子女入保小干小学习的通知》中的规定执行为宜。

二、同意你们除在延安设立保小一处外，各分区暂不设立保小，凡合乎条件之烈、军、干属子女一律送入当地完、普小学习，由政府分别不同情况予以补助的意见。但延安保小和绥德分区之干小不应再扩大，且只准收容合乎入学条件及已经批准派赴新区之干部之子女。

三、同意你们所提干部子女入普、完小学习的补助标准。但绥德、榆林两分区粮价较高，群众生活水准较低，故应减少三分之一。

望研究修改后,改发通知,不必颁发正式办法为妥。

此批

主　席　林伯渠
代主席　刘景范
副主席　杨明轩

附一：陕北行政公署呈文

〔陕字第11号〕

林主席、刘代主席、杨副主席：

陕北区贫苦烈、军、工属之学龄子女颇多,例如绥德分区现已入校三百多人,按条例还有很多要入校。但由于经费限制,保小既不能普遍开办,又不能大量收生,所以许多干部的学龄子女,仍无求学机会。兹经本署政务会议研究决定,本区贫苦的干部子女之入学问题,只在延安设立保小一处,收容陕北区级各机关干部学龄子女入学。各分区不设立保小,所有贫苦烈、军、工属之学龄子女皆在当地完、普小就学,由政府根据不同情况予以资助,预计每人全年平均约需小米一石。这样保小一个学生一年的花费（约为五至六石小米）可以解决五六个干部子女的入学问题。兹将拟定之保小收生条件及就地入学之补助办法草案一并送上,请予核示,以便公布执行是盼。

此致
敬礼！

主　任　曹力如
副主任　李景林
崔田夫
八月二十八日

附二：陕北行政区烈、军、干属子女入学办法草案

为了培养革命后代，解决烈、军、干属子女入学问题，特决定设立延安保小一处，收容陕北区级烈、军、干属之学龄子女。各分区暂不设立保小，所有贫苦之烈、军、干属学龄子女，皆分散在当地完小、普小就学，由政府分别不同情况下予以补助。兹将保小收生条件及就地入学补助办法列后：

第一条 陕北行署一级干部子女，凡年在七岁以上十三岁以下并具有下列条件之一者，得送入保小学习。

（一）父母均参加工作三年以上，现在工作或学习者。

（二）其生活费全由公家供给之干部子女。

（三）家庭确实无人照管之烈士遗孤。

（四）父母因公他往或因其他原因与家庭断绝关系，其子女确实无人照管者。

第二条 具备下列条件之一之贫苦烈、军、工属子女，由政府分别不同情况，资助其就地入学。

（一）现任部队营长或地方县级科、部长以上之干部子女。

（二）正式脱离生产连续工作八年以上之干部子女（其中未脱离生产时间或私自脱离工作时间不算在内）。

（三）解放军之烈士子女，或具有六年以上军龄之军人子女。

（四）连续工作十年以上之职工与事务人员之子女。

第三条 补助标准：

（一）家庭无劳力专靠代耕或救济维持生活之烈、军、工属子女，除其食粮由群众代耕外，每人全年补助小米一石五斗。

（二）家庭收入不足维持生活，需要依靠部分代耕者，除其食粮由群众代耕外，每人全年补助小米一石。

（三）家庭收入虽可维持生活，但供给子女入学仍有困难者，每人全年补助小米五斗。

（四）前项补助凡能在家吃饭者发半数；距家过远，在校吃饭者发全数。

第四条 第三条所述之补助只限于正式入校学习之烈、军、工属子女。

第五条 上列补助只限于亲生子女，但干部弟妹因父母双亡，家庭再无其他依靠，而本人又在学龄时期者，经过同样审查批准后，也得酌情资助其入学。

第六条　批准补助手续：

（一）凡就地入学需要补助之贫苦烈、军、工属子女，首先由乡区政府提出名单，附家庭经济状况材料，交县一、三科初步审查填注意见后，转呈专署一、三科批准。

（二）入保小者须经本署民政处审查批准。

【资料来源】

陕西省档案馆、陕西省社会科学院合编：《陕甘宁边区政府文件选编》第十四辑，档案出版社，1991年，第129页—133页。

关保英主编：《陕甘宁边区行政救助法典汇编》，山东人民出版社，2016年，第510—512页。

四、代耕

1. 陕甘宁边区义务耕田队条例

（1939年公布）

第一条 义务耕田队，是群众自愿条件之下一种义务劳动组织，帮助无劳动力或缺乏劳动力之抗日军人家属，进行代耕代锄代收等工作。但抗日军人家属有劳动力者，不在此列。

第二条 义务耕田队，依据当地抗属多少及需要劳动量，由各乡政府决定组织之。

第三条 义务耕田队以乡为单位组织之，受各乡政府之领导。

第四条 义务耕田队，得设正副队长各一人，领导全队事宜。每村得分为班，每班五人至十人为限。每班得设班长一人，领导全班事宜。

第五条 义务耕田队队长及班长，由队员中推选之。

第六条 义务耕田队成立后，需确实讨论分工负责，按时耕耘与收割。

第七条 义务耕田队队员，如有加入抗日军队，或被调动担任其他工作时，由队长另找他人接替之。正副队长及班长，如有调动时，得另行选举之。

第八条 义务耕田队每月开大会一次，半月开班长联席会议一次，由正副队长召集之；十天开班务会议，由班长召集之，检查过去工作与讨论今后计划。

第九条 义务耕田队，是边区公民对于抗属一种义务劳动，故于实际劳动时，必须自带伙食，不得接受与要求抗属任何报酬。

第十条 本条例如有未尽事宜，由边区政府修改之。

第十一条 本条例经边区政府委员会决定颁布施行。

【资料来源】

甘肃省社会科学院历史研究室编：《陕甘宁革命根据地史料选辑》第一辑，甘肃人民出版社，1981年，第54—55页。

陕西省档案馆、陕西省社会科学院合编：《陕甘宁边区政府文件选编》第一辑，档案出版社，1986年，第499—500页。

陕西省档案局编：《陕甘宁边区法律法规汇编》，三秦出版社，2010年，第217页。

2. 陕甘宁边区政府民政厅为优待抗属组织代耕工作给各县的指示信

（1941年3月5日）

优待抗日军人家属，是保卫边区争取抗战胜利的重大事件。过去这一工作，我们做了许多，但我们还须要做得更好一点，因此，必得要：

（一）克服倾向纠正缺点

过去优待抗属工作中几个标准缺点：

第一，优待工属很好，优待抗属很差；优待当地干部家属更好，优待外处干部家属便差。第二，优待工作不平，对城关附近的抗属多优待，对外来抗属或乡间抗属不优待。甚至有享受双重优待的。第三，平均的优待，不问贫富需要程度，一律按大人优待多少、小孩优待多少。第四，对于女干部人员家属不给优待等。

这些不正确的倾向，一定要纠正。

（二）代耕队要按时种收按期检查

代耕是优待工作最中心的方式，代耕队要按时耕种、收割，务使代耕地收获量不减于一般耕地，抗属生活不低于一般人民，代耕队的工作要很好地布置，同时还要按期检查、按期总结，并将各期的代耕情形及总结报告本厅。对于模范的代耕队要给以奖励，怠工的代耕队要在大会上斗争纠正，均利用民主方式行之。要用民主方式与深入的教育提高人民对代耕工作的积极性，使他们知道代耕是他们光荣的义务而不是官差。

（三）合理负担合理享受

要按照本乡的劳动力代耕地各种情形，使负担代耕成为一种合理负担；要按照抗属家庭生活情况合理地享受代耕，不应当代耕的绝不给代耕。代耕的原则：1. 抗属第一，工属第二；外出工属优先，本地工属次之。2. 富者多负担，贫者少负担；富裕抗属少代耕，贫苦抗属多代耕。3. 反对用私人感情，反对双方享受代耕。4. 不脱离生产干部家属不代耕，女干部家属同样代耕。

（四）优待抗属不是供给

对抗属生活维持，主要依靠优待代耕办法。其次遇必要时可给以临时救济，有灾时也应给以急赈，但按期的供给抗属粮食柴米，按期发给钱用，将把抗属养成个不劳而食的寄生虫，这已失去优待的意义，对于抗属对于人民都是不利的。

（五）教育抗属、发动抗属生产达到自给自足

经常地进行对抗属的教育，使抗属明了自己光荣的地位，抗属联欢会要常常举行。有劳动力的抗属要发动其自动耕地，纺织、喂羊、喂鸡，达到自力更生的地步。要发动抗属学习，参加社会活动，争当模范，这样才能提高抗属的社会地位，也是优待抗属的好办法。

以上都是一些原则，具体的见诸实行，还须要各县负责同志以革命的积极性采取具体有效的方法才能办得到。现在正是准备春耕的时候，所谓"一岁之计在于春"，同志们应该即速按照此指示，召集一科及有关人员会议，立刻讨论具体办法，动员各乡政府切实去做，做有效之动员，莫违农时。各县一般布置春耕情形及以后代耕工作，均望随时报告我们。

【资料来源】

《抗日根据地政策条例汇集·陕甘宁之部》（上），1942年，第217—219页。

甘肃省社会科学院历史研究室编：《陕甘宁革命根据地史料选辑》第一辑，甘肃人民出版社，1981年，第82—84页。

雷志华、李忠全主编：《陕甘宁边区民政工作资料选编》，陕西人民出版社，1992年，第213—215页。

李敏杰主编，李万良、袁俊宏编：《延安和陕甘宁边区的双拥运动》，甘肃人民出版社，1992年，第6—8页。

3. 陕甘宁边区优待抗属代耕工作细则

（1941年8月公布）

根据《陕甘宁边区抗日将士优待抚恤条例》第十二条"倘将士家属缺乏劳动力，其耕种田地应由代耕队为之播种收获，代耕队组织条例另定之"之规定，边区政府已于民国二十八年颁布《义务耕田队条例》。根据近年代耕工作总结之经验，特再颁发此项《优待抗属代耕工作细则》，俾资各级政府及代耕队遵照施行。

一、总则

（一）优待工作，要物质与精神两方面并重，是一件经常的抗战动员工作。物质优待，保证抗属生活不低于一般人民；精神优待，则在政治上提高抗属的地位，使人民尊重抗属，抗属自尊自重，自觉地帮助抗战部队之巩固与继续扩大。优待应将经济发展人民生活提高而加以改善，其原则是使抗属生活不低于一般人民的，抗属社会地位应高于一般人民的。

（二）优待抗属应是公平优待，合理负担。所谓公平优待，是优待抗属中，富者有劳动力者少优待，贫者无劳动力者多优待。所谓合理负担，是负优待工作的富者有劳动力者多负担，贫者无劳动力者少负担。动员妇女儿童都参加必要的优待义务，不是单纯的代耕分配。优待抗日军人家属要占首要地位，一切后方服务人员家属（工属）之代耕优待，应放在次要地位。

（三）优待工作之好坏，决定于政府负责人员之领导和代耕队及负责优待各机关之执行，各级政府与代耕队应遵照优待条例确实施行。

（四）优待工作应确实发扬民主，使代耕队明白自己对抗战应有的光荣义务，自动地积极工作；使抗属了解自己光荣的地位，不愿做饱食无事的寄生虫。发扬模范代耕队与模范抗属。

（五）代耕工作是物质优待抗属最基本的工作，是表示人民用实际劳力拥护抗战而不是单纯由政府给养抗属，教育了抗属人民和将士，而且不因抗战减少了生产。

二、优待委员会代耕工作的领导

（六）调查统计：调查抗属人口、土地、劳动力，每年的用度及生活情况，以便依情优待。调查当地居民之劳动力、土地情况、生产收获量以及工商业者数量和收入情形，以便合理地负担。调查以往优抗情形，代耕收获量，抗属生活是否低于一般人民生活水准以及代耕队的组织与工作等，以便发扬优点，纠正缺点。

（七）合理分配：按照各乡村应受优待的抗属人数与代耕的人数施行合理的分配。每月代耕队员分配以固定的代耕地，以资责成而资比较。对全无劳动力之抗属挑水、背柴等工作，亦应分配某些专人负责。

（八）会议与检查：在农作时期，每月由总队长召开分队长联席会，每半月由分队长召开组长联席会，检查及布置代耕。春耕开始前应召开队员全体大会讨论今年代耕事宜。结束春耕、布置夏耘以及秋收后，总结全年代耕工作，宣布模范队员与模范抗属，各开队员大会一次，开会时应召抗属参加。在生产过程中，代耕队长经常向优待委员会做报告，优待委员会至少每月应向直属政府报告一次。

（九）领导方式：对代耕队员与抗属均应采取说服教育的方式。合理地分配，积极地检查，发动积极分子起模范作用，发扬模范队员与模范抗属，按月开抗属联欢大会，以便慰问、教育、鼓励及征求抗属之意见。坚持代耕原则，反对拨粮、抽钱、雇人打日工等现象。

三、代耕队的组织及工作

（十）代耕队的组织：各乡设总队（队长是优待委员会当然委员），行政村设分队，村设小组，由队员民主选举出总队长、分队长分别领导之。

杂务队的组织，以行政村为单位，由老弱妇孺自愿组织之，受总队长领导，进行为抗属抬水、拾粪、砍柴、种瓜等轻易工作。杂务队不能顶替正式队员。

各机关、团体应组织礼拜六工作队，协助附近代耕队及进行慰问抗属等工作。耕牛亦应由代耕队作适当之组织与分配，耕牛不得顶替人工计算。

代耕队组织系统表：

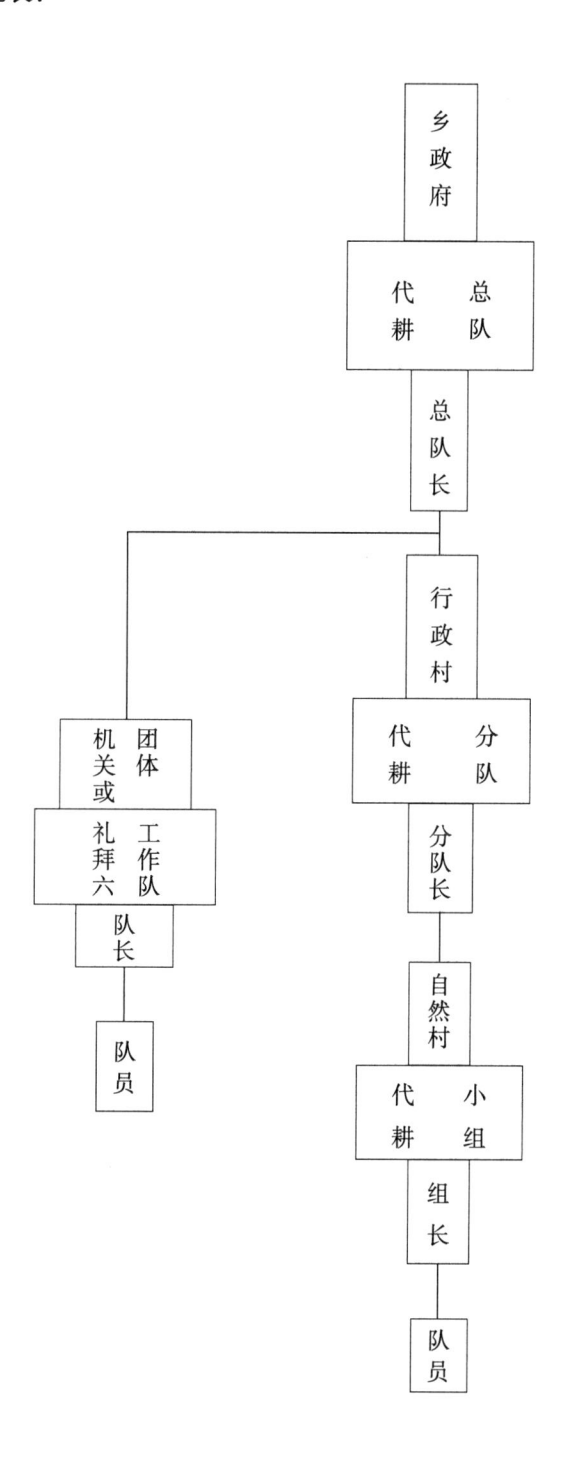

```
                    乡政府
                      │
                   代耕总队
                      │
                    总队长
         ┌────────────┤
         │          行政村
         │            │
     机关或团体      代耕分队
         │            │
     礼拜六工作队    分队长
         │            │
       队长         自然村
         │            │
       队员         代耕小组
                      │
                    组长
                      │
                    队员
```

四、代耕队员须知

（十一）代耕队员必须有如下之认识及行动：

1. 为抗属代耕为抗战服务的光荣事业，是每个公民的革命义务，不是差役或剥削。

2. 对代耕队所分配的工作，应自觉自愿地去做，使代耕收获量不减于一般生产量，使抗属生活不低于一般人民生活。

3. 对抗属要存尊重、扶助、爱慰之意，帮助抗属政治上的进步。为抗属代耕应自备农具、伙食，原则上应不接受抗属任何的报酬。

4. 尽可能动员自家妇女儿童，帮助抗属做各种副业的发展。

5. 对其他代耕队员要互相督促检查代耕工作，反对放弃代耕工作，反对代耕工作怠工者。

6. 代耕队应队与队之间、队员与队员之间订立工作竞赛，争取模范代耕队与代耕队员。

其竞赛的标准应包括：

A．劳动力之自觉地代耕日数；

B．组织抗属自己生产的成绩；

C．对抗属文化政治学习的帮助及政治上的鼓动工作成绩；

D．动员妇女儿童帮助及慰劳抗属的成绩。

五、抗属须知

（十二）受代耕优待的抗属，必须有如下之认识及行动：

1. 认识自己光荣地位及政府和人民尊重自己的原因，自尊自重，力求进步。

2. 确实遵守政府法令，参加各种社会活动，参加生产，努力学习。

3. 生产上力求自供自给，莫做依赖供养的寄生虫。有劳动力即从事生产，缺劳动力亦应操作纺织、缝纫、养鸡、养鸭、饲猪、畜羊等副业。

4. 争取在抗属中的模范作用，成为模范抗属。

其标准应包括：

A．参加各种社会活动情形。

B．对政治了解与进步程度及学习成绩。

C．参加生产成绩。

六、特殊问题的处理

（十三）为什么人代耕？什么人应尽代耕义务呢？

有自供自给劳动力及经济条件之抗属，不予代耕；半自耕之抗属则辅助代耕；老弱病残的抗属则全予代耕。有劳动力之农民、雇工、商人、自由职业者、店员、学徒等一律参加代耕队的组织，为抗属代耕。在"有钱出钱，有力出力"的原则下，商人及自由职业者，可以钱代工，经过代耕队交纳。雇工、店员、学徒等参加代耕，雇主不得折扣丝毫工资。队员可能帮助发展副业者，应帮助抗属副业生产。

（十四）无土地或土地不足之抗属，可分配公地。私人有出租土地者，抗属有优先享租或减租权。迁移他处之抗属可请求转移代耕，但不得享受双重代耕。新给代耕之抗属，必经政府登记许可。

（十五）将士有土地无抗属享受者（如家属死亡或离婚他嫁等）则将其代耕交由乡政府管理。代耕物寄存入合作社或其他公益机关内，按期算清，证据交乡政府保管之。如本人确已亡故，则将其地归公，其财产做成纪念物（纪念桥、塔、学校、图书馆等），不得移作他用。

（十六）抗日将士如逃跑或犯罪判徒刑褫夺公权时，则明令停止其家属之代耕，俟公权恢复后，仍为公服务时，明令恢复其代耕。牺牲将士家属和残废疾病退伍、不能劳作之将士及其家属，应继续予以代耕。

（十七）参加抗战工作，负担家庭一部或全部经济责任的妇女，家中有无力生活之年老父母及幼弱弟妹等，应同样给以代耕。

（十八）乡级公务人员，原则上不予代耕优待，自己应做优待抗属的模范人员。税收及营业人员，酌情给予代耕。

七、附则

（十九）本细则由民政厅公布施行。如有未尽事宜，得由各级政府及群众团体提请边区民政厅修正之。

【资料来源】

《抗日根据地政策条例汇集·陕甘宁之部》（上），1942年，第209—210页。

甘肃省社会科学院历史研究室编：《陕甘宁革命根据地史料选辑》第一辑，甘肃人民出版社，1981年，第111—117页。

雷志华、李忠全主编：《陕甘宁边区民政工作资料选编》，陕西人民出版社，1992年，第216—222页。

4. 陕甘宁边区政府关于优待代耕工作的指示信

(1942年6月6日)

各县县长、一科科长诸同志：

（一）边区优待代耕工作，已有六七年的经验，收到许多的成绩；去年政府颁布的优待抗属代耕工作细则，已详细有所规定。此次一科科长联席会议讨论了代耕工作后，我们认为目前优待代耕工作的缺点，在于制度混乱、方法不善，致发生不甚公平合理的现象多端。在日寇时刻打算进攻边区的情况下，我们要进一步地提高军队抗战与保卫边区的热情，必须要一方面提高人民拥护军队的热忱，同时也要做到公平合理，爱惜民力，体念民艰，纠正有名无实的现象，使军民关系更加团结。这就必须加强优抗工作，使抗属足衣足食，以改善抗属生活。

（二）优待代耕制度与办法，代耕工作细则上均已明文规定，但有些县还未能完全依照执行，特再提出数点如下：

第一，代耕工作细则第二条及第十三条的规定在执行过程中还有发生劳民多而抗属得到的实惠少、苦乐不均、私情观念、人远情远、人死情亡的倾向，我们应该纠正，应该以"公平合理""大公无私""人远情在""人死情切"的原则进行优待，进行代耕工作。

第二，布置代耕时，应以代耕收益能解决吃穿为标准，以各地收益量足够的吃穿需要，具体分配数目。

第三，对于友军抗日军人家属住在边区者，应给以和八路军家属同等优待和代耕。

第四，外县逃灾来边区之抗属，应给优待，但须查明确系因灾，原籍亦未代耕者，以免享受双重优待。

第五，凡退伍的残废军人，如完全无劳力生产者，应给代耕解决吃穿，其稍有生产能力者依情形补助代耕，全能生产者免给代耕。由县政府具体规定之。

第六，新退伍的残废军人、新来边区的抗属（本年），如无吃穿者，由当地政府切实负责动员群众帮助，用互助方法解决，必要时政府酌量情形救济之。

（三）动员边区所有的劳力担负代耕义务。凡居住边区境内人民，年在四十五岁以下十六岁以上的壮年男子，除脱离生产为抗战服务者外，一切人民，均得按政府的规定，担负代耕任务。

（四）优抗当以代耕为主，代耕方法，其实际效果根据人口、地域的具体情形，可以采用代耕及包耕、拨粮、出钱、雇人代耕等方式，总之做到合理公平，以收到实际优抗的效果为目的。

（五）要使这个工作做得更好，政府要抓紧领导，适当地布置督促与检查；另一方面要发扬人民的民主，提高人民的积极性，讨论合理优待的方法。这样，当可收到更好的实效。

（六）现在春耕已过，望各县很好进行检查代耕地的春耕工作。在检查时，注意代耕不够的或未代耕的督催在夏耕中补足，并切实布置夏耕。在实际工作中，多多反映些经验给民政厅。

此致

敬礼

主　　席　林伯渠

副　主　席　李鼎铭

民政厅长　刘景范

副　厅　长　唐洪澄

【资料来源】

雷志华、李忠全主编：《陕甘宁边区民政工作资料选编》，陕西人民出版社，1992年，第225—227页。

5. 民政厅指示各县加强优抗代耕工作

——务使抗属足衣足食 友军抗属同等优待

（1942年6月6日）

【本市讯】在敌人时刻打算进攻边区的情况下，进一步提高军队抗战与保卫边区的热情，必须加强优待抗属代耕工作。民政厅为此特于六日发给各县县长及一科科长指示信，其内容首先强调指出加强优抗工作的重要性，务使抗属足衣足食，改善抗属生活；抗属代耕制度与办法在代耕工作细则上已有明文规定，此次特再提出注意要项数点：为使抗属得到实惠多，应该依照公平合理、大公无私、"人远情在，人死情切"的原则进行优待抗属代耕工作。布置代耕时，应以代耕收益能解决抗属吃穿为标准。住边区的友军抗属，应给以和八路军家属同等的优待和代耕；友区受灾而来边区之抗属，应给以优待，但须调查属实。退伍的残废军人，视其劳动生产能力的具体情况，由县政府具体规定优待办法。本年新退伍的残废军人和新来边区的抗属，如无吃穿者，由当地政府切实负责设法救济之。

【本市讯】在具体执行优抗代耕任务时，民厅指示信内指出：必须动员边区所有的劳力担负代耕义务，凡居住边区境内人民，年在四十五岁以下十六岁以上的壮年男子，除脱离生产为抗战服务者外，一切人民，均得按政府的规定，担负代耕任务。代耕方式应以收到实际优抗的效果为目的，根据当地地域、人口的具体情况，可以采用代耕、包耕、出钱、雇人代耕等方式。要使这个工作做得更好，政府必须抓紧领导，适当布置督促与检查。同时要发扬民主，提高人民的积极性，共同讨论合理优待的办法。

【本市讯】民厅指示信内最后一条复指明，现在春耕时间已过，各县应很好进行检查代耕地的春耕工作；在检查时，注意代耕不够的或未代耕的须督促在夏耕中补足之，并切切实实布置优抗夏耘夏收工作。

【资料来源】

《解放日报》1942年6月10日第2版。

雷志华、李忠全主编：《陕甘宁边区民政工作资料选编》，陕西人民出版社，1992年，第228—229页。

6. 陕甘宁边区政府批答
——为批答贸易公司呈请对工作人员家属代耕办法

〔利字第3号〕

（1947年2月5日）

贸易公司范经理，喻、余副经理：

呈悉。关于各贸易机关人员之家属生活发生困难时，可由贸易机关自行补助，但条件标准均不应超过一般军工属的规定。

此批

主　席　林伯渠
副主席　李鼎铭
　　　　刘景范

【资料来源】

陕西省档案馆、陕西省社会科学院合编：《陕甘宁边区政府文件选编》第十一辑，档案出版社，1991年，第105页。

五、其他优待

1. 陕甘宁边区政府指令
——准予公布《国医国药奖励优待条例草案》

〔抗字第1059号〕
（1941年9月16日）

令民政厅　　厅　长　刘景范
　　　　　　副厅长　李　华

查该厅所呈《国医国药奖励优待条例草案》尚属可行，准予公布。此令

主　席　林伯渠
副主席　高自立

附：国医国药奖励优待条例草案

第一条　本条例依照边区施政纲领第十五条增进边区国医国药建设制定之。

第二条　凡边区国医国药上设施其奖励与优待悉依照本条例办理。

第三条　国医执行医疗业务者称医士，执行制药业务者称药师。

第四条　医士、药师参加边区国医研究会得享受法律上赋予之权利。

第五条　医士、药师执行业务者，由国医研究会审查登记，申请边区卫生处发给业务证书。

第六条　国内外医士、药师愿在边区举办国医学校或制药厂者，边区政府得保护之，财力不足者补助之。

第七条　医士、药师愿脱离生产参加医疗机关或公营药厂工作者，享受技术人员之待遇，其家庭生活得按抗日军人家属优待之。

第八条　医士自营药店或其他业务兼执行医疗业务，热心社会卫生防疫工作者，当地政府得视具体情况减少或免除政府法定之义务负担。

第九条　医士、药师在医药上有发明创作者，政府得奖励之。

第十条　凡公私药店制造"膏丹丸散"须由领证医士、药师监制。其成品精良者，所在地政府得奖励之。

第十一条　捐资兴办医药事业者，由当地政府呈请边区卫生处给奖。

第十二条　奖励给予细则另定之。

第十三条　本条例由民政厅呈准边区政府公布施行之。

【资料来源】

陕西省档案馆、陕西省社会科学院合编：《陕甘宁边区政府文件选编》第四辑，档案出版社，1988年，第181—182页。

陕西省档案局编：《陕甘宁边区法律法规汇编》，三秦出版社，2010年，第282页。

2. 陕甘宁边区粮食局运输人员待遇抚恤办法

（1941年11月25日公布）

为加强运输力量，并提高运输队之纪律起见，特定此办法。

一、待遇：

1. 每人每两月发给鞋一双。

2. 每人每年发单衣两套、衬衣一套、棉衣一套，皮大衣每人一件，每件需保用三年。

3. 运输人员出差旅费，每人每天规定一元。因公患病在病假期间（不得超过半月）其伙食费照给，但入病院疗养者不在此例。

4. 运输人员在队时，每人每日菜金规定为五毛。

5. 运输人员家庭生活不能维持时，得按照抗日家属优待之。

6. 运输队员津贴，每人每月规定三十元（干部不在此列）。

二、抚恤：

1. 运输人员因公致疾，不能工作者，除送院休养外，津贴按月照给。

2. 运输人员因公死亡者，除酌给埋葬费外，并呈请财政厅给其家属酌予恤金。

附：征粮工作团工作纲要

一、征粮工作团的任务

为了保卫边区，争取抗战与革命的最后胜利，供给抗战军队、政权机关必需的粮草，特由财政厅组织征粮工作团分赴各县协同各级政府，依边区政府所检定之各种征粮征草条例进行工作，保证征粮、征草任务全部完成。

二、征粮工作团的组织

财政厅按照各个经济区为单位，派特派员领导各县征粮工作团进行工作；各地征粮工作团同时受当地行政长官之领导，配合地方干部执行任务。各级组织如下：

1. 县——设征粮工作团，布置、指导、督促全县征粮、征草工作。
2. 区——设征粮大队，负动员完成全区征粮、征草任务之责。
3. 乡——设中队，负动员完成全乡征粮、征草任务之责。
4. 行政村——设小组，负动员完成全村征粮、征草任务之责。

团设正副团长各一人，大队、中队设正副队长、中队长各一人，小组设组长一人，均由各单位工作人员推举之。

三、工作步骤

1. 宣传——首先进行宣传工作，使群众了解征粮、征草为抗战救国中人民应尽之义务。宣传时须注意事项如下：

甲、注意地方化、群众化——不论文字的或口头的宣传，主要是为了使群众了解道理，踊跃输将，所以必须做到通俗、普遍，不要用人民解不下的公式、理论，同时外边干部要和地方干部融洽携手去干，才能干好。

乙、号召群众参加宣传工作——地方上的小学教师和学生群众参加宣传工作起的作用是很大的，因为他们了解地方情况，容易接近深入群众，我们一定要吸收他们参加工作。

丙、宣传要具体、深入——把征粮宣传大纲及各种宣传品一定要有计划地深入民间讲解，若只在墙壁上张贴几张标语或讲一篇大道理就了事的宣传办法，收效是很有限的。

2. 调查——在征粮的过程中，要注意调查工作，老百姓是不愿轻易把他实在的田产收获告诉人的，为了减少这一工作的困难，就得采用以下几个办法：

甲、深入群众中调查——从进步的公正地方人士中找材料，从群众互相斗争中找材料。

乙、号召地方人士参加调查工作——邀请地方公正人士协同各级参议会，担任这一工作，改变把调查工作当成政府的专责，只知用片面的秘密方式去进行的工作方法。

丙、虚心研究调查材料——研究以往调查工作的经验，把当地政府已有的材料及地方同志了解的情形和临时调查的材料，得出对比的适中数字。

3. 动员征粮——动员征粮中之主要问题，就是"公平"二字，要达到公平就得注意下列各点：

甲、发扬民主——坚决反对政府包办摊派的方式，一定经过参议会、评议会的审核与群众大会的讨论，再开始征粮。

乙、党政工作人员起模范作用——地方干部应当影响自己的家人、亲戚踊跃应征，给群众做模范。

4. 动员入仓——征粮工作团不能把公粮数目分配了就认为工作团的任务完成，必须监视粮食入仓，并派干练同志帮助每个仓库检查接收公粮入仓。关于公粮入仓应注意的事项，可参照仓库管理办法规定各项执行。

5. 检查总结工作——征粮工作团一定要待公粮全部入仓，才算工作完结。做检查工作总结时，要注意以下各点：

甲、检查公粮、公草实收确数，并由工作团负责人、当地行政长官造表汇报财厅与粮食局。

乙、检查工作应注意群众反映的意见和实际故事的记载，只凭主观的论断方式写出的工作总结是没有用的。

四、征粮通讯工作

1. 每个工作团应指定通讯员一人，专门收集各地征粮、征草工作中发生的具体问题，群众的反映及各个团员的心得和意见，随时汇编报告，寄送财厅整理后，登报发表。

2. 各县有报纸的地方，征粮通讯员应经常供给以征粮工作中的实地消息与问题，扩大宣传，激发民气。

五、工作团应注意遵守事项

1. 注意在工作中的学习，注意学习总结工作中的经验教训。

2. 按时召开会议，讨论工作问题，检查团员之工作表现。

3. 按月给财政厅做工作报告。

4. 服从地方党政首长之指导与批评。

5. 团员不得随意接受民众之招待及应酬。

六、工作成绩

工作团或团员工作积极，如期完成任务或特著成绩者，财政厅得酌予奖励；无故不能完成任务者，应受行政上的责备与处分。

【资料来源】

甘肃省社会科学院历史研究室编：《陕甘宁革命根据地史料选辑》第二辑，甘肃人民出版社，1983年，第336—339页。

3. 陕甘宁边区财政厅关于技术干部优待办法的通知

(1943年3月26日)

民国卅二年度陕甘宁边区技术干部待遇办法已经边区政府批准，现随通知附来，请即依照执行。关于米价，第一季每斗按一百五十元，第二季按三百元计算。

关于技术干部的审查请各单位按下列系统进行，并请将审查后属各类干部的人数及金额通知本厅，以便核发经费。

一、边区系统——医务部门由民政厅批准，经建部门与电讯机要部门由建设厅批准。

二、中央系统——由中央管理局会同有关机关批准。

三、联防司令部系统——由联防后勤部会同有关机关批准。

边区财政厅
三月二十六日

【资料来源】

陕西省档案馆、陕西省社会科学院合编：《陕甘宁边区政府文件选编》第七辑，档案出版社，1988年，第134—135页。

4. 陕甘宁边区政府通知
——关于边区及各县常驻议员与政府委员津贴由

〔主字第3号〕

（1946年6月26日）

各县政府：

兹经本府与边区参议会常驻会商议决定：凡不兼行政工作的边区参议会常驻议员与边区政府委员（兼职的不发），每月津贴费为小米二斗；县参议会常驻议员与县政府委员（兼职的不发），每月津贴费为小米一斗。以上津贴米均由各县政府自六月份起按月发给（住在各该县之边区常驻议员及边府委员，亦由各县代管），并向财厅报销，特此通知，请即查照办理。

此致

敬礼！

边区政府办公厅

【资料来源】

关保英主编：《陕甘宁边区行政救助法典汇编》，山东人民出版社，2016年，第309页。

5. 陕甘宁边区税务人员待遇及抚恤方法

（1948年11月29日）

第一条　本办法依据各级税务机关组织规程第一条制定。

第二条　各级税务人员之生活政治待遇依本办法办理。

第三条　等级：

（一）各级税务机关为各级政权机关的一个部分。

（二）区局正副局长等于行署处长、副处长。

（三）分局正副局长等于专员公署的科长、副科长；县局正副局长等于县政府的科长、副科长；一等税务所长等于区政府的区长或助理员；二等税务所所长等于乡政府的乡长或文书。

第四条　待遇：

（一）政治待遇，同级职位之局、所长应享有同级政权干部之政治待遇，如听报告、看书报文件、参加会议、住党政学校、受临时训练等。

（二）生活待遇，各级税收人员均依照脱离生产之政权干部统筹供给标准发给同等的伙食菜金、被服鞋子等物，不得进行商业生产。

稽查及流动稽征人员，依地方部队之标准发给同等的伙食菜金、被服鞋子等物。

第五条　抚恤：

（一）税工人员因公致疾不能工作者，将给予治疗或住院休养；如在职时有薪金津者，并得照原规定发给。

（二）因公死亡者酌情发给埋葬费，并按政府抚恤条例办理之。

第六条　本办法自核准之日施行。

【资料来源】

陕甘宁革命根据地工商税收史编写组、陕西省档案馆：《陕甘宁革命根据地工商税收史料选编》第七册（1948），陕西人民出版社，1987年，第614—615页。

6. 陕甘宁边区税务人员待遇及抚恤方法

（1949年4月14日）

第一条　本办法依据各级税务机关组织规程第八条制定之。

第二条　各级税务人员之生活政治待遇依本办法办理。

第三条　等级：

（一）各级税务机关为各级政权机关的一个部分。

（二）区局正副局长等于行署处长、副处长。

（三）分局正副局长等于专员公署的科长、副科长，县局正副局长等于县政府的科长、副科长，一等税务所所长等于区政府的区长或助理员，二等税务所所长等于乡政府的乡长或文书。

第四条　待遇：

（一）政治待遇。同级职位之局所长应享有同级政权干部之政治待遇，如听报告、看书报文件、参加会议、住党政学校、受临时的训练等。

（二）生产待遇。各级税收人员均依照脱离生产之政权干部统筹供给标准，发给同等的伙食菜金、被服鞋子等物，不得进行商业生产。

稽查及流动稽征人员依地方部队之标准发给同等的伙食菜金、被服鞋子等物。

第五条　（一）税工人员因公致残不能工作者，得给予治疗或住院休养，如在职时有薪金津贴者并得照原规定发给。

（二）因公死亡者酌情发给埋葬费外，并按政府抚恤条例办理之。

第六条　本办法自核准之日施行。

【资料来源】

陕西省档案馆、陕西省社会科学院合编:《陕甘宁边区政府文件选编》第十三辑,档案出版社,1991年,第232页。

第二部分
拥军爱民

本部分主要收录延安时期拥军爱民的条例、办法、规定、指令、指示、命令、通令、通知、指示信、慰问信、训令、公约、细则、批答及工作报告、经验总结等，具体内容包括三个方面：一是拥军爱民的政策法规，包括拥军月的相关规定、拥军动员工作、慰劳革命军人、拥护军队、拥军公约、拥政爱民公约、增加自卫力量补充地方部队保卫秋收、拥军节约、生活供给标准及生产任务、动员及代雇民夫牲口、战时动员壮丁牲口、战时动员物资、编余人员送分区安置处理、嘉奖各地民兵英雄、战勤工作、参军动员等多个方面。二是拥军爱民的其他方式，具体内容涉及抗日自卫军的相关规定、潜逃及逾期不归战士归队办法、军用电话线保护等方面。三是拥军爱民的经验总结，具体包括加强军民团结、开展拥军爱民运动、南泥湾劳军观感、枣园拥军拥政爱民工作介绍等方面。

一、政策法规

1. 陕甘宁边区政府关于动员及代雇民夫、牲口的规定

（1940年7月4日）

查边区各机关、部队、团体、学校等，粮食之运送、物品之搬移、伤病员之送院休养等事，多数在各县动员或代雇牲口运送之，因而边区各县动员或代雇牲口已成为经常之工作，由于数目之增加，民众颇感繁重，同时雇用机关亦感手续频繁，有碍计划之如期完成。为调剂各方困难及简便手续计，特规定接洽动员及代雇之原则办法于后：

（一）动员：凡属军事紧急事项即为动员。需民夫十名或牲口十头以上者，得有本政府之介绍信或训令，方可代为动员；但非常紧急军事动员，有动员机关首长签名盖章者，得予接洽办理。民众及其牲口之生活费，以能维持为原则，互相商讨由动员机关发给。

（二）代雇：凡不属军事紧急性质，如运粮、搬运物品等即为代雇。需民夫五十名或牲口五十头以下者，雇运〔用〕机关可与代雇机关直接洽商办理，无须取得本政府之介绍信或训令；其数目在五十以上者，得有本府之介绍信或训令才予接洽，脚价按照新规定，由雇用机关照发。

（三）各机关、部队临雇用之牲口，只要按市给价，不必一定要经过政府，而政府亦无须干涉。

合行令仰该各专署各县府即行遵照办理为要！

【资料来源】

《抗日根据地政策条例汇集·陕甘宁之部》（上），1942年，第227页。

甘肃省社会科学院历史研究室编：《陕甘宁革命根据地史料选辑》第一辑，甘肃人民出版社，1981年，第60页。

陕西省档案馆、陕西省社会科学院合编：《陕甘宁边区政府文件选编》第二辑，档案出版社，1987年，第306页。原注："选自《陕甘宁革命根据地史料选辑》第一辑，甘肃人民出版社。"

2. 陕甘宁边区战时动员壮丁牲口条例

（1941年5月9日）

第一章　总则

第一条　本条例为供给抗战建国之需要及根据边区实际情形而制定之。

第二条　凡属边区人民皆有出其人力物力之义务。

第三条　动员征用壮丁、牲口以供应下列事项之用为限：

一、关于建筑军事防卫工事、军事仓库、飞行场等；

二、关于修筑公路工事；

三、关于军需品之运输及伤兵员之运送事项；

四、关于边区政府粮食局所属仓库粮秣之转运事项。

第四条　各部队或机关如需要壮丁牲口使用，而不属于第三条所列事项范围内者，只能以普通待遇雇用之，不得以动员征用方法征用之。

第二章　动员壮丁

第五条　凡年十八岁至四十五岁之男子为壮丁，其全年总服役时间如下：

一、一户只有壮丁一名者，全年不得超过二十天；

二、一户有壮丁二名者，全年每名不得超过三十天；

三、一户有壮丁三名以上者，全年每名不得超过四十天。

第六条　壮丁于动员服役时，有下列情形之一者，得请求缓役，俟下次动员时补役之。

一、壮丁在婚丧期间十五日以内者；

二、壮丁在病中经医生证明不能即行服役者；

三、一户只有壮丁一名，在农忙耕种或收获时期者。

第七条 壮丁有下列情形之一者得免征：

一、壮丁肢体残废或心神丧失，或有疾不能劳动者；

二、壮丁在学校肄业或脱离生产任职者；

三、迁入边区内居住不满二年，而壮丁又在二名以下之户者；

四、一户壮丁只有一名在家，其余为现役军人或公务人员者。

第八条 在战争非常时期例外，不受上述免役之限制（不算第一款）。

第九条 动员壮丁服役次序如下：

一、无职业者先于有职业者；

二、年少者先于年长者；

三、壮丁多者先于壮丁少者。

第十条 壮丁于征用服役时之伙食津贴费及每日行程，由边区财政厅以命令规定之。

第十一条 自卫军之训练勤务及代耕队之代耕所费时间，不得算在第五条所列服役时间之内。

第三章 动员牲口

第十二条 动员征用牲口不问住户牲口之有无或多寡，而以现时财富为标准，分富户、中户、贫户，每户出牲口一头，其全年总服役时间如下：

一、富户全年不得超过八十日；

二、中户全年不得超过四十日；

三、贫户全年不得超过二十日。

前项富户、中户、贫户之鉴定办法另定之。

第十三条 被征用之户如无牲口者，由该户自行雇用之，此项雇用费由应征户负担。征用部队或机关，只照政府规定发给草料费、饲养人伙食费。

第十四条 有下列情形之一者得免征用牲口：

一、生活不能自给之抗属及赤贫户无牲口或只有一头者；

二、外来难民贫民在边区居住不满二年者；

三、因遭天灾人祸而受重大损失者。

第十五条　征用牲口由被征户自行饲养之。

第十六条　被征用之牲口如有损失者，由征用机关或部队酌予给价。

第十七条　征用牲口次序，富户先于中户，中户先于贫户。

第十八条　应征用之牲口所负重量与每日行程及其草料费，饲养人之伙食费，由财政厅以命令规定之。

第十九条　征用牲口饲养人之工役时间，不得与征用壮丁之服役时间相抵。

第四章　手续

第二十条　凡征用壮丁牲口部队或机关，须先将征用之数目、时间、地点、用途通知政府动员之。

第二十一条　凡部队或机关于征用壮丁牲口服役完毕时，应发给应征人服役日数证明文件为凭；其服役未毕而逃走者，应通知原动员政府拿办之。

第二十二条　本条例规定之壮丁牲口全年总服役或征用日数需要不达规定之数目时，不必补役；如需要超过规定时，以普通雇用待遇之。

第五章　惩奖

第二十三条　人民无正当理由，而迟延逃避或拒绝征用服役者，得处一月以下拘役，或视资力之有无处六十元以下之罚金。

第二十四条　人民于征用服役卓有劳绩者，得予以名誉及物质之奖励；其因而致死伤者，得按抗日军人抚恤之。

第二十五条　公务员无正当理由，而拒绝及怠于动员征用，或滥用职权借动员征用以自私者，视情节之轻重得处以二年以下之徒刑，或拘役或撤职记过；其因动员征用卓有成绩者，得提升或奖励之。

第二十六条　军人强拉壮丁牲口使用者，得以军法惩办。

第二十七条　人民公务员之惩奖，由主管政府或司法机关办理；军人之惩奖，由主管军事机关办理。

第六章　附则

第二十八条　本条例施行细则另定之。

第二十九条　本条例经边区参议会通过，由边区政府公布日施行。

【资料来源】

陕西省档案馆、陕西省社会科学院合编：《陕甘宁边区政府文件选编》第三辑，档案出版社，1987年，第250—253页。

陕西省档案局编：《陕甘宁边区法律法规汇编》，三秦出版社，2010年，第154—155页。

3. 陕甘宁边区战时动员壮丁牲口条例施行细则

（1941年5月9日公布）

第一章　总则

第一条　本细则依本条例第二十八条而制定之。

第二条　本条例第三条第一款所称之"建筑军事防卫工事"如建筑河防边防之沟壕碉堡及其他障碍物、隐避〔蔽〕室等；第三款所称"军需品之运输"如军火、粮秣、服装、器材等运输。

第三条　本条例所称"以普通待遇雇用之"系指一般雇佣契约办理，即等于私人雇用人工牲口之办法。

第四条　本条例第六条所称"缓役"只能在本年征用时补役之，如果在本年内因不需要未能征用者，即以役满论，不得于翌年再令补役。

第五条　本条例所称"公务员"不包括公营企业商店及合作社人员。

第二章　征用程序

第六条　征用壮丁牲口手续如下：

（一）征用壮丁一次超过一百名至三百名或征用牲口一次超过二十头至一百头，由征用部队或机关通知县动委会动员之；

（二）征用壮丁一次超过五百名，或征用牲口一次超过一百头者，由征用部队或机关通知分区或边区动委会动员之；

（三）在交战时不受前两条之限制。

第七条　各级政府或动委会接到部队或机关之征用通知后，应即在所属壮丁牲口全年总服役额数内依期如数动员，点交征用部队或机关应用。

第八条　征用壮丁牲口如在一乡超过全年总服役额数时，即由乡长呈报区长，另在未达一年总服役额数之其他乡征用之；以此类推，一区一县一分区超过者亦同。

第九条　壮丁服役时之伙食费与津贴费及牲口使用时之草料费和饲养人员之伙食费，均由征用部队或机关负担。

第十条　被征用之牲口之损失给价，由征用部队或机关与动员之政府或动委会及被征用之人民协定给付之。

第三章　调查登记

第十一条　调查壮丁及牲口以乡为单位，由乡政府每年根据本乡各户壮丁之多寡造具全乡壮丁服役清册，及按各户经济之实况，分为富户、中户、贫户，造具牲口服役清册，呈送区政府。

第十二条　区政府根据各乡壮丁及牲口服役清册，造具全区壮丁及牲口全年总服役额数表，呈报县政府。县政府汇造全县服役（额）数表二份，呈报分区专员公署及边区政府备查。

第十三条　壮丁服役清册登记事项如下：

（一）户主姓名、年龄、职业、住址；

（二）一户人口总数；

（三）一户壮丁总数；

（四）壮丁合于免役之规定者，其免役之人数；

（五）壮丁实能出役者，其出役人数及全年总服役日数。

第十四条　牲口服役清册登记事项如下：

（一）户口姓名、住址；

（二）牲口之有无，如有者其种类、头数；

（三）合于免征之规定者，其情形；

（四）应出牲口者，其全年总服役日数；

（五）乡决定属于何种户（即贫户、中户、富户）。

第十五条　壮丁全年总服役额数表，应记载下列事项：

（一）某乡壮丁总人数；

（二）某乡壮丁免役总人数及日数；

（三）某乡壮丁实能出役总人数及日数；

（四）全区壮丁实能出役总人数；

（五）全区壮丁实能出役总日数。

第十六条　牲口全年总服役额数表，应记载下列事项：

（一）某乡富户、中户、贫户之各总户数；

（二）某乡实有牲口总头数；

（三）某乡合于免役牲口之户数；

（四）其乡实能出牲口之户数及服役日数；

（五）全区各户应出牲口之总头数；

（六）全区各户应出牲口之总日数。

第十七条　边区直属市，准用关于县之规定；各县下之市或镇，准用关于乡或区之规定。

第四章　附则

第十八条　本细则如有未尽事宜，得随时修改之。

第十九条　本细则施行日期，由边区政府以命令定之。

【资料来源】

甘肃省社会科学院历史研究室编：《陕甘宁革命根据地史料选辑》第一辑，甘肃人民出版社，1981年，第95—98页。

陕西省档案馆、陕西省社会科学院合编：《陕甘宁边区政府文件选编》第三辑，档案出版社，1987年，第253—255页。

4. 陕甘宁边区战时动员物资办法

（1941年5月9日公布）

第一章 总则

第一条 本办法为了统一物资动员，保证战时供给，调节人民负担，避免物资浪费制定之。

第二条 动员物资，须具备下列各项条件始得征用之：

（一）确为军事上或公共事业上所必需。

（二）前线必需又不能依其他方法取得；或虽能取得而需时过久，足以贻误军机或事业者。

（三）须为应征人所能供给，而不致妨害其基本生活者。

第三条 下列各项，不受前两条之限制，政府亦不得以命令制止之。

（一）人民自动发起征柴、担水、优待抗属，或慰劳抗日军人及抗日战士。

（二）人民自动发起征集物资，进行文化、卫生、交通等建设者。

（三）群众团体向其所属会员征收会费，或募捐经费者。

第二章 办法

第四条 征用器材办法如下：

（一）征用人民之生产工具（包括农具或手工生产工具）或其他使用之器具（包括炊具、膳具等），均须在不妨害人民自身使用下借用，或给以相当价值购用。

（二）征用人民树木：

1. 砍伐人民树木为公共建筑使用者，须商得人民之许可，并备价收买之。

2. 砍伐人民树木为扫清战场者，所砍伐之树仍应归还所有主。

3. 公共树木非前二款用途，不经政府批准，不得砍伐之。

第五条　征用粮食草料办法如下：

（一）征用人民粮食草料，如经政府规定价格，应依照规定备价购用；如无规定，则须按照市价给价。

（二）征用粮食草料，既不准人民抬高市价，亦不准征用者抑压价格。但边区政府于必要时得以命令酌量规定较低之价。

（三）军队因作战必需，而人民又无余粮卖时，得通知当地政府设法代办之。

第六条　占人民土地办法如下：

（一）公家为建筑国防工事、交通、道路、盖房等，有不得土地所有人同意永久使用土地之权，但须给价或另以土地调换之。

（二）有限期占有人民之土地，不致妨害所有权之使用及收益时，应以同等土地调换或租用之。

（三）短期借用人民之土地而不妨害土地所有权之使用及收益时，则无须备租，但要取得所有主之同意。

第七条　占用人民房屋办法如下：

（一）政府为建筑充作军用及公共场，有不得房屋所有人同意永久使用房屋之权，但须给价或另以房屋调换之。

（二）无限期占用民房，须备价收买之，或经房主之同意以同等房屋调换之。

（三）有期占用民房，须备租金，或以同等之房屋经所有主同意调换使用之。

（四）临时占用民房，如占用期间不超过三个月，而原屋主人又可勉强容纳者，即无须付给租金。

（五）占用民房，如有损坏门窗及其他装备者，应予修复或赔偿之。

第八条　征集优待、慰劳、救济及文化卫生建设之资财：

（一）凡征集财物为优待抗日军人家属或慰劳抗日军人及伤病员者，均以人民自愿及经过上级批准后行之。

（二）征集财物，为救济灾民难民或进行公共文化卫生建设者，属于本乡范围者，得量力摊派；属于外乡者，得以自愿输纳为原则，不得摊派。

第三章　手续

第九条　凡征用器材及有限期或临时占用人民之房屋土地时,其征用机关或部队应向当地政府或动委会交涉之,无须上级政府介绍,各级政府既不得拒绝,征用机关亦不得强迫。

第十条　征集优待、慰劳、救济及文化卫生建设之资财时,须由下级政府将征集财物原因、种类、数量、用途及征集办法等详细拟呈上级政府,经审核批准后行之。

第十一条　凡征用粮食草料为一乡一区或一县范围内所能负担者,征用机关或部队应向该级政府或动委会交涉之。

第十二条　凡占用房屋之租金价金及损坏门窗装备之修复与工具用器损坏之赔偿等费,由该征用机关或部队偿付之。

第十三条　各级政府对于动员物资事项,须按月向上级政府报告备查。

第四章　奖惩

第十四条　凡各级政府及动委会人员对征集物资中奉行得力或对协助部队机关成绩卓著者,得酌给以精神上与物质上之奖励。

第十五条　各级政府及动委会人员对本办法规定事宜,于得到征用机关或部队之要求时,须依照本办法负责协助办理,不得玩延推诿。

第十六条　轻视动员以自私者,处以一年以上二年以下之有期徒刑。倘借以贪污者,依惩治贪污条例处罚之。

第十七条　各机关人员不依本办法规定,克扣赔偿费租金及价金者,得依照惩治贪污条例处罚之。强占人民土地房屋,砍伐人民树木及强迫抑压粮价或强迫买卖者,得报告上级依情节轻重处罚之。

第十八条　军人犯下列行为之一者,依军法惩办之:

（一）不依本办法之规定而克扣赔偿费、租金及价金等费者。

（二）不依本办法之规定而强占人民房屋、土地及强伐人民树木者。

（三）不依本办法之规定而强迫抑压粮价或强迫买卖者。

第十九条　政府公务人员触犯第十六条、第十七条罪行由各级裁判机关受理之。

第二十条　军人及军事机关人员触犯第十八条所列罪行,由军法机关受理之。

第二十一条　本办法经边区政府委员会通过公布施行之。

第二十二条　本办法修改之权属于边区政府。

第二十三条　边区政府二十九年六月九日所颁布之动员慰劳各问题之决定于本办法

公布之日作废。

【资料来源】

《抗日根据地政策条例汇集·陕甘宁之部》（上），1942年，第200—204页。

甘肃省社会科学院历史研究室编：《陕甘宁革命根据地史料选辑》第一辑，甘肃人民出版社，1981年，第90—94页。

陕西省档案馆、陕西省社会科学院合编：《陕甘宁边区政府文件选编》第三辑，档案出版社，1987年，第256—259页。

陕西省档案局编：《陕甘宁边区法律法规汇编》，三秦出版社，2010年，第156—157页。

5. 陕甘宁边区民政厅关于动员工作指示信

（1941年5月26日）

各专员、县市长同志们：

（一）边区军队，是保卫边区的主要支柱。没有军队，边区的存在是不堪设想的。同时，边区军队是人民的武装，也是武装起来的人民。军民是血肉相连的。"提高边区武装部队的战斗力，保障其物质供给，改善兵役制度及其他后方勤务的动员制度，增进军队与人民的亲密团结……"边区施政纲领上曾有明确的规定。一句话——抗战动员工作是战时各级政府一个极重大的工作。

（二）抗战四年来，边区抗战动员工作，的确做了不少的惊人成绩，是全国的光荣模范。但近来由于战争的发展，驻军增多，亲日派反共顽固分子断绝八路军的接济与封锁边区，一方面增加了需要，他方面不得不加重了一些人民负担。因而有个别地方发生军民关系不甚好，以及动员工作做得不合理的现象，这是要军政两方面负责任的。人人要保证军队的衣食供给，军队要爱护人民都是应该的，这要从军政双方做起，才能"增进军队与人民亲密的团结"，而完成"保卫边区、保卫西北、保卫中国，驱逐日本帝国主义"的任务。

（三）因此，我们政权工作者，第一要注意到加强人民的政治教育，说服人民、教育人民、动员人民来尽量拥护抗战、爱护军队，担负"保障其物质供给"的责任。第二要把动员制度建立起来，要统一动员、合理动员、有组织地动员，节省人力物力，需要负担都能合理，不发生苦乐不均的现象。第三是政府已公布之一切动员法令，必须军政双方遵照执行。应动员者政府要负担起来不得丝毫推却；不应动员者，即不能动员，军队也不得强制。第四严格取缔一些为了自给、为了营业等转嫁负担于人民的不合理动员。

（四）动员工作目前急切的工作，是各县立刻依据边区政府五月九日公布之《各级动员委员会组织规程》把各县动员委员会组织起来，以便统一筹划领导，其组织任务与职权都有明文规定。重大事件，可经过边区动委会统筹规定，指示各县执行；一般及地方事件，各专署及各县动委会都可讨论执行，不必依靠或推诿，有碍工作之进行。今后各级动员委员会，应按照规定做动员统计及月报，自己有了数目，上级动委会也有了数目，才能做到公平与合理负担，不致使人民负担过重以及发生苦乐不均的现象。

（五）经常动员的工作，运输军食及担架伤病员兵比较重要。各级动委会应从速调查统计壮丁及运输牲畜，组织运输队及担架队，以行政村为分队，乡为中队，区为大队，各设队长及副队长，平时均不脱离生产。有了经常的组织，则临时或紧急动员即不致慌乱了。

（六）各部队机关学校等逃回之战士及工作人员，必须动员其归队。归队工作是各级动员委员会的责任，也是各级政府的责任，各地政府不得把逃跑或请假不归之战士留着工作。发给居民路条或通行证时，要严格考查清楚，以免有逃跑躲避兵役等事发生。必须建立各要路口盘查哨站制度，严格考查来往行人，以防止逃跑与奸徒混入边区等事发生。

（七）战时动员法规，边区政府业于五月九日正式公布，各级政府应配合此指示信切实讨论，确实遵照执行。动员区政府讨论执行，并帮助军队亦能深刻讨论执行。如有违反此项法令规定者，应受到法律之制裁。

【资料来源】

《抗日根据地政策条例汇集·陕甘宁之部》（上），1942年，第204—206页。

甘肃省社会科学院历史研究室编：《陕甘宁革命根据地史料选辑》第一辑，甘肃人民出版社，1981年，第102—104页。

李敏杰主编，李万良、袁俊宏编：《延安和陕甘宁边区的双拥运动》，甘肃人民出版社，1992年，第9—11页。

6. 陕甘宁边区政府关于拥军月具体办法

（1943年1月公布）

一、今年二月为旧历年关前后期间，也正是农闲时候，兹定该月为全边区拥护军队运动月。

二、教育及动员各级政府干部讨论拥军决定，确实了解拥军之重要意义。

三、各级政府在群众中广泛地宣传拥军意义，发动拥军运动的热潮，以提高人民对爱护军队之认识。

1. 以乡或行政村为单位，召开拥军动员大会。

2. 利用各种形式（如演剧、闹秧歌、说书、集会等）进行扩军宣传。

3. 制作及张贴拥护军队的标语、口号、漫画，编唱拥军秧歌，等等。

4. 各地报纸应多登拥军消息，或出拥军专号。

四、慰劳当地驻军及帮助驻军解决困难。

1. 募集肉、菜、馍、糕、面等食物及其他日用品，由人民派代表慰问驻军及伤兵（有伤兵地方）。

2. 召开军民联欢会或联合游戏（如联合闹秧歌）。

3. 请驻军长官吃饭及团拜新年等。

4. 号召人民在生产时间，尽力帮助驻军在生产中土地、农具、籽种等各种困难的解决。

5. 号召人民尽力帮助驻军解决运输供给上的各种困难。

五、慰劳当地抗属及检查优抗工作。

1．募集肉、菜、馍、糕、面及其他日用品，到抗属家中慰问抗属。

2．召开抗属联欢会，具体解决抗属吃穿的困难，并鼓励与说明抗属的光荣。

3．发动为抗属担①水、砍柴运动，按具体情形在拥军月内做到保证抗属半年或三月的烧用。

4．检查一次优抗工作，具体布置优待抗属的代耕工作，保证抗属衣食饱暖。

5．表扬努力参加生产的模范抗属，以鼓励其他有生产力的抗属积极参加生产。

六、根据归队条例的规定进行归队运动。

1．各乡应使本乡所有请假不归或潜逃在家的应归队战士全数归队。

2．解决被归队战士家属之困难，使其安心归队。

3．发动欢迎归队战士工作（送礼物、送路费、开欢送会等）。

七、各县区乡政府应相互订定拥军竞赛，并表扬拥军成绩。

八、各县制定拥军奖惩办法；工作好者奖，不好者批评或处罚之。

九、各县政府应切实讨论布置拥军工作，并具体领导，指定专人负责，按时检查，月终总结，并向边府做总结报告。

【资料来源】

陕西省档案馆、陕西省社会科学院合编：《陕甘宁边区政府文件选编》第七辑，档案出版社，1988年，第65—66页。

雷志华、李忠全主编：《陕甘宁边区民政工作资料选编》，陕西人民出版社，1992年，第102—103页。

陕西省档案局编：《陕甘宁边区法律法规汇编》，三秦出版社，2010年，第168页。

关保英主编：《陕甘宁边区行政救助法典汇编》，山东人民出版社，2016年，第185—186页。

---

① 三秦出版社2010年版《陕甘宁边区法律法规汇编》将"担"写作"提"，意思不变。

7. 陕甘宁边区政府训令
——动员沿途人民慰劳三五九旅七一八团

〔持字第549号〕
（1941年10月29日）

令安塞、靖边县长

兹据三五九旅电称：日内该旅七一八团因增强边防，须开赴三边等语。沿途经过你县，仰即通饬路经之区乡政府竭诚招待，照顾其食宿等需要；并动员群众慰劳我军队，以示我军民亲密之热忱。至要至要！

此令

主　席　林伯渠
副主席　高自立

【资料来源】

关保英主编：《陕甘宁边区行政救助法典汇编》，山东人民出版社，2016年，第120页。

8. 陕甘宁边区战时动员壮丁与牲口条例

（1942年1月修正公布）

第一章 总则

第一条 本条例为供给抗战建国之需要及根据边区实际情形而制定之。

第二条 凡属边区人民皆有出其人力、物力之义务。

第三条 动员征用壮丁、牲口以供应下列事项之用为限：

（一）关于建筑军事防卫工事、军事仓库、飞行场等。

（二）关于修筑公路工事。

（三）关于军需品之运输及伤病员之运送事项。

（四）关于边区政府粮食局所属仓库粮秣之转运事项。

第四条 各部队或机关如需要壮丁、牲口使用，而不属于第三条所列事项范围内者，只能以普通待遇雇用之，不得以动员征用方法征用之。

第二章 动员壮丁

第五条 凡年二十六岁至四十五岁之男子，每月均有为公服役三天之义务，由政府按年统筹使用。

第六条 壮丁于动员服役时有下列情形之一者，得请求缓役，俟下次动员时补役之：

（一）壮丁在婚丧期间十五日以内者。

（二）壮丁在病中经医生证明不能即行服役者。

（三）一户只有壮丁一名，在农忙耕种或收获时期者。

第七条　壮丁有下列情形之一者得免征：

（一）壮丁肢体残废或心神丧失，或有疾不能劳动者。

（二）壮丁在学校肄业或脱离生产任职者。

（三）迁入边区内居住不满一年而壮丁又在二名以下之户者。

（四）一户壮丁只有一名在家，其余为现役军人或公务人员者。

第八条　在战争非常时期例外，不受上述期限及免役之限制〔不算第（一）款〕。

第九条　动员壮丁服役次序如下：

（一）无职业者先于有职业者。

（二）年少者先于年长者。

（三）壮丁多者先于壮丁少者。

第十条　壮丁服役期内之伙食自备，其每日行程由边区政府以命令规定之。

第十一条　自卫军之训练勤务及代耕队之代耕所费时间，不得算在第五条所列服役时间之内。

第三章　动员牲口

第十二条　凡能供驮运之牲口，每月有为公服役三天之义务，由政府按年统筹使用。

第十三条　有下列情形之一者得免征用牲口：

（一）生活不能自给之抗属。

（二）外来难民、贫民在边区居住不满一年者。

（三）因遭天灾人祸，而受重大损失无力负担者。

第十四条　征用牲口由被征户自备草料自行饲养之。

第十五条　被征用之牲口如有损失者，由征用机关或部队酌予给价。

第十六条　征用牲口以牲口之多寡为次序，多者先于少者。

第十七条　被征用之牲口所负重量与每日行程，由政府以命令规定之。

第十八条　征用牲口饲养人之工役时间，得与征用壮丁之服役时间相抵。

第十九条　驮运公盐之义务服役不在本条例之内。

第四章　手续

第二十条　凡征用壮丁、牲口部队或机关，须先将征用之数目、时间、地点、用途通知政府动员之。

第二十一条　凡部队或机关于征用壮丁、牲口服役完毕时，应发给应征人服役日数证明文件为凭；其服务未毕而逃走者，应通知原动员政府拿办之。

第二十二条　本条例规定之壮丁、牲口全年服务总数需要，若未达规定之数目时，不必补役；如需要超过规定时，以普通雇用待遇之。

第五章　惩奖

第二十三条　人民无正当理由迟延逃避与拒绝征用服役者，得处以一月以下拘役，或视资力之有无，科六十元以下之罚金。

第二十四条　人民于征用服役卓有劳绩者，得予以名誉及物质之奖励；其因而致死伤者，得按抗日军人抚恤之。

第二十五条　公务员无正当理由，而拒绝及怠于动员征用，或滥用职权借动员征用以自私者，视情节轻重得处以二年以下之徒刑，或拘役或撤职记过；其因动员征用卓有成绩者，得提升或奖励之。

第二十六条　军人强拉壮丁牲口使用者，报告军事机关惩戒之。

第二十七条　地方公务员之惩奖，由主管政府机关办理；军人之惩奖，由主管军事机关办理。

第六章　附则

第二十八条　本条例施行细则由政府另定之。

第二十九条　本条例经边区参议会通过，由边区政府公布日施行。

【资料来源】

《抗日根据地政策条例汇集·陕甘宁之部》（上），1942年，第192—196页。

甘肃省社会科学院历史研究室编：《陕甘宁革命根据地史料选辑》第一辑，甘肃人民出版社，1981年，第151—154页。

陕西省档案馆、陕西省社会科学院合编：《陕甘宁边区政府文件选编》第五辑，档案出版社，1988年，第138—141页。

9. 陕甘宁边区政府命令
——颁发《拥护军队的决定》及《拥军运动月的指示》

〔战字第645号〕
(1943年1月15日)

令各厅处院长、各专员县市长

兹经本府第三次政府委员会议通过《陕甘宁边区政府关于拥护军队的决定》连同第三十九次政务会议通过之《关于拥军运动月的指示》合行一并随令颁发仰即遵照并转饬所属一体遵照执行为要。

此令

主　席　林伯渠
副主席　李鼎铭

附一：陕甘宁边区政府关于拥护军队的决定

（1942年12月9日第三次政府委员会通过，1943年1月15日公布）

一、拥护军队是边区人民与政府应尽的责任

八路军是人民自己的武装，是本质上最好的军队，有高度的政治认识与战斗能力，有优良的作风与传统。

八路军不仅坚持了华北抗战，在全国抗战中起了支柱作用，而陕甘宁边区的保卫，人民民主民生利益的保护，亦全赖有八路军的镇守。

近年来边区物质条件日趋困难的情况下，八路军的生产自给，曾大大地减轻了政府和人民的负担（去年军队自给平均每人至3500元之多），既能打仗，又能生产，更是难得可贵的军队。

总之，八路军是值得政府和人民拥护的军队；拥护军队，是各级政府与全体人民应有的责任与义务。

二、过去拥军工作有严重的缺点

过去政府与人民对于拥军虽做了些工作，也有一些成绩，但还存在着不少的甚至是严重的缺点：

（一）由于数年来边区处在比较和平的环境，在一部分人民和政府人员中间，存在着与滋长着忽视拥军的观念，忘记了一切服从革命战争的原则，甚至把爱护人民利益与爱护军队对立起来，这是极端错误的。

（二）在近年边区物质条件日益困难的情况下，一部分人员往往只了解与照顾本身的困难，而不甚了解与照顾军队的困难，不关心或不积极帮助军队解决困难，如对于粮草的供给与运输、担架的输送、生产的帮助等，采取被动的应付的态度。当军政或军民关系发生缺点或误会时，某些政府人员没有首先检查本身，批评与责备自己，并向人民做积极的解释，反而采取观望态度，或推脱责任，有时甚至夸大军队的缺点，埋怨军队，而把自己率领人民帮助军队的责任忘记了。

（三）对于优待抗属做得很不够，特别严重的是"重工轻抗"，优工比优抗好，此外还有"人在情在""近比远好""在比亡好"的现象；而对于抗属离婚问题，也有处理不适当的。这些严重缺点，大大地妨碍了军队的巩固工作。

（四）对于潜逃战士，没有积极地帮助归队，而采取旁观态度，甚至有把潜逃战士留在地方工作，或为之包庇的。

三、必须积极改善和加强拥军工作

（一）要使干部认识拥军的意义和重要性，要通过干部向群众做广泛深入的解释：八路军是人民自己的军队，是保卫边区保护人民利益的军队，如果没有八路军，就没有边区，人民利益也无法保障；各级政府和人民必须把爱护与帮助军队当作自己应尽的责任，经常注意尽到自己的责任。那种把爱护人民利益与爱护军队对立的观点，以及对军队的困难漠不关心，有问题不当面提出协商解决，只是埋怨的自由主义态度，都是错误的、有害的，都应该彻底改正。

（二）关于粮草的供给与运输，政府应领导人民积极地主动地提出适当办法，竭力给军队以帮助。

（三）对于军队生产中的困难，政府须帮助其解决。

（四）军队遇有换防调动，各级政府应发动群众欢送欢迎，慰劳慰问；又须于每年阴历年节前后，对驻军举行隆重的慰劳慰问一次。

（五）要根据新定陕甘宁边区优待抗日军人家属条例，具体检查各地优抗工作，把各地抗属调查清楚，根据具体情形，采取代耕包耕救济等办法，保证抗属生活不低于一般群众生活水平。应在优抗工作上做到贫先于富、远近一样、存亡一样，尤其要把优工比优抗好的现象倒转过来，反对对优抗工作上的任何忽视现象，同时要注意教育组织和帮助抗属积极参加生产，奖励生产中的模范抗属。

（六）各级政府应把帮助归队工作当作自己的任务，应彻底执行《陕甘宁边区动员潜逃及逾假不归战士归队暂行办法》。

（七）军政军民关系上发生纠纷时，政府负责人应以"厚责于己而薄责于人"的态度，协同军队负责人就地解决，解决不了的呈报上级解决之。

（八）各级政府应将本决定和留守兵团司令部关于拥护政府爱护人民的决定，及最近颁布的《新订陕甘宁边区优待抗日军人家属条例》《关于动员潜逃及逾假不归战士归队暂行办法》《陕甘宁边区抗属离婚处理办法》《陕甘宁边区军民诉讼暂行条例》《陕甘宁边区调整军政民关系维护革命秩序暂行办法》配合起来，做详细具体的讨论，并请军队派人参加，切实检查当地的拥军工作，总结经验，纠正缺点，以进一步增进军政军民的团结。

（九）拟定今年二月为全边区拥军运动月，其具体办法，同留守兵团政治部商办之。

（十）各级政府应将拥军工作看成经常的重要的工作，给以定期的切实的检查，成绩优良者予以奖励，对此工作漠不关心毫无成绩者应给予批评、指责和惩罚。

附二：陕甘宁边区政府关于拥军运动月的指示

（1943年1月15日）

根据本府关于拥护军队的决定，定于今年一月二十五日到二月二十五日为全边区拥军运动月，在这个月中，各级政府得进行如下的具体工作：

（一）扩大拥军的宣传鼓动工作，以造成拥军运动的热潮。

1. 召开各级政府干部的会议，讨论与研究（乡政府的讨论须由上级派人指导）《边区政府关于拥护军队的决定》及《陕甘宁边区优待抗日军人家属条例》《陕甘宁边区动员潜逃及逾假不归战士归队暂行办法》《陕甘宁边区抗属离婚处理办法》《陕甘宁边区军民诉讼暂行条例》《陕甘宁边区调整军民关系维护革命秩序暂行办法》，首先使各级干部了解拥军之重要及其具体内容，在思想上认识到拥护军队工作是边区人民与政府应尽的责任。

2. 召开以乡或自然村为单位的群众拥军运动大会，宣传解释拥军之重要，详细对人民与抗属解说关于拥军决定及五个条例，使人民都能知道并照着去做，提高人民爱护军队之热忱。另一方面，使抗属懂得自己享受些什么优待。

3. 制作各种标语、口号、漫画，以及利用各种形式（如闹秧歌、演戏、说书、集会等），向人民宣传拥军决定及各种拥军条例之内容。

4. 各地报纸在拥军月内应广登拥军运动消息及其执行中的情形。

（二）慰劳及慰问当地驻军、警卫部队、伤病兵、残废军人及抗属，并进行各种军政军民的联欢会。

1. 各级政府应派代表送慰劳钱慰问信与物品等，慰问当地驻军、警卫部队、伤病兵、残废军人（如有伤兵医院及残废院的地方），并分别慰问抗属，慰问退伍、残废军人。

2. 号召群众募集各种食物及日用品，派代表慰问驻军、伤病兵、残废军人及抗属。慰问之食物应于年前准备好。慰劳抗属和退伍残废军人，应以乡或行政村为单位分别进行；至于慰劳驻军、警卫部队、残伤兵时应以县为单位进行。如本县无驻军时，仍须集钱购买猪羊等慰劳附近邻县之驻军。

3. 召开军政军民联欢会，或联合演戏、闹秧歌，或请驻军长官聚餐，或互相庆拜新年，以及召开抗属联欢会等。

4. 发动代耕队在拥军月内为抗属担水、砍柴，保证抗属今年上半年或前三个月的足够烧柴。

5. 由各乡政府发给抗属证明信件，在拥军运动月内即开始抗属享受向公营商店及合作社购物折扣之优待办法。

（三）检查过去拥军工作，发扬成绩纠正缺点，具体布置今后拥军各项工作。

1. 根据拥军决定等文件，在思想意识上检查过去对拥军工作之认识，纠正轻视军队或把拥军爱民工作对立等观点，深自反省，好的发扬，不好的纠正。

2. 根据拥军等文件，在实际工作中检查过去优待抗属，处理抗属婚姻抚恤伤残归队、运输供给诸工作有什么成绩和缺点，好的发扬，不好的纠正。

3. 各县根据以上思想上与工作上之检查结果做出结论，订出今后各项拥军工作的计划，并在拥军运动月内，打定今后拥军经常工作的基础。

（四）下列各项调查统计工作，应尽可能在拥军月内完成之。

1. 各县应将去年全年为军队动员的人工与畜工调查统计清楚。

2. 各县抗日军人数目，抗属户口数目，给抗属代耕土地数目。抗属全劳动力及半劳动力数目，无（法）维持生活的抗属户口数目。

3. 依据归队办法，各县应归队之战士有多少？原属按其所属部队分别登记之。

4. 本乡及全县之退伍残废军人有多少？他们一般生活情形如何？

以上各种统计调查材料，应以乡为单位统计，由各县汇集呈报边府。

（五）各专署各县政府应如实对拥军运动月工作布置领导，按时检查，月终总结，并向边区政府做拥军总结报告。

【资料来源】

《陕甘宁边区政策条例汇集》续编，1944年，第137—140页。

甘肃省社会科学院历史研究室编：《陕甘宁革命根据地史料选辑》第一辑，甘肃人民出版社，1981年，第239—242页。

陕西省档案馆、陕西省社会科学院合编：《陕甘宁边区政府文件选编》第七辑，档案出版社，1988年，第19—24页。

雷志华、李忠全主编：《陕甘宁边区民政工作资料选编》，陕西人民出版社，1992年，第92—98页。

李敏杰主编，李万良、袁俊宏编：《延安和陕甘宁边区的双拥运动》，甘肃人民出版社，1992年，第24—27页。

10. 留守兵团司令部及政治部关于拥护政府爱护人民的决定

（1943年1月25日）

边区政府，是边区人民和边区部队自己选举出来的政府。它的一切措施，均是为了人民、为了抗战利益的，所以它是一个模范的民主政府。在边区物质极困难的情况下，边区政府领导人民积极生产，征收救国公粮，帮助军队解决粮食被服困难，支持前方抗战。边区部队之所以能够发展与巩固，是有赖于边区政府的扶植和领导的。

边区人民，是经过长期革命斗争的。他们响应政府号召，积极参加生产，缴纳救国公粮，为军队、为抗战，尽了应有的力量。边区军队与边区人民，像鱼和水一样，是分不开的，军队脱离了人民，就无法打胜仗，无法存在。边区部队之所以能够存在与发展，就是有赖于边区人民的拥护与帮助。

边区政府是革命的政府，边区人民是很好的人民，这样的政府与人民，我们军队应该拥护它、保卫它、爱护它。拥护政府，爱护人民，是我们革命军队的责任，是响应党的领导一元化的具体表现。

过去五年来，边区部队对于拥政爱民的工作，一般的是做得有些成绩，军队和政府人民基本上是团结的，因而完成了保卫边区的任务。但是由于边区遭受着严重的经济封锁，物质条件异常困难，以及军队本身存在着主观主义、宗派主义、本位主义的倾向，因而造成了军政民关系某些不融洽的现象，军队方面应负主要的责任。在部队中，存在着与生长着忽视拥政爱民的观念，忘记了过去红军的优良传统，把军队与政府人民有时对立起来，某些人员存在着军阀主义的残余思想，把军队看成为高于政府和人民，丧失了革命军队的品质，于是违犯政府法令、自高自大、不尊重政府、侵犯群众利益、违反群众纪律等行为，时有发生。这些现象，虽然不是普遍的，但是相当严重。各级军事政治机关，必须深刻检讨，彻底纠正。必须提高全军爱护根据地、建设根据地、拥护政府、爱护人民的认识，使党政军民更加团结一致。为此目的，各级军政机关必须执行如下决定：

（一）必须使全体指战员认识拥政爱民的重要意义，军队应该坚决执行政府法令。边区部队与边区人民是血肉相关不可分离的，军队离开人民就无法存在。在部队中，须加强政策法令的教育，对于政府的各种法令，通过干部向战士进行深入的解释，务使每个指战员不仅懂得各种法令的内容，而且要认真执行。对于过去不尊重政府、只顾自己、不顾政府法令、不顾群众利益的思想与行为，必须予以彻底纠正。

（二）军队须尊重各级政府机关，对于政府负责人，应以本部队首长同样看待，不得轻视与污辱。军队无权逮捕政府人员与人民。

（三）军队有保护政府的责任。在边境地区发生敌情匪情时，必须及时通知当地党政民机关。如地方机关受敌人或土匪袭击或包围时，当地驻军应机动地派队援救。政府机关派人去边境区工作或运送重要财物时，驻军应派遣必要的武装掩护或护送，使之安全地顺利地完成任务。

（四）军队有帮助政府之责，政府的各种困难，军队应竭力设法解决。军队应积极参加生产，解决粮食被服及日常需要，以减轻政府与人民的负担。对于政府的各种号召及动员，如春耕、秋收、冬学、建立民兵等，军队应协助政府机关，对人民进行深入的解释，帮助其工作的顺利完成。

（五）军队与人民须建立密切关系，爱护人民，尊重群众的人权、财权、地权，不得侵犯人民一针一线的利益，严格遵守三大纪律八项注意。军队必须了解与尊重民情风俗，举行与人民送节礼祝寿拜年与婚丧等应酬，以建立与人民的良好感情。

（六）军队须帮助人民的春耕、夏耘、秋收，首先应帮助抗属，不得索取任何报酬。

（七）严整部队纪律，加强部队纪律教育，使全体指战员自觉地遵守群众纪律。部队行动时，应加强纪律检查，借物送还，损坏的东西要赔偿，驻地打扫干净。部队生产时，应严守《生产运动中应守规则》《公营商店守则》。进行归队运动时，应遵守《动员潜逃及逾假不归战士归队暂行办法》。部队调动时，应与当地党政民机关开联席会议，检讨军政民关系，虚心听取地方机关及人民的意见。对于部队中违反纪律的人员，必须批评与斗争，严重的必须予以应有的纪律制裁。

（八）各部队，尤其是政治机关，应有计划地帮助地方学校教育、民众教育、民兵建设等工作。每一个指战员均应有向人民宣传的责任,以提高人民的文化水平与政治觉悟。

(九)各部队卫生机关,应尽可能替人民医治疾病,首先应替抗属治病,不收医药费;并对人民进行卫生宣传,利用各种方式,向人民讲解浅显而通俗的卫生常识。

(十)军政军民关系上发生纠纷时,军队方面应负主要责任,以诚恳坦白的态度协同地方机关就地解决之;横蛮无理是不对的。如解决不了,则须呈报上级解决。即使该纠纷系地方机关或人民不对,军队方面应以和蔼谦逊态度向其解释。

(十一)各部队应将本决定与边区政府《关于拥军运动的决定》,及最近边府颁布之《调整军民关系维护革命秩序》《边区军民诉讼条例》《抗属离婚处理办法》《抗日军人抚恤条例》《动员潜逃战士及逾假不归战士归队办法》《优待抗日军人家属办法》等各种条例,配合起来,向指战员进行教育,切实地与本部队过去违犯政策法令、侵犯人民利益的具体事实联系起来。

(十二)拟定今年二月为边区部队拥政爱民运动月(具体工作另有指示),以掀起部队拥政爱民的热潮,推动今后拥政爱民工作的开展。

【资料来源】

《解放日报》1943年2月1日第2版。

李敏杰主编,李万良、袁俊宏编:《延安和陕甘宁边区的双拥运动》,甘肃人民出版社,1992年,第29—32页。

雷志华、李忠全主编:《陕甘宁边区民政工作资料选编》,陕西人民出版社,1992年,第104—107页。

11. 留守兵团政治部关于拥政爱民运动月工作指示

（1943年1月25日）

根据本部拥政爱民决定，为配合边区政府的拥军运动，使拥军运动与拥政爱民运动同时进行，特定二月五日至三月四日为全边区部队拥政爱民运动月。在这个月中，各部队（机关学校同）必须进行如下的具体工作。

（一）扩大宣传鼓动，以造成拥政爱民的热潮

（1）召集各级干部会议，传达本部关于拥政爱民的决定，并按各地情况讨论执行的具体办法，使各级干部懂得拥政爱民的重要，了解拥政爱民工作的加强，是实现党的领导的一元化的重大步骤，是改进军民关系、团结党政军民、克服困难、迎接胜利的关键。

（2）按驻地情况以连或营为单位召开军人大会，上级首长亲自出席，在大会中进行拥政爱民的鼓动，号召全体指战员履行拥政爱民公约，自觉地遵守纪律，自动地进行群众工作。

（3）利用群众年关的劳军运动，激发起指战员拥政爱民的热潮。依照本部关于拥政爱民的决定与讲话材料，边区政府关于拥军的决定及其他有关拥军条例，用上课方式、讨论会、墙报、戏剧、标语、图画等进行宣传解释工作。

（4）各报纸在拥政爱民月内应广登拥政爱民消息，以广事宣传，普遍推进这一运动。

（二）利用旧历年关，增进军民感情

（1）各驻军首长，于年关前后，依照本地风俗习惯，向驻地附近居民贺年。

（2）请邻近党政机关同志及邻近居民家长来驻地聚餐。在户口较多地区，此项聚餐

工作，由当地驻军最高机关统一分配并调剂之。

（3）在有剧团的部队或旅的领导机关附近，应筹备新年军民同乐晚会。时间应选择在春节前后，使居民中的多数能够尽可能到会。

（4）动员战士于新年节中无代价地帮助居民整理家务，做工一天。

（三）改正错误观念，发展自我检讨

军民关系，所以还不能臻于正常，除客观原因之外，部队的若干同志存在着主观主义、宗派主义等等错误思想是其主要原因。因此，要改进军民关系，必须从改正错误观念着手，而发展自我检讨就是必要的。检讨的办法应当是：

（1）实行各级干部的自我检讨。或开会集体讨论，或由个人反省检讨，两者应相辅而行。在战斗员、事务人员中也应做适当的检讨，主要是发动他们与破坏群众纪律的现象做斗争，借此达到教育他们的目的。

（2）与地方党政机关及群众团体的同志开座谈会，征求他们对军队的意见，不仅是好的方面的意见，而主要是批评方面的意见。对于这些意见，应当虚心考虑，加以研究。

（3）派较为得力的干部在居民中进行访问，特别是对军队有过意见的居民的访问。访问时要非常虚心，态度要非常和蔼，要对他们说明自己的来意，必要时协同地方机关派人进行。对居民中的某些怀疑和误会，要正确予以解释；军队无理之处，要向他们赔礼。

（四）清理旧案，改正关系

以往军队与人民的关系，有因处理失当，或则至今悬而未决，以致引起人民对军队尚存不满的地方，现在必须重新处理与适当解决。处理办法如下：

（1）进行清理。以连队为单位清理过去对人民的债务、所借的用具、所占的土地，一一登记入簿。

（2）分别处理。应当归还的必须归还，应当改变的必须改变（如土地租佃）。其中因损坏已无法归还者，可协同政府与原主商议偿还之，偿还的原则以不使原主过于吃亏，而在军队的财力上又能担负得起。

（3）对于某些特殊纠纷，虽然已一度解决，但人民中仍不满意而又影响颇深者，应当重新调查、重新处理。

（4）已经移防的部队在原驻地与人民互有纠纷者，由接防部队负责调查清理并处理之，但移防部队必须派人协同进行。接防部队对于此类纠纷，应当站在整个军队的立场，向人民进行正确的宣传解释工作，达到调整关系、团结军民之目的。

附：留守兵团公布拥政爱民公约

（一）服从政府法令。

（二）保护政府，帮助政府，尊重政府。

（三）爱惜公共财物。

（四）不侵犯群众利益。

（五）借物要送还，损坏了要赔偿。

（六）积极参加生产，减轻政府和人民的负担。

（七）帮助人民春耕、秋收和冬藏。

（八）帮助人民进行清洁卫生运动。

（九）了解民情风俗，尊重民情风俗。

（十）向人民宣传，倾听人民意见。

【资料来源】

《解放日报》1943年2月1日第2版。

雷志华、李忠全主编：《陕甘宁边区民政工作资料选编》，陕西人民出版社，1992年，第108—110页。

李敏杰主编，李万良、袁俊宏编：《延安和陕甘宁边区的双拥运动》，甘肃人民出版社，1992年，第33页。

12. 留直政政工会议决定拥政爱民实施办法

（1943年2月1日）

【本报讯】留守兵团直属政治部为贯彻拥政爱民工作的决定，日前曾召开政治工作会议，到会者有直属队各政治处主任、各单位政委及政治协理员等廿余人。讨论具体执行办法如下：

（一）在拥政爱民运动月中，第一星期为拥政爱民动员准备周，在这一周内，各单位根据留直政关于拥政爱民工作决定，进行传达与动员，并根据留政所编拥政爱民小册子，分作两次进行教育，写制及张贴标语、画报，刻制匾额、彩幛，设扎排〔牌〕坊，调查附近居民状况，及与当地政府取得联系等。第二周与第三周为宣传检查周，在此两周内各单位进行街头化装宣传，写慰问信，邀请会餐，演剧联欢，并检查过去和现在的军政民关系，对政府法令的执行，及对政府和民众团体工作人员的态度，征询政府、人民等对军队、机关的意见等等工作。第四周为总结周，总结关于拥政爱民工作进行的成绩及缺点，并确定今后应如何具体切实继续进行拥政爱民工作。

（二）关于以上工作的进行，并作具体分工以资专责：

（1）联欢会及邀请会餐，文化乡由工业局、门诊部、药科学校等单位负责（另有具体分配），北关乡由留司与留政负责，北郊乡由留勤负责，南关乡与市场乡由晋绥客栈负责，旧城乡由测量队负责，南郊乡由兵站负责，西郊乡由平剧院负责，东关乡由特务营负责，东郊乡由留守招待处负责，桥镇乡由部艺负责。另外邀请延市各乡乡长、督察员及民众团体会长、主任、市委、公安局局长等负责同志的联欢会餐，由留直政治部负责。延安市以外的政府、居民的联欢会餐等，由各地区直属队的单位分别负责，如柳树店、刘万家沟一带由医大、和平医院、野战医院、卫生部负责等。

（2）关于扎排〔牌〕坊，文化沟口由留勤药科学校及留直政负责；华北书店路口由总政负责；留守司令部路口由留司与留政负责；南门外由兵站负责；东关由特务营招待处负责，并请军事学院帮助；桥儿沟由卫生部、部艺负责。

（3）分区组织三个化装宣传队，南门外区由测量队兵站负责，北门外区由总政负责，桥儿沟区由部艺负责。

（4）标语、画报除由各单位分别写制张贴外，各大道要口的大标语、大画报由留直政治部负责。

（5）慰问信、匾额、彩幛、春节画片等，除由各单位负责写制发送外，并由留直政治部刻制木头匾额专送各级政府，以作永久纪念。

（6）春节时期，由留直政治部负责组织三次大晚会，北门外、南门外及桥儿沟各一次，分区慰劳政府、民众团体和居民，以资联欢，共同欢乐。

该会最后由邓主任和苏副主任深刻说明拥政爱民的重要意义。这是拥护党的领导一元化、拥护西北局、执行高干会决定的具体工作之一，号召大家要重视这个运动。要把拥政爱民运动和今年的生产运动密切配合起来，积极地加强生产，用以减轻人民的负担。从实际行动中来进行拥政爱民工作。并指出留守直属队几年来对政府法令执行得不够，及对政府、民众团体等工作人员的意见不够尊重。今后应切实执行政府法令，并应成为执行法令的模范等，至掌灯许久始散去。

【资料来源】

《解放日报》1943年2月1日第2版。

雷志华、李忠全主编：《陕甘宁边区民政工作资料选编》，陕西人民出版社，1992年，第111—112页。

13. 陕甘宁边区在年节给全体指战员的慰问信

（1943年2月3日）

全体指战员同志们：

当着除旧更新的年节，全边区人民及各级政府全体同志，正以兴奋热烈的心情，迎接拥军运动的热潮，并且诚恳地向着你们表示无限的敬意与爱戴！

全体指战员同志们，你们为了中华民族的独立解放而英勇斗争，已经苦战六年了，不仅在华北华中创造与巩固了广大的抗日根据地，而且在全国抗战中起着中流砥柱的作用，尤其是陕甘宁边区的建设与巩固，人民一切福利的增进，均赖你们的保卫与镇守。你们积极参加生产，帮助政府克服困难和减轻人民负担，你们是抗日民主模范根据地的最坚强的力量。

亲爱的同志们，你们伟大的功绩将永远深印在人民的脑海里，我们坚决相信今后的军政民关系会更加亲密，更加团结。现在苏联已获得伟大的胜利，同盟国已更加团结，中国抗日战争更加接近胜利，这都说明最后胜利一定是属于我们的。

我们因政务羁身，不克躬亲慰问，特函奉达，聊表衷心之忱，并代表全边区人民及各级政府同志向你们致亲切敬意。

祝新年愉快和健康！

主　席　林伯渠
副主席　李鼎铭

【资料来源】

关保英主编:《陕甘宁边区行政救助法典汇编》,山东人民出版社,2016年,第188页。

14. 陕甘宁边区政府命令
——颁布《陕甘宁边区政务人员公约》

〔战字第74号〕
（1943年5月8日）

各厅、处、院，各专员公署，各县（市）政府：

《陕甘宁边区政务人员公约》，业经本府第三次政府委员会通过，兹特颁布施行，随令发下，希即根据你处具体情形，在干部中进行讨论解释，并督促所属互相监督，严格执行为要。

此令

主　席　林伯渠
副主席　李鼎铭

附：陕甘宁边区政务人员公约

（适用于区级以上）

一、忠实施政纲领，贯彻法令、决议。

注释：施政纲领是我们的政治方针，法令、决议是它的具体化，务要忠实奉行、贯彻到底，不可阳奉阴违、有始无终。

二、坚持民主集中制，严守政府纪律，服从整个利益。

注释：民主集中制是我们的组织原则。对上级要尊重，要服从，有意见要提，但不可闹独立性。对下级要了解，要关心，要倾听意见，不犯官僚主义。对同级或有关部门，要照顾全局，认识大体，要关照别人，不犯本位主义。要严格恪守政府纪律，要个人利益服从组织利益，部分利益服从整个利益。

三、调查研究，深入检查，总结经验。

注释：这是我们的工作办法。决定一个政策或一件工作时，要有周密的调查研究，免得犯主观主义。执行决定时，又要深入地检查执行程度，纠正错误，发扬成绩，以求贯彻。执行完毕或告一段落时，还有总结经验，以便提出新的任务，扩张成果。

四、积极负责，发扬创造精神。

注释：这是我们的工作精神。要忠实于自己的职责，勇敢任事，切实负责，有自动性，有创造性，有计划性。不避难就易，不避重就轻。不要指定做才做，不指定就不做。

五、公正廉洁，奉公守法。

注释：这是我们政务人员应有的品格，要在品行道德上成为模范，为民表率。要知法守法，不滥用职权，不假公济私，不要私情，不贪污，不受贿，不赌博，不腐化，不堕落。

六、互规互助，正人正己，贯彻三三制精神。

注释：这是我们内部团结的原则。要本施政纲领与民主集中制的总则，发扬批评与自我批评，劝善规过，切磋琢磨，互相帮助，善与人同，不存成见，不意气用事，不一意孤行，不一味迁就，不互相包庇，不同流合污。

七、爱护群众，密切联系群众。

注释：群众是我们的依靠。要善于联系群众，要了解群众情绪，关心群众需要，倾听群众批评。不侵犯群众丝毫利益，不贪占群众一点便宜。要站在群众之中，不要站在群众之上。

八、爱护抗日军队，积极帮助军队。

注释：八路军是我们的支柱，要尊重军队，帮助军队解决困难，保证军队给养，努力优待抗属，安置退伍军人及抚恤伤亡，密切军民团结。

九、提高政治警惕性，严防敌探奸细。

注释：要严防敌探奸细和破坏分子的一切活动。要时刻警惕自己，反对麻木不仁，反对太平观念。凡有关政府与军队的机密事件，要严守秘密，要保藏公文印信。

十、努力学习，学而不厌，诲人不倦。

注释：发扬互相批评及自我批评，提高自己，帮助别人，不自高自大，不自暴自弃。

本公约经边区政府委员会通过，由边区政府公布施行之。

【资料来源】

关保英主编：《陕甘宁边区行政救助法典汇编》，山东人民出版社，2016年，第205—206页。

15. 陕甘宁边区政府、八路军留守兵团司令部关于编余人员送分区安置处理原则规定的训令

〔编字第155号〕

（1943年6月29日）

敌后抗日根据地及延安各机关学校实行精减后，一部分编余人员，因犯慢性病，一时不能担负工作，须作长期休养，有的病情虽然不重，但情绪不高，执意要求退伍，另外有部分老弱，须适当安置。只因人数过多，不能悉数留在延安，为管理教育与处理之方便，特决定分散各分区，由当地政府军队共同负责处理之。处理原则规定如后：

一、有病的可组织临时休养所，按病情轻重及本人工作历史规定待遇，使之在一定时间恢复健康。个别情绪不佳，借口有病不愿担任工作者，应进行教育与批评。

二、要求退伍归农的，可给以土地农具房舍生活资料，由政府扶助他们，按月加以帮助，直到能够独立维持生活为止。或者争取他们加入公营农场，一同参加劳作，在劳作过程中，帮助他们建立自己的家当，然后实行退伍。这样做有更多好处，可斟酌采用。

三、不论休养或退伍，均须照顾周到、关心体贴，不允许随意处置、不负责任。因为不负责任的态度，是可以造成错误和罪过，于内部团结是不利的。

根据上述原则进行处理时，政府与军队必须分别负起责任，不得此推彼诿。在处理时应非常细致，要有十分耐心，不可害怕麻烦。至于经费一项，可由各分区按时做出预算，呈报边府批准报销。

此令

> 主　　席　林伯渠
> 副 主 席　李鼎铭
> 司 令 员　贺　龙
> 政治委员　高　岗

【资料来源】

《陕甘宁边区政策条例汇集》续编，1944年，第167—168页。

甘肃省社会科学院历史研究室编：《陕甘宁革命根据地史料选辑》第一辑，甘肃人民出版社，1981年，第327—328页。

陕西省档案馆、陕西省社会科学院合编：《陕甘宁边区政府文件选编》第七辑，档案出版社，1988年，第274—275页。

雷志华、李忠全主编：《陕甘宁边区民政工作资料选编》，陕西人民出版社，1992年，第451—452页。

16. 陕甘宁边区政府民政厅、八路军留守政治部关于执行《编余人员送分区安置处理训令》之补充办法（提供参考）

（1943年6月29日）

一、对编余人员之处理，应执行政府与留守司令部的联合训令所指示之方针，同时更应注意其思想教育，继续为革命服务之精神，说明他们现在虽因体力等之限制，不能在前方抗战，但也应秉"有一分热发一分光"之精神，为抗战为建设自己家务，亦即建设边区事业而工作。

二、对边区休养人员及其家属处理之具体补充办法：

（甲）对必须退伍之人员：

1. 鼓励其务农。向他们解释在边区发展农业生产，不仅是建设家务之基本办法，而且农业生产是边区目前生产中心，因此也只有务农才有出路。

2. 对退伍人员须安置在较中心地区，一则能使他安心生产，再则免遭边境顽固分子之破坏挑拨与勾引。

3. 须明确宣布退伍后则完全享受公民权利，并担负公民义务。

4. 要关心体贴他们，帮助他们安家立业。政府可以发放农贷，同时要发动当地群众之友爱互助精神，以帮助与调剂其房屋食粮农具等，解决其困难。

5. 抗日军人退伍后，参加农工商各业生产时，五年免缴一切捐税，同时开垦荒地耕种等，三年免缴地租。

6. 因病或残废与丧失劳动力者，得享受人民代耕之优待权利（代耕办法与优抗代耕同）。

（乙）对休养人员：

1. 使之了解，休养目的主要是恢复体力以继续工作，休养仅系临时性质。

2. 照顾休养员之生活，使之比一般工作人员之待遇好些（按病情轻重及本人工作历史规定待遇）。

3. 休养尽可能地应集中在一处或几处，便于领导与教育；如有特殊情形，个别可送到农村休养，但不宜过于分散，以免发生弊端。

4. 在休养过程中，应指定专人负责进行教育（特别对某些为个人生活着想的落后分子），争取其于短期休养后做一部分工作（部队地方或生产部门）。其必须退伍者，则按具体情况处理之。

（丙）对家属之处理：

1. 退伍人员之家属则随其丈夫一同安置。

2. 休养人员之家属，其有工作能力且无小孩牵累者，则可分配其适当工作；其不能工作者参加生产；其有病不能工作与参加生产者，安置其休养；边区有家之家属，可送回家，其生活，按优抗条例优待解决。

三、退伍、休养之经费及处理手续

（甲）退伍人员须经分区旅政治部审查转专署安置。休养人员则由各分区司令部协同专署负责设立临时休养所安置，而由分区司令部负主要责任。

（乙）处理退伍与休养人员必需之经费

1. 退伍人员之经费概由专署做预算，财厅核发。

2. 休养人员之经费由各分区司令部预算，财厅核发。

（丙）退伍及休养人员转送各地安置时，均须编为组织，选定专人（较好之干部）负责率领，不得听其自由行动或放任不管。

边府民政厅
留守政治部

【资料来源】

《陕甘宁边区政策条例汇集》续编，1944年，第169—171页。

甘肃省社会科学院历史研究室编：《陕甘宁革命根据地史料选辑》第一辑，甘肃人民出版社，1981年，第324—326页。

陕西省档案馆、陕西省社会科学院合编：《陕甘宁边区政府文件选编》第七辑，档案出版社，1988年，第275—277页。原注："选自《陕甘宁革命根据地史料选辑》第一辑，甘肃人民出版社出版。"

雷志华、李忠全主编：《陕甘宁边区民政工作资料选编》，陕西人民出版社，1992年，第453—454页。

17. 西北局关于拥政爱民及拥军工作的决定

（1944年1月1日）

一、自从去年春节军队发起拥政爱民，政府发起拥军运动以来，党政军民关系已经有了很大的改进。军队必须拥政爱民和民众必须拥护军队的观念，普遍地更进一步地建立起来了。拥政爱民和拥军运动，经过各种具体形式和办法（精神的和物质的），成为一切部队和广大人民中的群众运动。军队中普遍进行了拥政爱民教育，加强了部队纪律。他们努力生产以减轻人民负担，自己运粮运草以节省民力，并拿自己的劳动力帮助人民生产，帮助人民砍柴、挑水、医病、修房子，以及借牲口和救济难民等。他们普遍实行军民联欢，实行清理旧案和赔偿还物运动。民众方面，经过拥军动员，大大地提高了他们的拥军热忱，到处可以听到人民爱护军队的呼声。他们对于驻军、伤病员、残废军人及抗属，实行了普遍的物质慰劳和精神慰问。他们在自卫动员中，以最高的热情来帮助军队。他们对某些军队开荒生产，给了应有的帮助。他们在优抗工作方面，也比过去积极和认真。不论军队或党政民方面，都各自检讨和批评自己的缺点，努力改正；都在党的统一领导下，互让互助，亲密团结。这些在去年的生产自卫防奸运动中，受到实际的考验，证明一年来的拥政爱民及拥军运动，是有很大成绩的。

二、为了使边区党政军民更加打成一片，以迎接今年的生产运动和防奸自卫运动，依照去年10月1日党中央指示，必须在今年春节期间，普遍地更大规模地再来举行一次拥政爱民及拥军的群众运动。军队方面，应重新宣布拥政爱民公约，开检讨会，检查和总结一年来拥政爱民工作，发扬成绩，指出并纠正缺点。拥爱工作做得好的部队或指战员，应加以奖励；做得不好的应加以批评，并责成其首长负责于今年内坚决改正之。应召集当地居民开联欢会（当地党政参加），互相交换意见，互相进一步了解，并贯彻赔偿还物运动。民众方面，应由当地党政及民众团体领导，宣布拥军公约，在民众中广泛宣传军队保卫边区、爱护人民及其伟大的生产成绩。举行热烈的劳军运动，切实加强优抗与归队工作。（这两项工作还没做好。）并在这一运动中，党政民方面，应彻底检查与总结一年来的拥军工作，其成绩应继续发扬，其缺点应于今年内坚决改正。不论军队方面或党政民方面，都不能因已有的一些成绩就自满起来，都必须再三再四地深刻检讨自己在这一方面尚存在的缺点错误，各自实行公开的群众性的自我批评（不批评对方），并于今后坚决彻底改正之。

三、今年的拥政爱民和拥军运动，不仅要普遍地举行，而且要使之更加深入，就是要更加成为部队中和广大人民中真正自觉的群众运动，成为广大群众的思想教育运动。必须继续加强部队中的拥政爱民教育和广大民众中的拥军教育，再三再四地说明军队和人民休戚与共、利害相关的道理，说明拥政爱民是每一革命军人的天职，拥军是每一革命人民的神圣义务。只有在军民广大群众政治觉悟提高的条件下，才能使拥政爱民和拥军完全避免单纯地服从命令和奉行公事，而成为群众真正自觉的行动。同时，又必须把这种思想教育和拥政爱民及拥军的实际行动结合起来。拥政爱民和拥军的实际成效，绝不限于春节中的开会检讨和互相联欢、慰劳、慰问，而应该在经常的军民联系中，随时和切实解决一切实际性的问题（在民众方面的优抗工作，及军队方面的还物赔偿等），并在生产自卫防奸及其他工作中大大地发展军民互助。这些实际工作愈是做得经常和彻底，则军民关系就会愈加巩固。去年在拥政爱民和拥军工作中，已有许多好的创造，必须在今年内大大发扬起来，使拥政爱民和拥军工作，不仅在思想上，而且在实际工作上，建立起巩固的基础。这是今年拥政爱民和拥军运动所应努力提高的方向。

四、边区军政领导机关，应根据中央10月1日指示和本决定的精神，颁发拥政爱民和拥军的具体指示，并切实领导所属实行之。《解放日报》和《群众报》应在春节期间，对拥政爱民和拥军进行有系统的宣传和报道。

【资料来源】

李敏杰主编，李万良、袁俊宏编：《延安和陕甘宁边区的双拥运动》，甘肃人民出版社，1992年，第39—41页。

雷志华、李忠全主编：《陕甘宁边区民政工作资料选编》，陕西人民出版社，1992年，第136—138页。

18. 留守兵团政治部指示所属各部加强拥政爱民工作

（1944年1月1日）

一、从去年2月（阴历年关）本部发布拥政爱民决定、拥政爱民公约与拥政爱民运动月工作的指令，各部队根据这些指示进行了许多工作，并采取有效的措施以整顿军政关系、军民关系之后，拥政爱民的工作获得了显著的成绩，军政民关系大大改善了，军队某些人员轻视政府、轻视人民的错误观念大体上被纠正了，违犯政府法令与群众纪律的行为也大大减少了。加以军队在生产上的成就，办到了自给与半自给，因而减轻了人民的负担。军队生产自给之外，又反过来以成千上万的劳动力帮助农民、帮助抗属、帮助政府工作人员家属进行耕种、料理家务，不吃酒饭、不取报酬，并以认真的态度企望将工作做好。同时群众拥军的热情也空前地增长了。在一年工作中证明：凡是军队方面着重检讨自己、认真教育部属、彻底改正错误缺点的；凡是既转变了领导又改变了战士心理而以新的态度对待政府对待群众的；凡是过去军队对群众有过某种隔膜，而在认识这种隔膜的不好以后，以自己反省的方法，对群众赔礼道歉的方法，归还借物赔偿损失的方法，以及以郑重的态度对待每一侵犯群众利益的事件的；最后，凡是军队不仅在消极方面纠正在军民关系上存在的缺点，而且从积极方面去帮助群众，去增进军民关系的，拥政爱民就有成绩，军民关系就有大的改进。反之，如果不是以自我检讨的精神，而是以责备政府、埋怨人民的精神；如果不是依照上述积极消极两方面连贯地进行工作，而是从消极方面枝枝节节地进行工作，拥政爱民就做不出成绩，或者成绩就不大，军民关系就不会有完全的改善。这就是一年来拥政爱民工作的基本总结。

二、拥政爱民工作是经常性的工作，一则因为就去年一年工作的检讨中，还有许多缺点（例如干部和战士中一些旧意识与不正确的认识，政府法令在商业贸易中没有足够的执行，以及部分售货员侵犯群众利益的事仍然存在等）亟待改正；二则因为军民关系与军政关系需要经常调整、经常巩固，因此要在军民一致、军政一致的基本思想上，在四四年努力达到更加改善军民关系与军政关系。这里就有经常的拥政爱民教育、执行法令的经常义务、减轻人民负担与帮助群众生产的生产劳作三个方面的工作。而在帮助群众的生产劳作上，又是由春耕到冬藏，由季节性的到日常性的家务琐事，由完全义务劳动到与群众自愿互相帮助的变工形式，由宣传群众到向群众学习（例如群众的农作法等）。所有这些，都是去年工作中好的积蓄，均应加以发扬，而为今后拥政爱民工作的主要方面。凡过去在这些方面做得有成绩的，应继续发扬，不要自满；成绩差的就要加倍努力。

三、为了发展军民关系，在全体军人中建立拥政爱民的强固观念，使他们懂得：拥政爱民不是单纯的纪律要求，而是革命军队的政治要求，是区别真正革命军队与其他军队的主要分界线；认为军队应当凌驾在人民之上，认为政府是军队的"办差机关"、"老百姓是贱骨头"的观念是极端错误的，是旧军队思想在我们内部的反映，不克服这种旧思想旧意识，就不会完全改善军民关系与军政关系。同样，拥政爱民的纪律，是建立在自觉基础之上的，只有大多数以至每个革命军人的普遍自觉，才能巩固这种纪律，才能自动地不要监督地去遵守这种纪律。除此以外，一切舍本求末的办法都是无济于事的。

四、由于军队处在生产自给的环境，农业生产已经成为生产的主要方向，但商业贸易又不能完全放弃的情形之下，在商业贸易上，坚决执行政府法令，协同公营商店执行稳定物价、稳定金融的方针，是拥护政府巩固政令统一的重要方面。为此，必须在最近时期内，重新整理军队经营的商业贸易，取缔许多不必要的商店，而将资本人力转移到有利无弊的方面。对于暂时不能取缔的部分亦应加以调整，加以改革，以保证执行政策法令为首要任务。用此去审查商业售货员，去检查他们的业务，并以此作为判定成绩的主要尺度之一。对于个别违法的坏分子，必须施行惩罚，使拥政爱民教育不但浸透于一般战士的心灵之中，且在商业部门中加以贯彻。

五、军队必须用积极的态度，帮助人民自卫力量的建立。已经建立的必须加强，在临近边境的地区尤属必要。在此问题上，军队的责任，首先就是加强边境人民的自卫力量，与人民一道，打击与防止破坏分子的骚扰、破坏和侵占企图，保卫边区，保卫政府与人民的财产，并将这种行动与保卫整个边区、安定后方的总任务联系起来。

六、为了检讨一年来的军民关系，遵照中央10月1日关于拥政爱民的指示及西北局1月1日决定，决定于今年1月23日（阴历年关）至2月23日为拥政爱民运动月。在运动月中除依照往例进行军民联欢、组织访问贺年送礼、重新宣布拥政爱民公约等等而外，应着重下述工作的进行：

（一）各部总结一年来的拥政爱民工作，以本指示的精神参照各地实际，教育干部，教育战士。对拥政爱民工作执行得好的实行奖励，军民关系不好的则执行批评。

（二）利用群众拥军的无数事实与政府关于拥军指示的内容，加强拥政爱民的宣传，用此去消除对政府对人民尚存在的某些成见，以增进军政民之间的关系。

（三）依照往例，清理一年来的某些积案及对群众的许多来往债务。

（四）协同政府进行归队工作。

【资料来源】

李敏杰主编，李万良、袁俊宏编：《延安和陕甘宁边区的双拥运动》，甘肃人民出版社，1992年，第42—45页。

19. 陕甘宁边区政府指示信
——关于拥军工作指示

〔指字第43号〕
（1944年1月9日）

各专员、县（市）长：

经过前年高干会与边区政府委员会第三次会议强调拥军之后，边区人民拥护军队的热情更加提高了。拥军月对于驻军、伤病员、残废军人及抗属，举行了普遍的慰劳、慰问；去年的自卫动员，更显示出军民之间的密切团结与人民对自己军队的爱护。三边、甘、富等地对军队开荒生产，给了应有的帮助；子长、安塞、同、宜、耀等县对优抗工作采取了一些具体办法。去年军队方面开展了拥政爱民运动，实行拥政爱民公约，做得很好。拥军运动与拥政爱民运动，使边区军民大团结更加巩固，保卫边区更有保证。但从全部拥军工作看来，还存在着严重的缺点，这就是：在优抗工作方面，缺乏为抗属建立家务的观点；在归队工作方面，许多地方采取了消极应付的态度。这两大缺点必须克服。

依此情形，边府对于今后拥军优抗工作，及今年拥军月工作给予下列指示：

（一）由于抗战与革命的长期性，拥军优抗须有长期打算。现在边区发展生产，军民丰衣足食，对于抗属工作尤须提高到帮助抗属建立家务，达到丰衣足食的水平。这就是今后优抗工作的方针。为了实现此方针，须采取以下具体办法：

第一，由各分区依据当地经济发展情况及人民丰衣足食情况，规定抗属丰衣足食的最低标准，包括衣食日用在内，无论男女老幼，同一享受。

第二，依上项每人每年食粮标准，保证每家抗属有足够的耕地（由当地政府调剂）和收获。

第三，依每家抗属具体情况，帮助其经营适当的副业，如纺织、畜牧、养蚕等等，以补助其日常用费。

第四，抗属中有劳动力的，须依其劳动力强弱参加生产（耕种或经营副业）。参加生产应成为模范抗属的第一条件；劳动力不足的，由当地群众补助其不足部分；只有全无劳动力的才由群众全部代为经营。

第五，按户帮助抗属订立生产计划及其实现的办法，并经常检查其执行程度，解决困难。

第六，为抗属建立家务所缺乏的物资，尽量由当地政府与群众帮助解决；不足时，可优先取得农贷。

第七，凡物资局、公营商店与合作社，均有调剂抗属生产资料及收买抗属生产成品的责任。卖给抗属的生产资料和日用品，须凭抗属所持优待证（各分区应依照边区政府制定之式样印发之）给以九折优待。

在帮助抗属建立家务，保证丰衣足食的基础上，应注意抗属的政治教育，提高他们的觉悟程度。对于抗日军人的妻子，必须严格遵守边区政府1943年1月9日颁布的《陕甘宁边区抗属离婚处理办法》的限制，给以法律上的保证。凡挑拨离间抗属夫妻关系感情或唆使抗属离婚者，政府必须查究，并予以处分。

（二）对于退伍残废军人同样应该执行建立家务的方针。鼓励他们积极从事生产（以农业为主，不适宜从事农业者得经营别业），帮助他们成家立业，地方政府应充分注意此项工作，看同优抗一样重要，并发动群众对他们的互助热忱。前面（一）项的第二、第三、第五、第六、第七各条办法，均适用于优待退伍残废军人。

在退伍残废军人中进行思想政治教育，号召他们学习退伍劳动英雄杨朝臣，鼓励他们发扬八路军革命传统，并用各种方法纠正某些退伍残废军人的落后思想，使他们在地方上成为公民模范。

（三）1943年的归队工作最少成绩，其责任首在各级政府未注意执行边府去年1月15日颁布的《动员潜逃及逾假不归战士归队办法》，及时督促他们归队。现在必须利用冬季整理民兵及1944年拥军月的机会，将去年1月1日以来潜逃或逾假不归的战士，一律动员归返原部队。在归队动员中，必须贯彻上项办法的各项规定。同时鉴于停留在乡间的潜逃及逾假不归战士有相当数量，在着手动员前，各县政府须指导各区乡政府调查清楚全乡全区应归队的战士及其未归队的原因，做好动员的准备工作。动员时，须派出在群众中有信仰的干部或劳动英雄，去向战士及其家属劝说解释抗战与保卫边区的光荣；向他们宣布边区政府今后优待抗属的方针和办法，听取他们的意见或困难；特别重要的是动员当地群众参加，把归队运动造成群众运动。如果不采取政治动员，不经耐心说服，不运用群众的规劝与批评，不具体解决归队战士家庭的困难，归队工作是难以收到效果的。简单的办法更易引起对立与恐惧，应当防止。

不论潜逃本地或逃他乡，均须一律归队，政府机关及群众团体不得录用他们；其已参加地方工作者同样应该归队；其有冒充移难民潜逃他乡者，其家属得按移难民优待外，其本人应归队。凡干部之亲属为潜逃战士者，应首先督促其归队；如有包庇，从严处训。在动员期间，各县各区各乡之间，应互相取得联系，互相通知逃区的战士并代为动员，以资配合。

在动员期间，应与防奸斗争配合起来，加强自卫军哨站，严防奸细破坏。

要在此次归队运动之后，依据《动员潜逃及逾假不归战士归队办法》建立经常的归队工作，保证及时归队。今后军队实行战士请假条例，区乡政府必须保证假满如期归队。

（四）今年拥军月仍定于旧历年即举行，具体时间由各专员与分区司令协商规定，今年拥军月应推行下列各项工作：

1. 慰劳慰问军队、抗属、退伍残废军人及伤病员。举行军民联欢，宣传军民团结保卫边区，特别要向人民宣布拥军公约，宣传拥军归队、优待抗属及退伍残废军人的意义及办法。

2. 检查全部拥军工作，听取军队、抗属、退伍残废军人及伤病员对政府及人民的批评和意见，并执行自我批评。

3. 为抗属及退伍残废军人建立家务，进行具体的准备工作，如调查登记土地及各种生产条件之准备、帮助按户计划等等。

4. 完成去年1月1日以来潜逃及逾假不归战士的归队工作。

5. 为军队做鞋子十万双（具体办法已另行通知）。

6. 发现模范抗属、模范退伍残废军人、模范的拥军工作者（干部与群众）与拥军模范村，召集群众大会举行奖励。

7. 进行有关拥军登记，并做出拥军总结，汇送民政厅；同时将进行情况随时写稿寄由《解放日报》登载。

主　　　席　林伯渠
副　主　席　李鼎铭
民 政 厅 长　刘景范
副 厅 长　唐洪澄

附件：

一、拥军公约；

二、抗日军人家属荣誉优待证式样；

三、全县抗属及退伍残废军人统计表；

四、全县去年潜逃战士统计表。

附一：陕甘宁边区拥军公约

拥护军队，保卫边区。

帮助生产，参加战争。

军人过往，招待殷勤。

转运伤病，爱护关心。

防奸严密，消息灵通。

优待抗属，建立家务。

退伍残废，立业成家。

潜逃战士，归队不差。

过年时节，慰劳有加。

军民团结，战胜日寇。

附二：抗日军人家属荣誉优待证式样

正面：

抗日军人家属荣誉优待证						
姓名		籍贯	住址		人口	
家属	军人	省　　　区 县　　乡　村	陕 甘　县　乡 宁　　　区 边　区　村 区		男	女
					总数	
中华民国三十年　　　月　　日　　发						

背面：

优待证须知
一、凭证可取得乡政府介绍信享受公营商店及合作社的购物折扣优可数购物优先权。 二、凭证不得转借他人。 三、此证如有遗失应立即报告乡政府声明作废并补领之。

说明：

一、此证须用白布制成，取营造尺为标准，长约二寸五分，宽约一寸五分。
二、此证由各专署或县统一印制，由区署或乡政府分发给抗属及退伍残废军人。
三、优待证姓名项下，"军人"下面填写现役军人的姓名，"家属"下面填写军人的家属姓名或抗属本人姓名。

附三：陕甘宁边区　　　县抗属及退伍残废军人统计表

项目		类别											以上三项总计			
		抗属				退伍残废军人				工属							
		户口	男	女	人口总数	土地	户口	男	女	人口总数	土地	户口	男	女	人口总数	土地	户口	男	女	人口总数	土地
总数																	
劳动情况	全劳动力																
	半劳动力																
	无劳动力																
代耕种类	全代耕																
	半代耕																
	辅助代耕																
	不代耕																
有土地																	
无土地																	
成分	地主																
	富农																
	中农																
	贫农																
	雇农																
	其他																
说明	1.本表必须于拥军月里填好寄来。 2.全劳动力指他家中不缺劳动力，能自己耕种者够吃用；半劳动力是指一半劳动力；无劳动力是指完全没有劳动力。																

附四：陕甘宁边区　　　县1943年潜逃战士统计表（略）

【资料来源】

《陕甘宁边区政策条例汇集》续编，1944年，第141—146页。

甘肃省社会科学院历史研究室编：《陕甘宁革命根据地史料选辑》第一辑，甘肃人民出版社，1981年，第418—422页。

陕西省档案馆、陕西省社会科学院合编：《陕甘宁边区政府文件选编》第八辑，档案出版社，1988年，第35—39页。

李敏杰主编，李万良、袁俊宏编：《延安和陕甘宁边区的双拥运动》，甘肃人民出版社，1992年，第28页。

雷志华、李忠全主编：《陕甘宁边区民政工作资料选编》，陕西人民出版社，1992年，第139—146页。

关保英主编：《陕甘宁边区行政救助法典汇编》，山东人民出版社，2016年，第210—215页。

20. 中央关于检查拥政爱民及拥军优抗工作的指示

（此件一直发到连队与区委）

（1944年2月7日）

从现在旧历年节中各地所传来的拥政爱民运动与拥军优抗运动的消息，我们感觉到以下几点现象，需要提起注意：

（一）拥军的消息多过于拥政爱民的消息，而且多是由政府领导，给军队送很多东西。是否拥政爱民工作各地尚有未抓紧的？是否有因拥军工作而无形增加群众不必要的负担？党政发动民众拥军，应多注意于切实解决优抗、归队、帮助部队解决困难及精神上、政治上对部队多给亲切的热烈的鼓励，不只在多送东西。

（二）各地拥政爱民工作，很注重群众的访问、纪律的检查、损坏的赔偿、军民的联欢等事，这些都是应当做的。但同时还要利用这一运动，来深入关于革命军队本身的教育。要使不仅干部，而且是每个战士都懂得革命军队与旧军队不同的性质与任务。我们的军队，是在共产党领导下，来自人民、属于人民、为了人民的军队；我们军队的任务，不只是单纯的打仗，"除了打仗一件工作之外，还要负担宣传群众、组织群众、武装群众、帮助群众建设政权的重大任务"（古田决议）。今天具体说就是要做打仗、生产、群众工作三件事。只有使部队的干部与战士完全弄通了上述思想，才能彻底扫除从旧军队沾染来的军阀主义倾向；才能自觉地去实行拥政爱民与遵守群众纪律，而不是简单地、形式地服从纪律。最近陕甘宁边区及晋西北的某些部队，在拥政爱民运动月中，实行以连或排为单位，学习古田会议的反单纯军事观点及拥政爱民的公约，要每个人都根据这两个文件去反省检查自己，这就是连队战士的整风，每个人都坦白地揭发自己过去的缺点和错误，并作出具体改正的办法，收效甚大，各地都可参考采用。

（三）在部队进行群众访问、纪律检查、损坏赔偿时，还要注意研究访问调查的方法。按普通的经验，老百姓对部队纵有意见，常常是不肯当面实说的，这就除了自己直接访问之外，还要想出一些别的能够了解民情的方法（如通过党政民众团体去了解或各个连队间相互检查等），才能使这种访问不是形式的。

总之，拥政爱民运动，是当前旧历年节中最重要的革命工作，希望各地党委切实抓紧检查，发扬好的经验，纠正缺点，务使这一运动真正达到改造战士思想与巩固军民团结的目的。在旧历年节的拥政爱民与拥军优抗运动月过去之后，各级党委及政治部仍须根据上述各点进行工作检查，继续深入此两项运动尚未完成的工作，以期彻底改善军民关系与军队内部关系。

中共中央

二月七日

【资料来源】

李敏杰主编，李万良、袁俊宏编：《延安和陕甘宁边区的双拥运动》，甘肃人民出版社，1992年，第51—52页。

中央档案馆编：《中共中央文件选集》第十四册（一九四三——一九四四），中共中央党校出版社，1992年，第170—172页。

21. 中共中央转发《陕甘宁边区各旅进行拥政爱民工作的办法》

（1944年2月8日）

各级党委、各级政治部：

兹将《陕甘宁边区各旅进行拥政爱民工作的办法》转发给你们参考，凡未彻底进行此项运动的部队，不论正月是否过去，必须参照此种方法彻底举行一次，切勿虎头蛇尾。

中共中央
二月八日

附：陕甘宁边区各旅进行拥政爱民工作的办法

为着更进一步贯彻高干会拥政爱民精神，使党政军民更亲密地打成一片，以利于对敌斗争，各团和旅直要从一月十五日起到二月底止，开展普遍深入热烈的拥政爱民运动。开展的办法：

第一，开反省会。反省一年来的拥政爱民工作，从思想上克服错误观点。如对党对政府不尊重、抱成见，表面上尊重，实际上是纪律强迫而不是思想上自觉地去做。因此，应先在班里反省，连部总结全连材料再送团，团做出结论。其次，开排以上党的活动分子会，实行自我批评，纠正一切曾发生的缺点与错误。

第二，从下而上、从内而外、从部队到群众，进行纪律大检查。损害了群众利益一定要赔偿道歉。过去未得到解决的悬案，都要解决。借用群众的东西要实行调剂，保证群众过年不缺家具用。

第三，在阴历年节军队本身开拥政爱民大会并决定：

（一）重新宣布拥政爱民公约，唱会《拥政爱民》和《三大纪律八项注意》歌。

（二）开军民联欢会。

（三）在不妨碍整训原则下，帮助群众打扫卫生、杀猪、宰羊、拜年、请吃饭等。

第四，将反省结果编成教材，作为战士的政治课目。

第五，进行拥政爱民的普遍宣传工作，如秧歌队、化装宣传等。

以上各项，二月底总结汇报旅部。

【资料来源】

李敏杰主编，李万良、袁俊宏编：《延安和陕甘宁边区的双拥运动》，甘肃人民出版社，1992年，第53—54页。

22. 陕甘宁边区政府指示
——1945年拥军优抗工作

〔指字第1号〕

（1945年1月25日）

各专员、县市长：

两年来，边区拥军优抗运动，已开始进入经常性的群众工作。各地利用拥军月举行军民联欢，政府干部和群众中进行自我检讨和批评，更加改进了对军队的认识。在优抗工作上采取代耕、包耕、代粮、打柴、担水等办法，解决了大部分抗属生活中的困难。有部分地区发动群众以粮食、牲畜、房屋等实物帮助抗属建立家务，用各种方法组织抗属参加生产，或采用变工方法为之代耕，为抗属建立家务的方针，因此开始有了一些成绩。

但在拥军工作中，还存在着许多缺点：有些地区，拥军仍偏重慰问与物质慰劳，对部队经常的实际的帮助不够。归队工作，没有切实执行边府指示，而采用捆绑"闪击战"等办法，并把不应归队的战士动员归队，引起归队战士的不安与逃跑。在包耕、代耕、代粮等方式下，产生新的单纯供给与平均优待的错误倾向。某些干部对于帮助抗属建立家务是拥军工作的中心环节这一点，还没认识清楚。为求得今年拥军优抗方针更进一步地贯彻，根据第二届边区参议会第二次大会通过的提案精神，给予下列之指示：

一、具体帮助贫苦抗工属与退伍残废军人建立家务。应注意了解每个村乡的抗工属与退伍军人的具体经济情况，把建立家务的方针提到他们自己和村民中讨论，启发他们生产的积极性，启发群众帮助他们生产的积极性，经过群众自己决定帮助他们解决困难的办法，使这个方针在今年有进一步的成绩。在贫苦抗属多的地方，应有计划有步骤地实行这个方针，可依据各种条件，一部分先建立家务，其他部分利用其他办法维持其必要的生活水平。建立家务之后，要加强对他们的生产领导，经常检查督促，及时解决困难。

二、加强代耕工作。在抗工属有土地缺乏劳动力，而变工队能起作用的地区，仍应积极采用代耕制，由代耕队保证土地应有的产量。抗工属无土地与人口分散或变工队未组织起来的地区，可采取包耕、代粮、帮粮等方式，使抗工属的生活有相当的保证。但在代耕工作上，必须做到公平合理，坚决反对平均优待和看面子观点。在抗工属多的地区（如清涧、子长等），人民负担过重，可以分区或县为单位，予以适当的照顾和调剂。个别抗工属挨冻受饿的现象，必须纠正，如继续发生此种现象，所属区乡长应负直接责任。

三、建立经常的归队工作，纠正某些下级政府对归队工作消极等待观点和某些群众徇私包庇现象。民国三十一年底以后逾假未归的战士，应说服和督促其归队。在归队的方法上，应严格纠正强迫、捆绑，应发动群众规劝欢送他们归队。在拥军月中以分区为单位，分批送还原部队或联防军政治部。在平时则个别介绍其归队。

四、规定旧历十二月二十日至翌年正月二十日（阳历二月二日至三月四日）为拥军运动月。（如因指示到达较迟，来不及布置时，可斟酌推迟几天。）在这月中，除执行去年的一般拥军工作外，应特别注意下列数点：

第一，利用秧歌、戏剧等各种形式，宣传前线八路军、新四军抗战的新胜利，宣传留守部队保卫边区、发展生产、减轻人民负担及帮助当地人民医药卫生等成绩，以增强群众拥军情绪。同时宣传边区群众大会所奖励的模范抗属折碧莲、刘金英等坚守革命、刻苦建立家务；模范退伍军人郑洪凯、侯开顺、李发增等努力生产，勤俭起家，并帮助退伍军人建立家务；以及拥军模范岳先芳、袁从周等之模范事迹，号召大家向他们学习。

第二，除慰劳慰问联欢团拜外，各级政府应深入检查拥军优抗工作。除市镇酌开较大的军民抗属联欢座谈会之外，应着重在乡村召开小型的军民抗属（退伍军人同时参加）联欢会等。在会上应多多发扬民主，倾听各方面对政府及人民的批评和意见，尤应着重展开干部和群众的自我反省与思想教育，并尽可能及时解决具体问题，以更加巩固军民间的团结。同时在这样的会议上选举模范抗工属及拥军优抗的模范干部与群众，选出后当地政府予以名誉与物质的奖励，以提高他们的情绪。但以上工作一定要启发群众自愿地举行，反对强迫摊派等脱离群众的办法。

五、为保证上述各项工作真能切实执行，必须使干部认识拥军优抗是保证抗战胜利的重要政策，在加强反攻力量的今天，更有其重要意义。使群众认识八路军、新四军是保卫民族保卫自己利益的柱石，自己有责任帮助他们及其家庭解决困难。并且了解这种帮助不单纯是一时的热烈慰劳，而应是随时随地的经常工作，使其精神上得到安慰，物质上减少困难。同时也要加强抗属退伍残废军人的政治教育和生产教育，纠正坐而待优的思想，并对抗属说明坚守革命丈夫是光荣的，应安心等待，以巩固抗战士气。

主　　席　林伯渠
副　主　席　李鼎铭
民政厅厅长　刘景范
副　厅　长　唐洪澄

【资料来源】

陕西省档案馆、陕西省社会科学院合编：《陕甘宁边区政府文件选编》第九辑，档案出版社，1990年，第16—19页。

雷志华、李忠全主编：《陕甘宁边区民政工作资料选编》，陕西人民出版社，1992年，第187—190页。

关保英主编：《陕甘宁边区行政救助法典汇编》，山东人民出版社，2016年，第248—250页。

23. 陕甘宁边区政府指示信

——增加自卫力量补充地方部队保卫秋收及拥军节约

〔指字第5号〕

（1946年9月19日）

各专员、各县（市）长：

自从国民党反动派决心大打内战以来，边区即处在严重的战争威胁情况下。七月中旬，"反共"军进攻边区的计划，虽因我五师入陕暂时停止，但边区受侵犯的危险，不但未曾减轻，而且随着其他解放区战事的扩大和战争的长期性，日益严重起来。因此，加强自卫的力量，粉碎反动派的进攻，更有力地保卫边区，已是全边区军民当前的首要任务。兹特指出以下各项工作，务希即时讨论布置，切实执行，并将执行情况随时报告边府。

一、教育干部及群众，认清当前局势，提高警惕。今后对各种建设工作，虽然仍是应当努力进行，但必须使它与战争的准备有很好的配合，要一切服从战争，做全面的长期的打算；要克服某些干部中间存在的骄傲、麻痹、松懈和脱离群众的倾向，要深入地动员群众，加紧民兵和自卫军的训练，以增强自卫的力量和必胜的信心。

二、为了充实边区地方部队的力量，特决定补充战士六千二百人。计绥德分区二千人，延属分区一千五百人，陇东分区一千五百人，三边分区一千二百人，关中分区数目自定。补充办法，对复员在乡和应该归队的战士，除老弱残废外，一律动员上队。同时在各地基干自卫军及民兵中抽组地方部队。这项工作，务须于十一月底以前完成。但动员时，又须慎重从事，力避强迫。各地可依具体情况，研究具体办法，深入宣传解释，激发群众武装起来保卫家乡的热情，打破他们的恐慌心理，防止不安的现象，并对这些新战士，应加紧训练。至于新战士的粮食、装备及经费，由各分区司令部造具预算，送联防后勤部核发。

三、目前秋收已到，为了保护人民辛勤劳苦的生产成果，防范反动派的抢掠破坏，必须组织所有劳动力，实行劳武结合，武装保卫秋收。各地自卫军应当学习富县自卫军在今年夏耘夏收时，荷锄持镰，也带枪带手榴弹，进行锄草和收割庄稼的办法，实行快收快运，快打快藏，在与生产结合的条件下，学埋地雷，练习武艺，配合驻军，随时准备给进犯者以打击。

四、为了帮助军队解决物质困难，还应进行拥军劳军。因此又决定全边区慰劳军鞋八万双。计绥德分区二万五千双，延属分区二万五千五百双，陇东分区一万零五百双，三边分区八千五百双，关中边区八千双，延安市二千五百双。布置这项工作时，须向群众说明：给战士做好鞋，是慰劳军队的一件重要工作，是边区妇女的一件光荣任务。鞋子做起，要一双结在一块，纠正过去因为错乱致使战士不能穿的毛病。军鞋须于十二月底以前完成，由县府收集送交分区司令部，延属延市可直接送交联司，各机关学校亦应重视这次做鞋拥军的意义，格外重大。要踊跃响应号召，自动进行。

至于各县对于补充战士和军鞋任务的分配，可由分区按不同条件和过去的经验具体研究规定，并使其合理，按时完成。

五、为了能够长期地支持战争，克服物质困难，还须力〔厉〕行节约。因此，各级政府和所属的机关学校，应首先提倡节俭朴素和廉洁作风，严厉反对贪污腐化和铺张浪费。根据过去经验，作战部队的菜蔬供给，也是一件重要的事情。为此，凡是种菜较多的机关学校，均须适时地把菜蔬晒好藏好，以备将来需要，如当地驻军现在就缺菜吃，则应送菜慰劳。其次还须将节约推广到群众中去，使老百姓也注意一针一线、一米一菜的节省，注意改革嫁娶殡丧等事的浪费之风。此外边府已决定今年各机关学校的木炭、马草一律不发，棉衣补给也只限于去冬真正未领的人员，希各严格遵守。

主　席　林伯渠
副主席　李鼎铭
　　　　刘景范

【资料来源】

甘肃省社会科学院历史研究室编：《陕甘宁革命根据地史料选辑》第三辑，甘肃人民出版社，1983年，第160—162页。

关保英主编：《陕甘宁边区行政救助法典汇编》，山东人民出版社，2016年，第322—323页。

24. 陕甘宁边区政府关于拥军月的工作指示

（1947年1月6日）

数年来，边区人民与政府，已把拥护军队当成了一项光荣的义务，每年度的拥军月也成了边区的一项优良传统。今年正当蒋胡反动派不断向边区进攻的时候，边区人民准备迎接快要到来的一九四七年的拥军月，必须使边区军民更加高度团结，同心协力，消灭敌人，争取自卫战争的胜利。为此，本府对四七年拥军月工作，有如下之指示：

一、造成群众性的热烈运动。向边区每个老百姓讲述一年来边区人民的军队屡次击退敌人进攻的英勇事迹与转战南北的艰苦作风，认清边区人民的安乐生活是军队拿血肉换来的，没有军队就没有边区。每个边区的人民都应以无限的热忱感谢与爱护自己的军队。拥军月中，在接近驻军的地区，应采用拜年、慰问、闹秧歌、开军民联欢大会等各种方式，掀起热烈的拥军运动；距离军队远的地方，应依县或区推举代表组织慰劳团，有组织地分别去前线和伤兵医院劳军。为把工作做好，各专署可事前与当地军事领导机关商量，周密计划，按照部队分布情形，领导各县具体布置，进行慰劳，务必做到边区所有部队均感受到慰劳的热情鼓舞。

二、深刻检讨军民关系。凡有驻军的地区，应普遍召开军政民座谈会，征求军队对政府和人民的意见，人民和政府应着重检讨自己是否关心照顾积极帮助军队解决了困难问题，战时动员工作（如担架运输、粮草供给等）是否积极主动按期完成。进行诚挚的批评与自我批评，即时纠正工作中存在的缺点，并订出以后帮助军队的具体办法。

三、深入检查拥军工作。为贯彻政府新的拥军办法，各级政府必须在各乡各村召开大小型的干部、群众、军属、退伍残废军人等的座谈会，展开对过去优待工作的检讨，发现问题随时解决。奖励积极生产建立家务的模范军属，教育个别不过光景的军属，并不断帮助其改变。广泛解释新的优待方针，使整个优待工作由消极的全面供给改变为积极的帮助军属参加生产、建立家务。

【资料来源】

甘肃省社会科学院历史研究室编：《陕甘宁革命根据地史料选辑》第三辑，甘肃人民出版社，1983年，第213—214页。

雷志华、李忠全主编：《陕甘宁边区民政工作资料选编》，陕西人民出版社，1992年，第202—203页。

25. 联防军政治部关于拥政爱民月的指示

（1947年1月15日）

几年来，边区部队由于有计划地进行了拥爱工作，因而，在部队生产、减轻人民负担、帮助群众提高文化、实施卫生医疗、帮助生产以及训练民兵等方面，都有了很大成绩，而在驻防与行军中间，违反群众纪律的事也大大减少了。这都说明了拥爱运动对加强群众观点、转变作风，是起了重大作用的。

但在自卫战争环境与部队供给困难的情况下，以及某些干部存在着本位与宗派观点，因而造成破坏政府法令、违反群众纪律的情形，甚至打骂群众等严重现象，而在动员群众中亦曾发生不爱惜民力的事情。这种脱离群众的现象，虽然不是普遍存在，但却是一个严重的问题。

际此陕甘宁边区处于自卫战争状态中，全边区党政军民团结一致，是保卫边区粉碎蒋胡进攻，争取自卫战争胜利的关键，因此今年拥爱运动要比任何一年做得更好，各级干部要下最大决心做到三大纪律、八项注意与拥爱十项公约，确实做到困难情况下不侵犯群众利益，遵守政府各种法令，并把群众工作成为每个连队的制度。为达此目的，今年拥爱月应进行如下工作：

（一）加强思想教育：首先应深入动员，造成拥爱热潮，由首长负责，做有关拥爱工作的报告，带头反省检讨；配合报纸戏剧等以拥爱运动为中心内容，收集南北线战斗中群众、政府热烈配合军队作战，及各地年关劳军运动等具体事实广泛宣传，改变某些指战员对边区政府及群众的错误观点；年关后应抽出一定时间，进行军政民关系检讨，开展自我批评，选举并表扬拥爱模范。进行这些教育时，应特别重视打通干部思想及营业人员、事务人员的思想。

（二）应将有关军政民一些旧案纠纷问题，包括解决未彻底与悬而未决的，认真加以解决，各部应与驻地有关之党政群众群开座谈会，虚心征求他们对军队意见。对党政群众的缺点要以原谅态度，对自己缺点要以严肃的精神，来处理军民关系，消除一切隔阂。

（三）协助政府推行当前备战动员的各种法令政策，解决土地问题；各部队耕余的土地应响应政府号召，无代价地交当地政府分配给群众。

（四）在旧历年节时应与附近政府及群众进行联欢，向政府及群众拜年，开座谈会以加强团结。

各旅接到此指示后，应具体布置进行，并将执行情形报告本部。

【资料来源】

雷志华、李忠全主编：《陕甘宁边区民政工作资料选编》，陕西人民出版社，1992年，第204—205页。

甘肃省社会科学院历史研究室编：《陕甘宁革命根据地史料选辑》第三辑，甘肃省人民出版社，1983年，第220—221页。

26. 边区政府关于嘉奖各地民兵英雄的命令

（1947年2月11日）

各专员、各县市长、各地民兵和全体指战员同志们：

在近几个月来保卫家乡的自卫战争中，我陕甘宁边区涌现出许多杰出的民兵英雄：有模范指挥者，有神枪手，有投弹能手，有救护模范，有锄奸英雄。他们都表现了超人的才能和高度的积极性。

如关中分区新宁一区四乡以指挥三十人的少数力量突破了蒋军二百余人重重包围而坚决保卫了王郎坡的民兵模范连长赵思泰与排长巩守信；指挥一区三乡民兵击退顽军三十五次进犯，毙敌四名，伤敌五名，平毁堡垒一座，而坚决保卫了贾义川的民兵队长李生金与杨富珍；十枪命中八敌及单枪攻敌堡垒而两枪命中两敌的神枪手刘治全与路进礼；在敌人密集火力下连上战场抢救伤兵数名的胡振德与刘永成；绥德分区子洲县抢上云梯缴敌步枪六支的张玉文；机智捉拿敌探一名、缴枪一支的邢大道；在枪林弹雨中两度冲上近敌阵地挖筑战壕二十七个而助军击退敌人的李树林等五人；以六刀砍死敌兵一名，活捉一名，缴枪两支，而使我方战士四名解围脱险的张占义与杜世宽；首创地雷二十余种而推动全分区民兵制造地雷四万余枚，从而开展了群众爆炸运动的米脂银城市民兵营长杜修成；米脂龙镇连夺敌堡两座缴枪七支的艾克让、高守贵、艾高儿等；鄜县交道区抗击顽军三百余人，连投手榴弹八个、把敌人投来的三个手榴弹反投出去击伤敌十数名、击毙反共队长郭玉堂而英勇保卫了督河村的罗锦廷等十二民兵；一枪各命中敌人一名的罗传治与任喜招；以单枪抗敌一排达四小时，阻止了敌人的进攻，并在一月内冒险战敌五次的杨秃子；亲自修枪十二支，捉敌逃兵一名、特务三人的民兵排长刘进财，皆功绩卓著。为了标志无数次的英勇自卫战斗中各民兵英雄的功绩，除通令嘉奖外，并须分别授予奖章和枪弹。为了卓越的自卫战斗行动，我们特向所有的民兵英雄致敬。在坚决保卫家乡的自卫战争中光荣牺牲了的民兵英雄们永垂不朽！全边区的人民团结起来，坚决消灭蒋胡进犯军！

【资料来源】

甘肃省社会科学院历史研究室编：《陕甘宁革命根据地史料选辑》第三辑，甘肃人民出版社，1983年，第222—223页。

27. 陕甘宁边区政府命令
——颁发《民国三十六年生活供给标准与生产任务及节约办法》

〔新胜字第3号〕

（1947年3月20日）

兹制定《民国三十六年生活供给标准与生产任务及节约办法》随令颁发，自三月起实行，希即遵照办理为要。

此令

主　　　席　林伯渠

副　主　席　李鼎铭

　　　　　　刘景范

财政厅代厅长　范子文

副　厅　长　黄静波

附：民国三十六年生活供给标准与生产任务及节约办法

为支持自卫战争，粉碎反动派的进攻，争取战争的胜利，必须有足够的物质力量，以保证前线的供给。所以一九四七（年）更要发展生产，紧缩开支，厉行节约。而后方生活标准，为了适应战争，与历年比较，亦须相当降低，以发扬艰苦作风，保证战争的必须〔需〕供给。如在战争紧急情况下，整个财政收支不敷时，财政厅得临时通知降低所公布的标准。

一、生活供给标准

甲、经费标准

（一）伙食费：按小秤计算。菜指普通菜，批发价。炭按窑价。

①大灶：每人每月肉半斤到一斤（一般机关半斤、野战部队一斤）、油一斤、盐一斤、炭三十斤、菜三十斤。三十五年疏散到各县的干小学生同此标准。

②小灶：每人每月肉二斤、油半斤、盐一斤、炭四十五斤、菜三十斤。

专设休养院、学疗之病员、荣院残废人员、干小学生同此标准。

③中央、边区、联防专设医院之病员及保育院、托儿所之儿童，每人每月肉三斤、油半斤、盐一斤、炭六十斤、菜三十斤。吃流质之病人、儿童，每人每天吃鸡蛋一个。

④野战医院轻重伤病员灶：每人每月肉五斤、油半斤、炭六十斤、菜三十斤、盐一斤。（不住医院之轻伤病员按部队标准。）

（二）办公、灯油（纸都以东昌纸为准，笔按普通毛笔、铅笔平均价）：

①一般机关、学校、部队干部每人每月纸五张、笔半枝〔支〕、墨一钱，夏秋季每人每月灯油四两，春冬季每人每月灯油半斤。

②大中小学校学生每人每月笔一支、墨二钱，冬春季每人每月灯油四两，夏秋季每人每月灯油二两。大中学生每人每月纸十五张，小学生每人每月纸十张。

③机关、学校、部队事务人员、战士，每人每月纸二张、笔三分之一枝〔支〕、墨一钱，春冬季每人每月灯油二点八两，夏秋季每人每月灯油一点四两。

④医院、休养所、学疗病员与保育院儿童不发办公费，灯油夏秋季每人每月四两，春冬季每人每月半斤。

（三）杂支：除下列各项供给外，其余一般机关应全部自给。

①一般机关、学校、部队每人每月小米一升五。

②前后方专设医院病员、保育院儿童、荣院残废人员、学疗休养所病员，每人每月小米三升。野战医院伤员的医疗杂支，每人每月小米六升。后方医院的医疗杂支，已包在卫生材料费内，不再另发。

③通讯、医药卫生、保育院托儿所保姆人员，每晚工作到十二点钟以后者，每人每晚夜餐面半斤，包括调和并发代金。

（四）津贴：

①通讯、医药卫生人员，每人每月小米三升到一点五斗，均较三十五年降低四分之一，有病休养期间照发。离职或在职学习本行业务者减半发给，另调其他工作或学校非本行业务者停发。每月领发津贴由中、联、边三系统卫生机关统一领发。

②保院保姆每人全年津贴米三点七五斗至九斗，均较三十五斗降低四分之一。

③奶费：一至十二月每人每月肉七斤，十三至七十二月每人每月肉六斤。

④生育费：鸡两只，红糖小秤一斤，挂面小秤五斤，小麻纸一百张，鸡蛋四十个，另外补助伙食肉四斤。小产只补助肉二斤。

（五）注：

①各分区供给经费机关，按专署所在地财政分处每月十五日所报告物价计算。子长供给经费机关按该县政府每月十五日所报告物价计算。延属其他地区供给经费机关，按财厅所调查延市每月十五日物价计算。

②在职病员由原病员之机关自带伙食，伤病员例外。

乙、粮草供给标准

（一）粮食：

①部队、荣院残废人员、野战医院病员，每人每月小米一斤半。

②机关、学校、军事机关，后方人员，起义军家属，每人每日小米一斤。

③小灶、医院休养所病员，每人每日小米一斤二两。

④反正俘虏、招待所每人每日小米一斤四两。

⑤运输队员每人每日小米一斤十两。

⑥儿童粮：十三至二十四月每人每日麦十两，二十五至四十八月每人每日麦十四两，四十八至七十二月每人每日麦十八两，七十三月以上的照大人标准。

（二）草料：

①骑马草十斤、料一点二升。

②战马草十斤、料一点八升。

③驮骡草十斤、料二升。

④驴草六斤、料一升。

（三）注：麦食调剂规定如下，如情况变动须更改时，由粮食局通知变动之。

①延属分区每人每月麦食调剂：武装部队六合、荣院军人四升、伤员一斗、机关学校五合、小灶四升、医院休养所病员五升六合。上述标准米麦折合率为一斗抵一斗。

②绥德、三边、陇东、关中分区之麦食调剂，按各该地米麦多少，由当地政府酌量调剂，现在只规定麦米折合率如下：绥德分区斗三升麦折米一斗。陇东分区斗二升麦折米一斗。三边分区一斗麦折米一斗。关中分区斗三升麦折米一斗。

丙、被服装备供给标准

（一）部队：

①被服：棉衣每年发百分之七十，毡帽两年一顶，都不交旧。民主联军、十一旅每人每年棉衣一套交旧领新，单衣一年一套，单帽一年一顶，单鞋一年三双（动员人民解决）。被子每年补充百分之二十五，毡子前方部队不发，改发单鞋两双；后方部队每年补充百分之三十三。老羊皮大衣每年补充百分之八。

②装备：绑带每人两年一付〔副〕，三十五年每人已发一付〔副〕者，三十六年不发。子弹袋、炸弹袋按战斗人员每年补充百分之三十三，挂包每年补充百分之三。米袋按野战部队因外出须自带粮食时，连四六年已发者在内补充到每人一条（一般的最高补充百分之五十，因四六年已发百分之五十）；后方守备部队不发。

（二）机关学校人员：

①一般机关学校干部、学生、事务人员，棉衣两年一套交旧领新，毡帽两年一顶，单衣一年一套，单帽一年一顶，被子不补充。

②干小学生每人一年单衣一套，单帽一顶，棉衣一套交旧领新，毡帽一顶，衬衣一套，单鞋两双，棉鞋一双，毛线三两（合毛袜一双），被子每年补充最高不超过百分之十。

③保育院中央托儿所儿童，每人每年棉衣一套交旧领新，棉帽一顶，棉鞋一双，毛线四两（合毛袜两双），单衣两套，单帽一顶，单鞋两双，每年被子补充最高不超过百分之十。

④散居各机关学校供给经费之儿童：初生婴儿每人发大布三丈、棉花二斤，一岁以内不再发给；十三月至三十六月者每年发大布一丈五尺、花二斤；三十七月至七十二月者每年发大布二丈五尺、花二斤。

（三）注：

①中警团、保卫团被服装备标准照部队。

②联防直属警卫部队照部队标准，行政机关照一般机关标准。

③被子发原料，不发成品。

④有制造被服能力机关，工人向大公编预算者不发制造费。

丁、民国三十六年野战部队标准

（一）经费（物价按前面一般机关之规定）：

①伙食：大灶肉一斤、油一斤、盐一斤、炭三十斤（或柴六十斤）、菜三十斤；小灶肉四斤、油半斤、炭四十五斤、菜三十斤、盐一斤。吃小灶人员须经联司军政最高首长之批准。

②办公按前面一般机关的标准，干部人数以百分之二十五计算。

③杂支费：按办公费标准。

④负伤费：每人五千元至一万元。

⑤埋葬费：每人三万五千元至五万元。

⑥俘虏遣散费：每人一万元。

⑦马杂支：每匹每月三千元，作战期间炮兵、骑兵马七千元。

⑧技术人员津贴、夜餐照前面一般机关标准。

⑨预备费：每团每月二百万元，包括赔偿、招待、修理、教育、奖金、擦枪、医疗杂支、侦察等。旅直按一个团计算，野战司令部按八个团计算。

（二）粮草料：都照前面一般部队之规定，作战期间炮骡加料五合。

（三）被服装备按前面标准。伤病员被服——每人衬衣一套，单棉衣按实际情况补充，被子、毡子各一条，出院时作为该院公物，不准带走。

注：上列标准政府通令停发经费期间，按停发经费之办法处理。

二、生产任务与节约办法

生活供给标准既已降低，就须大家动手，更加发展生产，厉行节俭，紧缩不必要的开支。现将机关、部队、学校一般的生产任务与节约办法（具体的生产任务、供给标准，另行个别商定），规定如下：

甲、部队：守备部队除按上列标准供给技术人员津贴、夜餐、粮食、被服、装备及通讯、卫生器材，由联司统一按规定分配外，全部自给者包括伙食、办公、杂支及半年马草等，四七年扩的新兵，除被服、粮食、一至九月经费（菜蔬是一至五月）按上列标准供给外，其余全部自给。四六年所扩新兵除酌为补助外，其自给任务与守备部队同。

乙、中直、联直、边直所属机关，一般自给马草半年、全年吃菜、半斤肉（政府只供给半斤）、人杂支、马杂支、木炭及供给标准外的一切开支，个别机关有生产基础及生产能力者，除发给或补助粮食、被服外，其余一切经费全部自给。

丙、分区、县、区、乡党政民及地方警卫队，除粮食按标准发给与补助一套单衣外，其余一切经费开支，由地方税收及生产自给解决。

丁、加强个人生产，适应战时情况，减低大公小公财政负担，解决大公小公所供给外的一切个人必需品。

戊、虚报人员马匹空额，过去曾有这样现象发生。今后如再发生有虚报空额者，一经查出，财厅除扣回虚报所领经费或实物外，得停发经费半月，降低该机关之实际生活标准。

己、提倡艰苦朴素的作风，停止修理建筑与大器具的购置。反对铺张浪费，不请客，不送礼。对外交际应酬，一桌酒席不得超过二至三斗小米。公物交公，不得私自送人或出卖。

庚、三十六年是财政困难与紧缩的一年，大公小公所有财物都须用于最必要的方面，因此无论大公或小公，在经费支付上，都须从照顾全局出发，由各机关成立生产节约审核委员会，由各级首长负责，亲自领导，具体地执行检查本机关全面收支是否合理与必要，并加强机关与个人生产，以补助经费之不足和相当地改善机关生活。

【资料来源】

关保英主编：《陕甘宁边区行政救助法典汇编》，山东人民出版社，2016年，第363—367页。

28. 陕甘宁边区政府关于战勤工作的指示

〔新胜字第7号〕

(1947年4月28日)

各级政府、各机关、部队、学校：

敌胡宗南打进边区后，到处扑空，疲于奔命。我人民解放军主动地进行战斗，英勇杀敌，青化砭歼敌三十一旅于前，羊马河歼敌一三五旅于后，两次战斗，给敌军以重大打击，奠定了彻底粉碎胡军的基础。但检讨一月以来，我各地配合战争的后勤动员，尚存在着严重的缺点，很多地方由于战勤动员工作不好，增加了我军歼敌的很多困难。追究原因，主要是：（一）部分干部怯懦退缩，不能给群众撑腰出主意，敌来跑在前，敌去回在后，使群众失掉领导，于是谣言纷起，人心惶惶，造成某些地区严重的混乱状态。另一方面，我部分机关、部队人员，在转移运动中违反群众纪律，非法强拉民夫牲畜，乱用民间食物，浪费人力、畜力和物资，个别人员甚至打骂群众，引起群众对我们不满和对立，以致有些地区敌人未到，群众即逃避一空，造成战争动员以及前后方工作空前未有之严重困难现象。（二）由于我们工作中存在着命令主义，对群众缺乏政治教育，群众中的困难问题不去了解，不能给以具体解决，担架运输人员用强迫命令的方式去动员，家庭的困难和生产问题不给以适当处理，队员的政治教育、生活管理又漠不关心。因此担架运输人员不能及时地供给前线，动员起来又不断发生逃跑等现象。为纠正上述严重缺点，争取自卫战争胜利，各级政府应立即深入进行检查各该地的动员工作，找出毛病根源，力求改进。

一、对于脱离群众、退怯逃跑的干部，应发动群众展开严重斗争，分别教育惩处以至撤换，改选勇敢积极分子接任工作，同时发现坚决勇敢、积极负责、在工作中表现特别好的干部，亦应即时予以表扬奖励。今后各地必须坚持区乡干部不脱离本区本乡的原则，敌来应和群众一起坚持工作、一起转移，我军到时要领导人民拥护军队，用尽一切办法组织群众帮助军队带路、救护伤病员、筹备粮草、组织担架运输、挑水送饭、洗补衣服等工作，以减少军队疲劳，提高杀敌勇气，战胜敌人。

二、严格整饬群众纪律。战时民力畜力之义务动员，只限于有关战争必需之枪械、弹药、粮草、被服、胜利品及伤病员等事项，此外一概不准动员（机关如有特殊需要，须经边府、专署或县府之批准代雇），一切动员均须经过政府办理，无论任何机关部队均不得向人民直接进行动员。今后倘有不遵守此项法令，擅自动员或违反群众纪律之行为者，群众有拒绝与控告之权，各级政府和机关部队及干部均有干涉与制止之责。如有携带武器实行威胁者，应予解除武装，解送当地政府或原部队严格惩办。绥德分区党政军组织纪律检查队到各地实行巡视检查的办法很好，必要时各地亦可采用，以期边区军民关系更加亲密团结。

三、动员担架运输时应向群众解释清楚，讲明服务时间，由政府派人率领管理，随军行动。出发群众家庭柴水及春耕等问题，必须用互助变工代耕等办法妥为料理。担架交部队后，政治机关应指定专人领导进行政治工作，特别照顾其吃饭睡觉及安全掩护，逐渐提高其政治认识及服务战争的情绪和胆量。对于中途逃回之担架运输人员，应经过群众斗争，予以说服教育，随时归队服务，绝不可马虎过去，亦不可迁就落后分子，影响整个动员工作。

四、经常教育群众（特别是时事教育），提高其斗争情绪与胜利信心，并使群众了解我军集中优势兵力消灭敌人有生力量的战略意义和运动战的特点，纠正群众希望分兵驻防的错误想法。每乡每村组织警戒线，盘查放哨，实行村与村、区与区互相联防、互通情报，随时揭破谣言，稳定人心。讨论如何保护老小妇女避敌办法，估计敌人将有可能到来时，干部应主动领导进行疏散。驻防部队移动时，在不妨碍军事秘密范围内，应向乡上干部和群众说明；如系撤退，亦应通知地方，进行各种必要的准备工作。军队撤走后，民兵应经常监视与侦察附近敌人行动，若遇敌人进犯，应尽力阻击，掩护群众撤退。只要真正和群众密切结合，把群众组织起来，群众的恐慌乱跑及抱怨政府和干部的现象，自然可以消除。

以上各项务望切实执行。各分区各县并应将执行情形随时报告本府。

【资料来源】

甘肃省社会科学院历史研究室编：《陕甘宁革命根据地史料选辑》第三辑，甘肃人民出版社，1983年，第234—236页。

陕西省档案馆、陕西省社会科学院合编：《陕甘宁边区政府文件选编》第十一辑，档案出版社，1991年，第144—146页。

29. 陕甘宁边区政府参军动员令

〔新胜字第19号〕
（1947年5月27日）

边区各级政府、全体干部和全体人民：

自从卖国贼蒋介石命令胡宗南调大兵侵入边区以来，我边区人民即由和平民主的幸福生活沦于空前的灾难和痛苦之中。贼军所到之处，粮食财帛抢光，壮丁、牲口拉光，鸡犬牛羊杀光，门窗用具烧光，锅盆碗盏砸光，老妇幼女竟遭蹂躏，看家老头、襁褓婴孩也遭虐杀，残暴凶狠，禽兽不如，害得我们妻离子散，家破人亡，田园荒芜，满目凄凉，血海似的冤仇，真是无底无边，人人切齿，敌忾同仇。蒋胡卖国贼妄想利用美帝国主义的帮助，拿洋枪洋炮消灭边区的军队，用法西斯强盗的血腥手段征服边区的人民，但是两个月来边区爱国自卫战争的胜利证明，蒋胡卖国贼的妄想是永世不能达到的。边区军队不仅未被消灭，反而愈战愈强；边区人民不仅未被征服，反而更加激起了伸冤报仇的怒潮，在自卫战争中表现愈斗愈勇。两月之内，我西北人民解放军三战三捷，痛歼敌军主力三个旅，各地民兵均普遍组织起来踊跃斗争，保卫家乡，使狂妄的贼军凶焰顿挫，士气日衰，以致边区战局和全国战局迅速改观。现在我军已掌握主动，每战必胜；敌则陷于被动，进退维谷，活象〔像〕釜底游魂。我们最后胜利的基础，毫无疑问的已经奠定了，随着边区和各解放区的不断胜利，蒋管区各阶层各界人民反[①]饥饿、反独裁、反内战运动的高潮日益增长，加上蒋介石恶政府不可挽救的军事、政治、经济危机日益深刻，已经注定了蒋军必败，我军必胜。虽然敌人兵力还很强大，不可忽视，但只要边区军民更加团结，更加坚决地斗争起来，每一个人都为支援前线贡献出一切人力物力，抱着破釜沉舟的气概，发扬牺牲奋斗的精神，人人勇敢，个个英雄，依靠我边区一百六十万军民自己的力量，是完全有把握将进犯边区的蒋胡野兽军队彻底消灭的。

为了彻底消灭胡宗南，收复延安和一切失地，并进而解放大西北，当前最重要的任务就是立即扩大西北人民解放军的力量。为此本府决定：自今年六月至九月底四个月中，全边区动员二万六千人参军。同志们！同胞们！在今天这样紧要的关头，参军是我们每一个人的光荣任务，是我们为被难的父母、兄弟、姊妹、妻子们报仇雪恨的最好机会，也是保卫自己家庭、生命、牛羊、土地的首要办法。只有我们的游击队、地方兵团和野战兵团愈扩大，则胡宗南兽军被我们消灭的时间就会愈快，边区人民所受战争灾难和痛苦的时间就会愈加缩短，大西北的同胞也就会愈快地摆脱豺狼统治，获得解放。

同志们！同胞们！这一次的参军运动，一定要在咱们全边区造成普遍热潮，一定要造成广大群众自觉自愿的复仇自卫运动。不是强逼命令，畏缩不前，而是争先恐后，勇往直前。各级政府必须十分认真领导这一工作；各级干部中，凡属身体强壮，适合军队工作而又能离开地方工作者，均须以身作则踊跃参军。全边区的人民，无论男女老幼，都要高度发扬英雄气概，鼓起参军拥军的热情，将咱们边区最优秀、最坚强的青年、壮年（一般的以年龄在十七岁至三十岁、身体强壮者为标准，干部参军年龄不限）动员到游击队中去，到地方兵团中去，到野战兵团中去，但不应让一个地痞流氓土匪及反革命分子混进人民解放军的光荣行列。对于新战士的家庭困难和生活困难，一定要和自己家里事情一样亲切关心，并认真负责地去帮助具体解决，使他们毫无后顾之忧。对于上队的新战士们，应该举行热烈地慰劳欢送，鼓舞他们奋勇杀敌的热情。无论干部或群众，凡在这次参军工作中表现积极、成绩优良的，均应分别奖赏；如有徇私枉法或捣乱破坏行为，定予严格惩办。

同志们！同胞们！立即热烈紧张地动员起来，为胜利地完成扩大西北人民解放军二万六千人的光荣任务而奋斗，为加速彻底消灭胡宗南、收复延安及一切失地、解放大西北而奋斗！

此令！

[①] 甘肃人民出版社1983年版《陕甘宁革命根据地史料选辑》第三辑中漏一"反"字。

【资料来源】

甘肃省社会科学院历史研究室编：《陕甘宁革命根据地史料选辑》第三辑，甘肃人民出版社，1983年，第241—243页。

陕西省档案馆、陕西省社会科学院合编：《陕甘宁边区政府文件选编》第十一辑，档案出版社，1991年，第162—164页。

30. 陕甘宁边区人民战时服勤暂行办法[①]

（1947年7月22日颁发[②]）

第一章　总则

第一条　为保证革命战争之供应，本公平合理使用民力及照顾发展生产之原则，制定本办法。

第二条　凡边区可服战勤之人力、畜力、车辆、船只，皆有服战勤之义务。

第三条　战时服勤范围以左〔下〕列五类为限。

一、随军参战勤务：凡常备及临时随军担架、运输、押俘、配合作战、打扫战场、战地修破道路、工事等属之。

二、战地临时勤务：凡在紧急战争情况下，战地临时征用之担架、运输及其他勤务属之。

三、后方转运勤务：凡接战区及后方转运军火武器、兵工、卫生、通讯器材、粮秣、被服及医院、兵站、转运站之粮草柴炭等属之。

四、村内勤务：凡给烈、军、工属之包耕、帮工及为部队磨面、碾米、过往军政工作人员之招待、站岗、送信、带路、修路、架桥等属之。

五、妇女服勤：缝制军鞋、军袜、军衣及为军队或伤病员拆洗缝补被服等属之。

[①] 山东人民出版社2016年版《陕甘宁边区行政救助法典汇编》中标题为"陕甘宁边区人民战时服勤暂行办法（草案）"，名称有别，但内容相同。

[②] 三秦出版社2010年版《陕甘宁边区法律法规汇编》标明"1949年7月22日颁发"。

第二章　负担办法

第四条　农村战勤负担，依人力、畜力、财富评定每户之服勤能力（简称勤力），采取统一计算以勤工或勤米负担之。其负担原则按照不同地区规定如左〔下〕：

一、凡土地改革已完成地区，按劳（人、畜力）负担，照顾贫苦。

二、凡未完成土改地区，按劳财共负。

第五条　人力、畜力、财富，分别以左〔下〕列标准，由村民会民主评定勤力。

一、人力评勤：男子年在十八岁以上四十五岁以下者，定为一个勤力；十六岁、十七岁及四十六岁以上至五十岁以下者，定为半个勤力。

二、畜力评勤：四岁以上之驴子，定一个勤力；三岁以上之骡子，定二个勤力；四岁以上之骆驼定二个勤力；驮马与骡子同；非驮马与驴同；驮牛、拉车牛及耕牛之评勤标准，由各专署依据实际情况规定，呈报行署或边区政府批准。

船只、车辆不计勤力，驾船拉车之人，依前一、二两款规定标准分别评定勤力。

三、财富评勤：未经土改地区之地主、富农家庭，其人畜力除依前一、二两款评定勤力外，并依其经济情况，经民主评定财富勤力，其财富评勤标准，由各专署研究决定，呈报行署或边区政府批准后施行。

第六条　城市工、商业者及其他居民以左〔下〕列规定以勤工或勤米负担战勤（新解放城市人民服勤办法另定）：

一、凡经营工业者（包括工人在内）、自由职业者，其本人每月出勤米四市斤。

二、凡经营商业者，其本人每月出勤米八市斤。

前一、二两款工、商人中，如系工厂或商店招用之工、徒，其有薪金收入者，由本人负担；无薪金收入者，由厂主或店主负担。

三、其他城市居民，男子依第五条第一款评定勤力，每个勤力每月出勤工一个，或出勤米四市斤。

第七条　兼营工商农业者，如以农业为主，依第四、五条之规定负担；如以工商业为主，则依第六条之规定负担。一户分住两地（非在本区或本乡）者，以两户论；如出外经营工商业无固定地址者，在原住地负担。

第八条　妇女除符合第六条一、二两款者按规定减半出勤米外，一般妇女单独评定勤力，按勤力负担妇女勤务，怀孕期经民主评议，酌情照顾。

第九条　凡具有下列情形之一者，得减免其战勤负担：

一、农村及城市劳动人民，生活确实特别贫苦者，经民主评议得酌情减免其家庭战勤负担。

二、三等残废及一般军政退休人员，在初退休之一年内，免除战勤负担。

三、不脱离生产之乡村干部，如沿大道之村长、村主任、农会主任等，工作繁忙误工很多者，经民主评议得减免其本人战勤负担一部或全部。

四、烈、军、工属家庭，每负责赡养革命烈士、军人、工作人员本人之直系亲属二人者减免其家庭半个勤力，赡养四人者减免一个勤力，余类推。

五、农村乡镇之医生（中、西、兽医），其本人免负担战勤，但有随服勤民工担任医疗工作之义务，如服务时间较长，政府得适当补助其家庭生活。

六、应服战勤之人或畜力临时患病在十五天以上者，本月免除负担战勤。

七、母畜产前产后两个月内，免除负担战勤。产后第二月至第四个月内不服长勤。

第十条　有下列情形之一者，免除其本身之战勤负担：

一、脱离生产之党政军民工作人员，退休之一、二等残废及年老人员。

二、各级学校教职员、学生及高小以上学校编制内之工作人员。

三、身体残废，无力服勤之人、畜。

四、军需工厂及直接供给军需原料厂坊之职工人员。

五、国营企业及政府批准之合作社中非雇用之人员。

六、女工及十五岁以下之童工。

七、政府供给之职业剧团人员。

八、经县级以上政府审查，凡有利社会建设之手工业、机器工业，医生所带之学徒，年龄在十八岁以下者。

九、经县级以上政府登记合格之专门配种之公畜及其经营者本人。

第三章　服勤计工算账

第十一条　各种战勤计工标准如下：

一、常备随军服勤之人、畜计工标准：

（甲）民工：自拨交部队之日起至离部队之日止，每日计工一个半；途中往返每日计工一个。

（乙）牲畜：自拨交部队之日起至离开部队之日止，毛驴和牛每日计工一个半，骡子每日计工两个半，骆驼每日计工三个半，拉车之驾辕牲口每日另外各加半个工，途中往返毛驴和牛每日计工一个，骡子每日计工两个，骆驼每日计工三个。大车每辆除按牲口计工外，每三日多计工一个。

二、战地临时服勤及后方转运勤务之人、畜计工标准：

（甲）民工：战地临时服勤一日，或后方转运伤员，往返路程够六十里，均计人工一个。

（乙）牲畜：战地临时服勤一日，及转运伤病员一人往返路程够六十里，均计畜工一个。转运能计重量之物资时，凡载重十斤往返路程够六十里即计工一个，十分合畜工一个；但驮炮弹因弹箱固定不能按重量计工时，以每头牲口每日行程计工，驴、牛行程六十里计工一个，骡子行程六十里计工两个，骆驼行程六十里计工三个。大车计工与一款（乙）项同。

三、村内勤务之人、畜，按完成任务之程度计工，其折合办法由村民民主评定之（如推二斗麦为一工，耕一垧为二工等）。

第十二条　服勤之人工、畜工，依第十一条规定计工，以乡（或相等于乡的街、村政府）以下的行政单位为记账单位，定期结算统计。

一、勤工一律登记于政府制定之"拨派民力分户账"内，按各户勤力计算负担；如实服勤工超过勤力应负担数者，由短工者还工，或以评定之工价补偿之。随军常备担架运输勤工，每期结算一次。一般勤工，每月结算一次。

二、妇女勤务，可以第一款记账单位单独计工算账，每月或每季结算一次。

三、各村每月须将本村实有勤力、实出勤力及结算情况于次月五日前填于"战勤月报表"内，报告乡政府，乡、区于同月初十日前逐级汇报县府，县府于同月十五日前，汇报专署或行署，专属或行署每三个月向边府民政厅报告一次。

第四章　调遣使用

第十三条　所有边区境内之战勤动员，由边区政府民政厅统一办理，各行署、专署、县、区、乡政府分别接受各该上级政府规定之任务进行动员。

第十四条　为使调用民〔人〕、畜力之合理，边区政府民政厅、行署民政处、各专署、县府及区乡政府，应经常掌握各该辖区内之人力、畜力等负担能力之统一，以便合理分配任务，适当调剂负担。

第十五条　随军常备担架、运输以六个月为限（往返时间除外），在后方地区动员。临时随军担架、运输以完成一个战役任务为限，在接近战区动员。均由野战军后勤司令部拟定计划呈请边区政府以命令动员之。以上担架、运输队之民工以年龄在二十岁以上四十岁以下之壮年男子为合格，牲口以能驮运百斤以上且能连续驮运者为合格。

第十六条　战地临时紧急动员，以完成指定任务为限，在战区就地动员，由野战军政治部或军、师政治机关审查批准，出具证明文件，通知所在地专署或县府协同动员之。在政权尚未建立之新解放区，由军以上政治部派员携带证明文件直接动员，但事后需逐级报告野政转知边府民政厅。

第十七条　后方转运勤务以完成指定任务为限，由军运部按月或季拟制动用民力计划，提请边府民政厅批准统一动员之。如遇紧急情况必须就地动员者，由各地军运办事处或其他使用机关，填具"用勤证"，直接向当地专署或县府动员之，事后报告民厅。各军区或军分区军事机关，如需要动员转运勤务，得由其政治部审查填具"用勤证"，经同级政府批准动员之。沿运输线之零星转运，可由兵站或招待转运站，在指定范围内，向乡以上政府就地动员或雇用，并按月逐级转报民厅。领接之同级政府及招待转运站可凭"转运证"互相转勤，不得推诿或拒绝。

第十八条　凡不按规定手续向县、区、乡动员或不应动员而强行动员或任务完成无故扣留不放者，政府与人民均有权拒绝；倘有强迫索要或抓夫拉差行为，得报告上级机关按情节轻重，依纪律惩处之。

第十九条　征用勤工之机关部队，应经常注意对民工之爱护、教育，加强政治工作，提高其政治觉悟及工作积极性，并适当照顾其食宿、病患和安全。

第二十条　妇女缝制军服军鞋之勤务，由政府规定任务，各地妇女联合会协助动员担负之。

第二十一条　城市勤米依第六条之规定，由市（边府或行署之直属市，以下同此）、县政府征收。农村为调剂负担，经专署提出计划报请行署或边府批准亦得征收勤米。

第二十二条　勤米征收后，由各该市、县政府之粮食仓库代为保存。勤米之开支以市政府、行署以命令行之。收支预算于每季初，决算于每季终，呈报边府民政厅审核。

第五章　组织领导

第二十三条　各级政府在进行战勤动员时，必须充分进行思想政治动员，讲清任务，说明期限及应带装备，并须依照第二章至第三章之规定经民主评议，做到负担公平合理，确实解决出征民工的家庭生活困难。

第二十四条　常备随军参战民工在县集中后，应分别进行下列工作。

一、严格检验质量，不合格者限期换补，合格者发给"服勤证"。

二、进行三天至五天的短期训练，发扬民主，竞赛立功，订定纪律，以启发提高其政治觉悟。

三、按地区编制为大、中、分队及班，并派县长级干部担任大队长，区长级任中队长，乡长级任分队长。班长由民工自选，并选择积极分子，组织领导骨干。

四、发动群众慰劳欢送并通知沿途招待鼓励。

第二十五条　常备随军民工出发后，应发动群众和民工家属写信慰问鼓励；民工在前方立功者，应组织庆功贺喜；发现民工有逃回者，立即动员其归队。

第二十六条　民工每次服勤终了，必须开群众会评定功过，选举模范，好的分别予以大会表扬、登报表扬、记功、颁发奖章、物质奖励等办法奖励之；坏的分别予以批评斗争、记过甚至送给司法机关法办。

第二十七条　常备随军担架、运输之供给，由家到县集中期间，由各户自备；集中后至部队接收期（间），由县按野战军标准供给，向财厅报销；部队接收后，由部队供给，任务完成回家路费，亦由部队发给。

后方转运人畜供给，集中前由各户自备，服多期间按财厅规定标准，由使用机关发给。

第二十八条　服勤民工在服勤期间之伤病治疗由各使用部队机关负责，因公残废或牺牲者按边区抚恤条例抚恤之。

第二十九条　服勤之牲口、车辆，在服勤期间，确由不可抗拒之原因而损坏或死亡，并有部队证明手续者，得经村民评定赔偿价值，呈经县府审查批准，在战勤米中开支之。如无勤米时，可由地方费中开支报销。

第三十条　过往军人、伤病员、荣军之招待，除设有转运站、招待站地区外，凡军人过往较多地区之村乡，可实行招待员制，城市托客、饭店代办，酌量免除其战勤负担。招待所收之粮、料、草、粟，各级仓库须随时予以兑换，不足数由区乡政府审查属实，可于战勤米内补助或以区乡为单位合理负担之。

第六章　附则

第三十一条　各行署可根据本办法原则，按照当地实际情形，制定具体执行办法，但须呈经边区政府批准之。

第三十二条　本办法自公布之日施行。

第三十三条　本办法如有未尽事宜，由边区政府修改之。

第三十四条　本办法施行后，前颁《边区战时勤务动员暂行办法》即行作废，各行署、专署、县过去颁发单行办法与本办法抵触者，一概作废。

【资料来源】

甘肃省社会科学院历史研究室编：《陕甘宁革命根据地史料选辑》第三辑，甘肃人民出版社，1983年，第527—536页。

陕西省档案局编：《陕甘宁边区法律法规汇编》，三秦出版社，2010年，第162—165页。

关保英主编：《陕甘宁边区行政救助法典汇编》，山东人民出版社，2016年，第478—483页。

31. 陕甘宁边区政府命令
——公布《战时勤务动员暂行办法》

〔新胜字第32号〕
（1947年7月10日）

各专员、县（市）长：

兹制定《陕甘宁边区战时勤务动员暂行办法》公布之。仰各地接到之后，缜密研讨，确实执行，并将执行中之疑难问题与好的经验随时迅速报告本府，俾资研究改进，以期保证支援自卫战争的供应。此令！

主　席　林伯渠
副主席　李鼎铭
　　　　刘景范

附：陕甘宁边区战时勤务动员暂行办法

第一章　总则

第一条　为了保证爱国自卫战争的供应，有计划地动员组织和使用民力，合理负担，节省民力，尽量避免耽误生产，支持长期战争，争取最后胜利，特制定本办法。

第二条　凡直接参加前方随军的担架民夫和运输牲畜均称为前方勤务，又称定期随军担架队或运输队。凡在后方转运伤病员、荣誉军人、破砦〔寨〕、修路、转运弹药粮秣等均称后方勤务。站岗放哨、短途送信、带路，及动员妇女炒干粮、做军鞋、拆洗伤兵衣服等，均称为村内勤务。

第三条 凡边区人民年在十六岁以上五十五岁以下身无残疾的男子，均有服战时前后方勤务的义务。凡能驮七十斤以上之牲畜及能载运之车辆船只，均按本办法服勤务。但随军运输牲口以能驮百斤以上的方为合格。

甲、十七岁至四十五岁的壮丁，不论前后方勤务或村内勤务，均须按班支应。

乙、十六岁及四十六岁至五十五岁者出后方勤务和村内勤务，不出前方勤务。

丙、凡能劳动的男女老少，皆有服村内勤务的义务。

第四条 战勤减免的条件：

甲、贫苦小贩、脚户及农村中的贫穷小户，可经村民大会决议酌量减免或免除其服勤务。

乙、脱离生产的工作人员，本人免服勤务；不脱离生产的乡村干部，一般的应照平常人服勤务，但在工作繁忙时得经村民大会决议酌量减轻或免除其本人应负担的勤务。

丙、脱离生产的游击队员，本人免服勤务（中心区可依具体情况决定）；不脱离生产的游击小组，一律照平常人服勤务。

丁、高小以上学校的教职员、学生，在上课期间，本人免服勤务，必要时可组织帮助村内战勤工作或带领担架队随军工作。

戊、有供给任务的公营工厂的职员和工人，本人免服勤务；公营商店除原机关部队派去之干部本人免服勤务外，其他人员均须担任勤务。为照顾其业务，在其服务时间先后上酌情调整配备或准其雇人替工。

己、壮丁确实有病及家中有婚丧大事者，可依本村群众意见准予免除或以后补服勤务。

第二章 动员和组织

第五条 县、区、乡政府应派员深入农村，广泛进行思想动员，用群众自己酝酿讨论的方式，使每个人都懂得为自卫战争服务的道理，互相鼓励，踊跃参战。预先编组，随调随到。出发之前讲清任务，说明服务期间，准备鞋袜干粮，安置家事生产。干部带领勇往直前，争先立功，完成任务。

第六条 分区、县、区、乡、村皆须有专人负责管理人力的批拨、分配、调剂、统计，建立人畜力负担账簿。

第七条　县、区、乡、村要把十六岁以上五十五岁以下和十七岁以上四十五岁以下男子，及能驮七十斤以上和一百斤以上的牲畜统一登记，分别组织，以备调用。

第八条　各地应以行政村或自然村为单位，将合格的男子分别编组，每十人设一付〔副〕担架。担架出动时以每付〔副〕五人为一组，三个至五个组为一小队，三个至五个小队为一中队，五个中队为一大队。组设组长一人，小、中、大队各设队长、指导员各一人。组长及各级队长由队员选举，指导员由县、区、乡主要负责人或派得力干部担任之。

第九条　动员出发之运输队组织，以牲口十头为一班，三班为一小队，三小队为一中队，三中队为一大队，带队干部同前条担架配备。赶脚民夫一般规定一人赶牲口两头。每大队最好配备兽医一人，准备药材，随队服务。

第三章　调遣使用

第十条　凡大批人力畜力之动员，不论前后方勤务均由边区政府民政厅或前线动员委员会以命令行之。

第十一条　定期担架随军服务，从到达部队之日算起，以三个月为期，用于前线转运伤兵到野战医院，一般不作后方转运之用。临时担架使用于野战医院到后方医院或后方医院之间伤兵的转运，规定之任务完成后即应复员，必要时可作随军之用，但时间以一次战役终了为限，不得留作长期随军之用。

第十二条　定期运输服务时间与定期担架同，用作随军或归兵站支配运输。临时运输用作短期转运，一次任务完成即应复员，不得连续扣留使用。

第十三条　调遣人畜力之手续规定：

甲、定期随军担架民夫和运输牲畜，由民政厅或前线动员委员会统筹计划，划分地区、分配数目，拨给一定的部队或一定运输线的兵站，直接与指定地区的政府（一般为县政府）接洽，协同调用，按期替换，并保证规定的人畜力经常满员，直至奉命截止时为止。

乙、临时担架民夫和运输牲畜，由民政厅或前线动委会按需要决定调用区域、人畜数目、服务时间后，介绍部队或兵站向指定地的政府接洽调用之。

丙、凡设有兵站的地区，一切有关军事方面的人畜力调用，统一由兵站向政府接洽办理。无兵站地区，部队方可直接向政府接洽调用。

丁、凡因特殊情况急需调用之人畜力，须有团或独立营（或单独行动之连）以上机关首长签名盖章的介绍信，经当地政府批准调用之。调用后须即逐级报告民政厅，以便统计，注意调剂。

第十四条 一般动员均须持有政府制印之"动员证"（民政厅或动委会专电布置者例外），向指定的地方政府接洽动员。民厅制发的动员证适用于边区各地，专署及县府制发之动员证只适用于该分区、该县之范围。

第十五条 临时调用民夫带路不用"动员证"。调用条件：

甲、一个团或单独行动之营、连每次调用带路人不得超过二人。

乙、后方机关及下乡工作人员不准调用民夫带路。

丙、带路范围只限于带路人之本乡或其熟悉之路程。

第十六条 凡下列情形，一律不准使用民夫牲畜：

甲、机关部队学校的一切生产事业，皆禁止使用民力，遇必要时可通过政府批准代雇。

乙、机关部队学校过往人员之代步、背行李、驮东西、接送眷属、机关搬家、挑水、拾柴、推磨、做饭等事，一律不准使用民力，正在战斗及不能行走的伤病员、荣誉军人例外。

丙、后方机关部队需用之粮草一律自运，不准使用民力，但部队作战前后短期休整期间例外。

第十七条 凡不按动员手续私向县、区、乡动员或不应使用而强行动员者，政府与群众均有权拒绝之。倘强迫索要，得报告上级机关按情节轻重依纪律惩处之。

第十八条 部队机关应对民夫多加爱护。对随军服务民夫的食宿、患病、安全等方面尤须注意照顾，并随时给以教育，讲解时事，提高其政治认识。

第四章 民夫和牲畜的供给

第十九条 凡调用服务之担架民夫和运输牲畜，不论定期或临时，一律自带三天或到达使用部队期间所需之粮食草料。到达使用部队后，即由部队按下列标准统一供给：

甲、民夫生活标准与战士同。完成任务回家途中，只给粮食，不发菜金。

乙、牲口草料标准与机关牲口供给标准同。

第二十条 定期随军民夫须自备鞋子和衣服。十分贫苦者由村乡设法调剂解决之。

第五章 计工算帐〔账〕

第二十一条 为战争服务是边区每个人民应尽的义务。必须以乡或行政村为单位，按照财劳共负与劳勤结合的原则，全乡或全村合理负担，实行全村算账，全村变工。

（注）财劳共负、劳勤结合的原则，另有专例说明。

第二十二条 随军定期担架民夫出发后，家中农活应由村中及时变工代耕代锄，不得有误农时，荒芜庄稼。

第二十三条　计工标准规定：

甲、战勤工、代耕工（系指为服务战勤的民夫家庭代耕而言）统一计算。

乙、随军服务之定期担架民夫，由到达使用部队时起至完成任务时止，每人每天均按一个半工计算，往返途中每人每天仍按一个工计算。后方勤务每人每天均按一个工计算。村内勤务不计工。

丙、不脱离生产的民兵游击小组，其因公出差误工在一天以上的，每人每天按一个工计算。

丁、参加运输之畜力，在服务期间，一律每头每天按一个工计算。大车运输一天按几个工计算，由各地自定之。跟牲畜的人应按其出差性质同样计工。随军运输人员每人每天按一个半工计算。

第二十四条　随军定期服务的民夫，必须携带由政府制发的"人民战勤服务证"（表式附后），服务期满时由使用部队填写应填各栏，签盖公章后带回，凭证记账。短期和临时服务时，由乡或行政村统一制发工票，服勤务一天发一工票，月终凭票记工算账。欠工以还工为原则，必要时以工折价，工价由各县规定之。

第二十五条　各级政府须按月将动员情形及实有服勤务的民夫牲畜数目逐级报告民政厅，以便统计，给予调剂。

第二十六条　出差次序实行按组按班轮流，以出差最少的先出。后方勤务不顶前方勤务（随军定期勤务）。

第六章　奖惩与抚恤

第二十七条　民夫每次服勤务终了，必须实行检查，由群众评功过、论奖惩，以提高其为自卫战争服务的自觉性和积极性。

第二十八条　奖励办法：

甲、大会表扬、登报表扬、记功劳簿。

乙、颁给奖章、奖旗。

丙、选举模范（其政治地位与劳模同）。

丁、物质奖励。

第二十九条　惩罚办法：

甲、开会批评、斗争、记过。

乙、罚工。

丙、造谣惑众，组织与鼓动逃跑者，送政府法办。

第三十条　民夫在服勤务中因公伤亡，经使用部队证明者，应与战士伤亡同等抚恤。

第七章　附则

第三十一条　本办法自边区政府公布之日起有效。

第三十二条　本办法公布施行后，凡边区过去颁布有关民力动员条例与本办法相抵触者，概依本办法执行之。

第三十三条　本办法如有未尽事宜，由边区政府命令修改之。

附："战勤服务证"格式

战勤服务证			
姓名		县区乡	
担任何种勤务		出发时间	
服务时间	自　　　年　　　月　　　日起 至　　　年　　　月　　　日止		
服务工作的表现（有何功或过）			
动员机关盖章		使用机关盖章	

说明：

1.此表在动员定期勤务时使用。

2.此表"服务时间""服务工作的表现""使用机关盖章"三项，由使用机关填写与盖章，其余各项由动员机关填写与盖章。

3.此表由动员与使用机关填写后即交服务民夫携带，乡村凭证计工算账。

【资料来源】

陕西省档案馆、陕西省社会科学院合编：《陕甘宁边区政府文件选编》第十一辑，档案出版社，1991年，第181—188页。

陕西省档案局编：《陕甘宁边区法律法规汇编》，三秦出版社，2010年，第158—161页。

32. 陕甘宁边区政府、陕甘宁晋绥联防军司令部命令
——颁布《一九四八年度供给标准》

（1948年1月[①]）

各部队、各机关、各学校、各级政府：

兹制定《一九四八年度供给标准》随令颁布，希即遵照执行为要。

此令

主　　席　林伯渠
副 主 席　刘景范
司 令 员　贺　龙
政治委员　习仲勋
副司令员　王维舟

---

① 原注：时间为编者考证所加。

附一：陕甘宁晋绥一九四八年度供给标准

甲　经费

一、伙食费

1. 一般大灶

每人每月肉一斤，油十二两，盐一斤，炭四十斤，菜二十二斤半。

注：（1）地方兵团、步校、军干校肉十两，油半斤，菜十五斤，盐、炭同上。

（2）野战随军民夫伙食标准与地方兵团同。

（3）地方部队随军民工伙食标准与后方机关同。

（4）前方医院工作人员伙食标准与野战军同。

（5）后方医院工作人员伙食标准与后方机关同。

（6）伤愈归队战士伙食标准与普通战士同。

2. 小灶——团以上干部才有小灶，均以每人每月计。

肉三斤（包括调和在内），油半斤，盐一斤，炭五十斤，菜三十斤。

地方兵团肉二斤半（调和在内），油一斤，盐、菜、炭同上。

注：均以十六两秤计。硬柴二斤、毛柴三斤，各折炭一斤，以本币计算，以下均同。

3. 伤病员（在医院内）

每人每月肉五斤（吃流食的重伤员每人每天增加肉三两），油一斤，盐一斤，菜三十斤，炭六十斤。

注：（1）营长以上负伤干部外加肉三斤。

（2）轻伤员（负伤未进医院，继续在连队的）每负伤一次，补助肉二斤。

4. 休养连

每人每月肉三斤，油一斤，盐一斤，炭四十五斤，菜二十四斤。

5. 野战军家属无家可归者，伙食标准与后方机关家属同，应组织生产，生产所得自愿交出。

6. 客饭伙食费

野战军不得超过总人数百分之零点五，地方部队不得超过百分之一。

二、办公费

1. 干部

每人每月毛笔半支，麻纸十张，墨二钱。

注：（1）野战军干部按总人数百分之二十五，地方部队按总人数百分之二十计算。

（2）以上面标准计价发钱（一切办公在内），由联供与野供按野战和地方各单位性质统一调剂。

2．纵队及旅教导队

每人每月毛笔半支，麻纸二十张（印讲义在内），墨二钱。

3．团训练队

每人每月毛笔半支，麻纸十五张（印讲义在内），墨二钱。

4．战士休整期间

每人每月铅笔半支，麻纸一张。

注：（1）休整够二十天者以一月计算，若不够二十天者不发。

（2）地方部队战士一律不发办公费。

5．解放军新兵训练期间办公费标准与战士休整期间同。

6．兵站办公费

办事处等于野战军一个团部计算。

分站等于野战军一个营部计算。

派出所等于野战军一个连部计算。

三、什支费

1．人员什支（包括洋火、修理灶具等）

（1）连队每人每月发一千五百元。

（2）营以上单位每人每月发三千元。

（3）团以上干部吸烟者每人每月发旱烟一斤。

（4）兵站什支。

办事处等于两个连计算。

分站等于一个半连计算。

派出所等于一个连计算。

（5）伤员什支（包括预备费在内）每人每月一万元。

（6）医疗什支（另附）。

2．电台什支

甲等电台每月晋恒纸一百张，铅笔三打，麻纸三刀。

乙等电台每月晋恒纸七十张，铅笔一打半，麻纸二刀。

丙等电台每月晋恒纸四十张，铅笔一打。

3．马什支

马掌：炮骡每二月换掌一次，每次二付〔副〕；驮骡每二月换掌一次，每次一副；乘马每二月换掌一次，每次一副。

缰绳：炮骡每二月一条，驮骡每季一条，乘马每四个月一条，毛驴每半年一条。

皮条：炮骡每月三两，驮骡每月二两，乘马每月一两，毛驴每月半两。

架绳：每半年一副。

梁替布：每年一块（二十四方尺）。

笼头：两年一副。

扯手：两年一副。

前后鞧䩞：每年一副。

乘马肚带：每年两条。

灌药：每年两副。

鞍子、架子临时补充。

注：（1）地方部队马什支为野战军（即上面马什支标准）的三分之二。

（2）骑兵马与野战军乘马一样计算，地方部队骑兵同。

（3）大车骡子套起后和驮骡一样计算。

四、灯油费

1．干部：每二人一灯，野战军干部按总人数百分之二十五、地方部队按百分之二十计算。

2．战士每班一灯。

3．医院伤病员每四人一灯。

4．值夜班每灯每夜油一两。

5．电台灯油：甲等电台，每夜四两；乙等电台，每夜三两；丙等电台，每夜二两（如单独出去活动时，按乙台标准发给）。

6．电话总机每夜油一两。

7．春冬二季每月每灯发油一斤，夏秋二季每月每灯发油半斤。

五、生育费、奶费

野战军、地方部队与后方机关同。

六、个人日用品改发津贴（包括毛巾、牙刷、牙粉、肥皂、旱烟）

战士每人每月发四万元（按物价指数增减）。干部每人每月发八万元（按物价指数增减）。

注：地方部队、步校、军干校干部战士每人每月平均按四万元发给。

七、烤火费

每人每月发炭一斤。

注：（1）伤病员每人每天发炭二斤。

（2）烤火费以三个月时间计算。

（3）游击队不发烤火费。

八、路费

长途行军十人以上者不发，十人以下者除应领粮食菜金外，每天加发伙食费一倍。

九、其他

1. 几项作战费标准

（1）擦枪费

步马手枪每月发布一寸，油一钱。轻机枪、掷弹筒、六〇炮、斯登机枪，每月发布五寸，油一两。重机枪每月发布一尺，油三两。迫击炮、火箭筒、机关炮每月发布二尺，油三两。山炮、重炮每月发布四尺，油六两。电话总机每月发布一尺，油三两；单机每月发布五寸，油一两半。

（2）负伤费

一等伤员：每次发十六万元。

二等伤员：每次发十二万元。

三等伤员：每次发八万元。

（3）俘虏遣散费

送出边区以外之俘虏，每人发给路费三万元。

（4）预备费（包括赔偿、带路、招待、统战等）

每团每月五百万元（地方兵团每团二百万元）。

注：① 一个旅直等于两个团。

② 一个纵直等于三个团。

③ 总部直属等于六个团。

④ 修械费、侦察费、战备费不列入预备费内，由各主管机关按实际情况做决算报销。

⑤游击队不发预备费。

⑥分区司令部等于一个团计算。

（5）埋葬费

在医院牺牲者，原则上每人棺材一副。战场上牺牲者实报实销。

2．印刷书报宣传教育费（另附）

3．夜餐费

（1）医院值班人员除粮食另有规定外，伙食费每晚发本人原定伙食标准的三分之一。

（2）电台值班参谋，机要科夜餐人员夜餐费同上。

4．输血费

（1）各级医院组织输血队，旅纵之输血队各为十人，随军医院为伤员之百分之三，后方医院为百分之五组成之。

（2）输血队伙食标准与伤员同。

乙　被服、装备

一、被服

1．单衣：每人每年发两套。

2．棉衣：每人每年发一套（地方部队补充百分之七十五）。

3．棉被：

（1）新兵解放兵每人发一床。

（2）野战军老战士补充百分之三十五。

（3）地方部队补充百分之二十。

4．哨衣：每连发二件。

5．公被

后方医院每个伤员发一床（百分之百）。

野战医院按收容量发百分之七十。

兵站医院按收容量发百分之七十。

随军医院（纵队）百分之三十。

6．血衣

前方医院发百分之二十五（上身百分之十五，下身百分之十）。

后方医院发百分之五（上下身各半）。

兵站医院发百分之六十（上身百分之三十五，下身百分之二十五）。

二、装备

1．绑带：每人每年发一副（地方正规兵团同，游击队发百分之五十）。

2．挂包：按人数补充百分之三十（地方部队发百分之十五）。

3．米袋：每人每年两条（地方部队补充百分之五十）。

4．背枪带：补充百分之十（按步枪数计）。

5．子弹带

步枪每年每支一条（装十六排的）。

机枪每年每支三条（装二十六排的）。

6．炸弹带

每人每年发一个（百分之百）。

7．轻重机枪衣：补充百分之八十（地方兵团补充百分之二十五）。

8．各种炮衣（掷弹筒在内）补充百分之八十。

9．油布：按驮电台、文件、弹药、炮、经费、医药之牲口数补充百分之八十（地方兵团按牲口数补充百分之十五）。

三、鞋、袜、手套、毛巾

1．鞋

单鞋每年每人六双（地方兵团四双）。

草鞋每年每人二双。

棉鞋按全人数发百分之二十（发棉鞋扣单鞋）。

注：伤员出院归队者每人发一双。

2．袜子

每人每年发布袜二双（地方兵团一双）。

3．手套

每人每年发一副（地方兵团发百分之五十）。

注：伤员手套由医院发给百分之十。

4．棉脚套：由医院发给百分之十。

5．手巾：伤员中没有手巾者发给土布一尺五寸。

丙 粮秣

一、粮食

1. 野战军每人每天小米半斤（地方部队、步校、军干校每人每天一斤六两）。

注：野战军进入产麦地区每人每天麦子二斤四两。

2. 干粮：每月每人不超过小米三斤，休整期间不报。

3. 客饭：原有吃粮预算的客人不报客饭，原无预算的客人每月不超过总人数百分之零点五者准报（地方部队不超过百分之五十者报）。

4. 夜餐：夜十二时以后继续工作之值班参谋、电台机要人员、守夜护士、电话员始予计算，每人每夜发小米半斤。

注：前方医院标准与野战军同，后方医院工作人员与后方机关工作人员同。

二、草料

1. 炮骡：每头每天二升半，草十斤。

2. 驮骡、车骡：每头每天料二升，草十斤。（骑兵马同。）

3. 乘马：每头每天料一升半，草十斤。

4. 毛驴：每头每天料一升，草六斤。

5. 骆驼：每头每天料二斤，草十二斤。

注：（1）料以陕甘宁边区三十斤公斗计。

（2）草以十六两秤算。

（3）麦草二斤折干草一斤。

丁 医疗什支

一、医院的（以每百个伤员计算）

石碱	每月	120两	肥皂	每月	15条
油光纸	每月	100张	灯油	每月	15斤
石炭	每月	2270斤	好洋蜡	每月	8支
麻纸	每月	100张	洋火	每月	1包
墨水	每月	1瓶	松香	每月	1两
笔尖	每月	2个	线	每月	半两
毛巾	每月	1条	针	每月	2支
铅笔	每月	3支	油墨	每月	半盒
猪油	每月	2斤	蜡纸	每月	5张
土棉花	每月	2斤	复写纸	每月	3张
食盐	每月	1斤	修理费	每月	米3升
安全针	每月	1打	盆罐	每月	米1升

二、部队的（以每月计）

	野战军卫生部及所属非医院什支	纵队、手术组及查属所	旅卫生部及手术队	团卫生队	营卫生所
石炭	200斤	900斤	900斤	150斤	300斤
毛巾	半条	2条	1条	1条	半条
有光纸	1刀	半刀	25张		
麻纸	5刀	4刀	12刀	1刀	半刀
铅笔	6支	3支	5支	2支	1支
油墨	半盒				
火柴	1包	1包	5盒	4盒	4盒
猪羊油	各半斤	各2斤	各2斤	各1斤	各2斤
修理费	米1斗	米1斗	米1斗	米5升	米2升
肥皂	6条	10条	10条	4条	4条
洋蜡	2包	10包	5包	2包	1包
蜡纸	10张				
墨	2锭	1锭	1锭	1/3锭	1/3锭
石碱	1斤	5斤	4斤	2斤	1斤
复写纸	10张	5张	3张		
食盐	2斤	2斤	2斤	1斤	1斤
墨水	1瓶	2瓶	1瓶		
线		半两		半两	
毛笔		2支	1支	半支	半支
清油		2斤	1斤		
针		3支		1个	
付木		实报实销	实销	实销	实销
笔尖			3个		
拐杖			实销		

附注：野卫、纵卫、旅卫、野战医院之医疗什支按医院规定标准报销。

附二：党政民及军事后方机关供给标准

甲 经费

一、伙食标准（每人每月）

1.大灶：肉油各半斤，盐一斤，菜十五斤，炭四十斤。

2.重工业工人、干小学生同野战军灶。轻工业工人、运输员、通讯工人同大灶。荣校残废人员、保育院儿童，每人每月肉二斤，其他同大灶。

二、办公标准（每人每月）

1.后方党政军民干部，麻纸十张，笔半支，墨二钱。

2.党校、延大、步校、军干校，麻纸二十张（包括讲义印刷纸等在内），笔墨同干部。中学生麻纸十五张（包括讲义印刷纸等在内），其笔墨同干部标准。另什务人员每人每月发麻纸二张。

三、什支标准（每人每月）

后方党政军民学人员，每人每月发本币七千元（包括灶具修理、购置扫把等在内）。

四、灯油标准

1.机关干部平均每二人一灯，什务人员每四人一灯。

2.延大、党校、步校、军干校四人一灯，中学生六人一灯。每灯在春冬季发油一斤，夏秋季发油半斤。

五、小孩奶费

一至十二月者每人每月肉三斤，十三至七十二月者每人每月肉二斤。另石炭费有一个小孩者，每月发炭三十斤；两个小孩者五十斤；三个以上者七十斤。

六、生育费

每人肉五斤，尺三麻纸一刀，红糖半斤。四个月以上小产者按标准减半发给。

七、马什支（每头每月）

驮骡七万元，骑马五万元，毛驴二万元。拉车骡马七万元，拉车牛二万元。（其计算实物标准时驮乘马骡参照野战地方兵团马什支供给标准。）

八、津贴费

按季发给，发时另规定。

九、路费

长途行军，并在五人以内者，每人每天除应领伙食粮食外，另加发伙食一倍。运输员每人每天小米半斤（折发钱），邮工人员每人每天小米半斤（折发钱）。

十、书报印刷费（参阅野战地方兵团书报印刷费标准）

1. 联防司令部、晋绥军区司令部各等于六个团。
2. 绥蒙吕梁军区等于三个团。
3. 其他陕甘宁及晋绥各分区司令部等于一个旅者按二个团发给，其标准另行规定。
4. 晋绥分局等于西北局，晋绥行署等于陕甘宁边区政府。
5. 晋绥公安总局等于陕甘宁保安总处。
6. 晋绥党校等于西北党校。
7. 晋绥军干校等于步校、延大。
8. 贺龙中学等于行知中学。
9. 晋绥各分区所属地委等于陕甘宁各分区地委、专署同，其标准另定之。

十一、学校书报体育费

1. 各中学之学生每人每月二千五百元。
2. 党校、延大、步校、军干校之学生，每人每月三千元。

十二、医药费

无医务所的地方，每人每月发药费一万元，由机关统一调剂；有医务所的机关，其医药及医疗什支由卫生机构统一发给。

乙　被服

1. 单衣、衬衣每人全年各一套。
2. 棉衣：两年一套（交旧领新）。
3. 棉被：补充百分之十五。
4. 小孩布：初生婴儿发大布二丈，棉花二斤。一岁至三岁者发大布一丈五尺，棉花二斤。四岁至六岁者发大布二丈五尺，棉花二斤。
5. 单鞋：每人全年三双。

6. 袜子：每人全年发羊毛十两（自打）。

丙　粮秣

1. 党政军民学每人每天小米一斤。

2. 重工业工人、通讯工人同野战军标准。

3. 轻工业工人、警卫队警卫员每人每天一斤四两。

4. 步校、军干校每人每天一斤六两。

5. 运输员每人每天一斤六两。

6. 小孩粮食：十三至二十四月者每人每天小米十二两，二十五至四十八月者每人每天小米十四两，四十九至七十二月者每人每天小米一斤。

7. 马草料（每头每天）

（1）驮骡、拉车骡马牛料五斤，一升八合草十斤（牛加草三斤）。

（2）骑骡马料四斤半（一升半）草十斤。

（3）毛驴料三斤（一升）草六斤。

（4）骆驼料六斤（二升）草十二斤。

丁　生产自给任务

1. 生产任务

（1）后方党政军民学及野战军后方留守处按供给标准规定的肉油菜三项由各该单位生产内自给解决，其他照规定标准统筹。

（2）边境游击区域内的党政及地武游击队和各级税务机关只自给菜，其余照规定标准统筹。

2. 生产对象

（1）组织机关人员进行劳动性的副业手工业作坊、农业、运输业生产，以完成规定的自给生产任务。

（2）绝对禁止经营商业、违法走私及投机生意，如属供给性的机关合作商店及经过政府批准者不在此限。

（3）个人生产：以不妨碍工作学习进行业余的各种副业生产，但绝对禁止商业生产。

注：

一、按编制人员马匹批发经费、粮食、被服，如超过编制者，均须呈报审委会并经过审计机关批准后始能报销，否则概不批发。

二、严格地建立和执行粮食、经费、被服预决算制度，各机关、学校、部队须按时编造预决算并附人员马匹登记表，只按预决算批发经费、粮草、被服，否则不予发给。

三、不论统筹或自给生产均须按照规定标准开支并按标准编造预决算，不得超过规定标准。

四、建立经济民主财政公开制：各级以伙食为单位建立经济委员会，按月公布机关各种收入及开支，并按月按季向上报告。

戊　附则

本标准由四八年二月份起施行。

【资料来源】

关保英主编：《陕甘宁边区行政救助法典汇编》，山东人民出版社，2016年，第388—399页。

33. 陕甘宁边区政府通知
——关于《一九四八年度供给标准》的补充规定

〔新胜字第108号〕
（1948年3月30日）

各后方机关、部队、学校：

一九四八年度党政及军事后方机关供给标准公布后，在执行中发现有几个问题还需要明确规定，兹特补充通知如下，希各机关、部队、学校接到后，按此通知从四月份起执行为要。

甲、经费

一、小灶标准：每人每月猪肉二斤半（包括调和在内）、麻油一斤、菜三十斤、盐一斤、炭五十斤（吃小灶的人员有党政军三方面主管干部的部门会商决定）。

二、客饭：后方党政军机关以不超过其人数百分之一为原则，做决算报销。（客人系指从农村来的干部家属及离职干部等，凡有预算的须收粮票，不能做客饭报销。）

三、夜餐：医院护士及电台机要人员，凡工作在每夜十二时以后者，每人每晚发给小米半斤，按市价折钱发给。（夜餐预算人员由该主管机关根据事业规定。）

四、干校学生学习纸，每人每月麻纸十张（包括印讲义在内），灯油六人一灯，书报体育费每人每月本币二千元，其他标准同中学生。

五、卫生纸：凡在机关参加工作的女干部及学校女生，每人每月发给尺三麻纸十张。（住在家属队者不发，由自己生产解决。）

六、已颁布供给标准内有规定以金额为标准者，从四月份起，按米、布之平均物价指数增减发给（以二月份之米布价做基数）。

乙、被服

一、保育院儿童：每人全年单衣一套、衬衣一套（单衣发原料十五方尺，衬衣发原料十方尺），棉衣一套（交旧领新），鞋子三双，毛线六两（由保姆打），被褥补充同大人标准。

二、邮工人员：全年发鞋六双。

三、各县警卫队：全年发鞋子四双，其被服装备同地方部队。

【资料来源】

关保英主编：《陕甘宁边区行政救助法典汇编》，山东人民出版社，2016年，第408—409页。

34. 陕甘宁边区政府命令
——关于动员随军常备担架问题

〔努字第47号〕

（1948年12月22日）

晋绥行署主任，延属、绥德、陇东、关中、黄龙各分区专员、县（市）长：

一、本年二期随军常备担架（一千四百六十副），随军服务于荔北、永坪等战役中，大多数能英勇地胜利地完成任务。但在动员之初，不少地区曾发生不注重质量、单纯雇用、强迫命令、动员不公、不照顾民工家庭生产、不派强的干部带领等偏向，以致民工服务初期，曾发生严重的逃亡现象（平均逃亡百分之十四，关中一开始逃亡竟达百分之九十六）。这些偏向虽然很快就纠正了，但仍造成人力物力很大浪费，并对战争需要也有相当影响。现在二期随军民工服务期限将满，明年第一期随军常备担架即须动员。兹分配晋南七百三十副，交野工四百六十副，二纵二百七十副；延属一百八十副交三纵；绥区于绥德、米脂、吴堡、清涧、子洲等五县动员一百八十副交一纵；关中及陇东两分区各九十副交四纵；黄龙二百六十副，交六纵一百八十副，警四旅六十副，骑二旅二十副。每副五人；每四副另带驮粮牲口一头，伙夫一名。出征民工的条件应是年在十八岁至四十五岁之全劳动力，并政治可靠，牲口驮重百斤以上，自带随身衣服、被毯、鞋袜及需用的绳索、架子等，到部队后，夏衣及鞋子由部队发给。服务期为六个月，于明年七月十五日以前换回。晋南的带至韩城，延属及绥区的带至洛川，关中及陇东的带至宜君，黄龙的与部队商定地点交各该部接收。这是一件紧急而重大的任务，各级政府必须认真总结吸取前次动员工作的教训，坚决避免重复以往所曾发生过的错误。

二、此次民工集中日期，适在旧历年前，各地必须充分估计到由于群众的习俗关系，且动员期限迫促，一定会遇到很多困难的。为此，必须选派强的干部下乡，进行深入的政治动员，讲清目前全国尤其在西北的胜利形势下支前的伟大意义。说明服务的期限与动员的条件，根据劳财共负（贫富不太悬殊的地区实行按劳分担，照顾贫苦）、合理负担的方针统一计算与勤劳结合的办法，按行政村进行民主评议由家庭劳动力多的户出征，出征前预计服勤工数，以全乡或全行政村为单位，公平负担，出征户除自给应负担者外，所长工数，依其自愿，由未出征户定期等价地还工或还粮，保障出征户家庭生产的不受影响，使民工出征后安心服务。

三、为保证巩固民工组织，历次的经验证明必须：

（甲）要确实重视质量，参战民夫必须政治上纯洁、身体强健，绝对不能收用政治上有嫌疑的分子和二流子。有计划地动员党员积极分子参加，并配备在群众中有威信且有工作经验的坚强干部率领，建立领导核心，健全政治工作。民工大队长，须由县科（部）长级以上干部担任；中队长须由区长（区书）级以上干部担任；分队长须由乡长（指导员）以上干部担任。并真正地搞通思想，能够吃苦耐劳，以身作则，团结民工，坚持到底。

（乙）实行逐级负责的检查制度，尤其着重于区对乡的检查，严格检查民工质量、动员是否合理、应带什物是否齐全，发现缺点，立即纠正。

（丙）以县为单位举行三天至五天的训练，最好由县长亲自主持，请曾经随军服勤的模范干部及民工讲解时事及担运常识，介绍部队爱护民工、新区群众拥护我军以及民工随军服勤的英勇故事，解除疑难与顾虑。最好组织对过去民工的评功会或奖品展览会，以激励新到民工的出征热情，并发动其自定公约与立功计划，提高政治觉悟，开展互相竞赛。至于集中训练及到达部队接收前民工的伙食，应以野战军战士标准待遇。由各区统一决算，向财政厅报销。

（丁）民工随军后应与各该县政府保持经常联系，地方政府应将如何照顾民工家庭生活和生产的情形及时反映前方；前方民工立功后，及时捷报后方，由地方组织群众给立功民工家庭贺喜，或召开庆功祝捷会，以鼓舞群众支前情绪。民工如有逃亡者，须立即动员归队，经常保持满额。

此令

主　席　林伯渠
副主席　杨明轩
　　　　刘景范

【资料来源】

关保英主编:《陕甘宁边区行政救助法典汇编》,山东人民出版社,2016年,第448—449页。

35. 陕甘宁边区政府命令
——关于清理战勤工作

〔努字第193号〕
（1949年11月26日）

各省政府主席、行署主任、直辖市长、专员、县（市）长：

我第一野战军在解放甘、宁、青、新之后，即将南进，配合兄弟部队解放汉中和四川，因之动员广大人民继续支援前线，仍然是各级政府今冬明春的重要任务，绝不许有丝毫松懈，必须继续努力，保证做好战勤动员工作，支援我军迅速完成解放汉中、解放四川的任务，以资集中全力转入生产和文化建设事业。为此，同时必须很好地清理并总结以往战勤动员工作，适当调整战勤负担中某些不合理不公平现象，安抚救济伤亡民工，对支前有功者分别予以嘉奖，有过者予以教育批评，并酌情补偿群众战勤中的损失，以促进与提高群众生产热情。兹特规定如下办法，希即遵照执行。

一、关于调整负担

甲、凡新解放地区，自解放以来之战勤负担，应在发动群众基础上，一律以乡为单位，依《陕甘宁边区人民战时服勤条例》之规定，按户登记过去实服勤工，计算出应服勤工后，以长还短补，进行清理。其中关于地主富农之财富勤力，已规定标准并公认合理者，即依所评勤力负担战勤；其未规定标准或标准不恰当者，暂按本年负担公粮额附加征工，可按每负担公粮一市石，地主附加一个半至三个勤工，富农附加一个至两个勤工。各地应依公粮负担轻重及全乡战勤负担之实际情形民主评定之。

乙、还工分"折价还工"与"以工还工"两种。家境较好户之欠工，以折价还工为主，工价以不低于当地当时最低工价为原则；家境贫苦户之欠工，可采以工还工办法，由村民民主评定之。

丙、在调整负担时，对于隐瞒年龄、牲畜、雇工及虚报勤工者，须教育其自知错误，并经村民会议重新正确评定，加以调整。其系落后干部及旧保甲人员故意舞弊者，则经群众进行教育清洗之。

丁、老解放区因经过多次调整，故不必进行一般调整。个别地区未经调整，负担悬殊者，得依战勤条例，进行个别调整。（如新收复地区及黄龙部分地区，已经土改者，依按劳负担、照顾贫苦原则清理；未经土改者依劳财共负原则清理。）

二、关于安抚伤亡

甲、民工在服勤中牺牲者，应依边区抚恤条例发给遗属恤金。其家属要求搬运遗体回籍者，应发给路费、埋葬费，并介绍当地及沿途政府帮助寻找和动员民力搬运。运回安葬时，应派干部组织当地群众举行追悼。遗属确属贫苦无以为生者，得适用烈军属优待办法，给以具体帮助。

乙、民工在服勤中残废者，应依抚恤条例发给抚恤金；其因重残废不能劳动生产且家中确实贫苦无法为生者，亦得适用烈军属优待办法，分别给以具体帮助；其在服勤中伤病尚未痊愈者，经过县以上政府之批准介绍，得送公立医院医疗，或发给部分医疗费，使其在家疗养。

对于民兵伤亡之安抚，得参照上两项之规定办理之。

三、关于奖评民工

甲、各县对历次复员回来的民工，应有计划有领导有准备地召开村民大会，进行奖评，分明赏罚。其有功绩者，除给予口头表扬外，并依功绩大小，由县政府审核，分别给予登报表扬、传令嘉奖或物质奖励；其有特殊功绩者，并报请上级适当奖励；其有中途逃亡或犯过失者，依照情节大小，分别予以口头批评、当众教育或适当处罚。

乙、民工在服勤期间，如因当地照顾不周，生产受损失，影响其生活者，在调整负担时，应予适当照顾。对照顾民工家庭生产尽职者，分别奖评。

四、关于赔偿损失

甲、人民在服勤中，损失的牲畜车辆，其未经清偿者，得进行清理补赔工作。

乙、凡具有使用部队或损失地点区以上政府之确实证明文件或服勤民工三人以上之证明，确系因服勤损失牲畜、车辆者，得根据损失户家庭经济情况，分别办理：其损失致严重影响家庭生产与生活者，赔偿全部；其损失对家庭生产与生活有相当影响者，酌赔一部或大部；其损失影响不大者，可酌量赔偿或在负担方面酌情照顾，并应恳切解释。

丙、所需赔偿或补偿数量，须经由村民会根据原牲口体质、口齿和车辆器材之质料，依战勤条例之规定，民主评定，连同损失地点、损失情况（包括损失程度、原因）证明文件，呈报县政府切实审核转呈专署批准。

丁、赔偿物资，应先尽部队送给民工队之牲口或当地原属公有尚未处理之牲口车辆，及拆除工事中原主认领后之剩余器材折价拨付。其不足之数，如系历次战役之零星损失，可在各县地方粮款内开支，呈经专署报销；如系某一个战役的大宗损失，应由专署汇总决算连同详细清册，呈报边府民政厅审查后再行处理。

戊、我军修筑工事（不包括敌人修筑的工事）借用之民间器材，于任务完成后，首应拆除工事，交群众认领，原物归还；其材料损毁程度仍可改作他用者，酌量赔偿其损失之一部；其损毁程度已至不堪应用及原物遗失无法归还者，参照乙项所定赔偿牲口车辆的原则酌情处理之。

己、损失之牲口车辆，如有下列情形之一者，一般不予赔偿，个别的酌量补偿。

1. 被雇用服勤者，一般不赔；如严重影响其家庭生产与生活者，酌补偿三分之一或二分之一。

2. 非在服勤期间病毙被俘者不赔。

3. 民工逃跑抛弃牲口、车辆而致损失，其属于本主者不赔，其属于别人者由逃跑民工负责寻获或赔偿一部。但逃跑民工无力赔偿或失主因之严重影响家庭与生活者，由公家酌予补偿一部。

4. 在服勤中，牲口及车辆之损失，如系民工自己过失所致者，不予赔偿；如因之严重影响家庭生产与生活者，酌予救济一部。

以上各项，望于令到之日，立即召开适当会议详加研讨，根据各地具体情况，订定不同的工作重点及实施细则，利用冬闲季节结合中心工作办理，务于本年内将调整负担及初步清理总结战勤工作情形报告民政厅。明年三月前，写成全面总结，寄报本府为要！

此令

主　席　林伯渠

代主席　刘景范

副主席　杨明轩

【资料来源】

甘肃省社会科学院历史研究室编：《陕甘宁革命根据地史料选辑》第三辑，甘肃人民出版社，1983年，第513—517页。

陕西省档案馆、陕西省社会科学院合编：《陕甘宁边区政府文件选编》第十四辑，档案出版社，1991年，第310—313页。

二、拥军的其他方式：自卫军、少年先锋队

1. 陕甘宁边区政府、边区保安司令部命令
——公布《陕甘宁边区抗日自卫军组织条例》

（1937年10月1日）

兹制定《陕甘宁边区抗日自卫军组织条例》公布之。
此令

代　主　席　张国焘
保安司令员　高　岗
副司令员　周　兴

附：陕甘宁边区抗日自卫军组织条例

第一条　为动员边区人民实行对日抗战，特颁布本条例。

第二条　抗日自卫军系边区内半军事性质的群众抗日武装组织，同时是抗日的后备军。

第三条　抗日自卫军的任务：

（甲）保卫边区。

（乙）配合保安队或单独负责消灭汉奸、土匪，搜索零星匪徒，捕捉侦探。

（丙）担任警戒，设置盘查哨。

（丁）侦察敌情，递送情报。

（戊）经常进行抗战训练，负担抗时有关军事的工作。

第四条　抗日自卫军的队员：

（甲）凡边区的劳动公民，自愿执行抗日自卫军的任务与遵守抗日自卫军的纪律，年龄在十八岁以上四十五岁以下身体强健者，均有加入抗日自卫军的光荣权利。

（乙）适合（甲）项条件之妇女得按编制组织单独之妇女班排连，但小足妇女不得参加。

（丙）抗日自卫军之男女队员，均须经自卫军连部审查合格后，方得为正式队员。

第五条　抗日自卫军的编制：

（甲）抗日自卫军按班排连营编制，营为最高单位。

（乙）自卫军队员八人至十二人编成一班，设正、副班长各一人；二班至四班为一排，设正、副排长各一人；二排至四排为一连，设正、副连长各一人；二连至四连为一营，设正、副营长各一人。

（丙）各区班、排、连、营长负责军事指挥及教育，各副班、排、连、营长负责政治领导及教育。

（丁）每乡或地域接近之两个乡编成一个自卫军连，每区编成一个自卫军营（营即设在区政府所在地）。

（戊）为适应抗战和发挥模范作用起见，各自卫军连得按情况编制基干自卫军班或排，自卫军营得编制基干自卫军排或连。

（己）每乡或地域接近之两个乡内的妇女自卫军得按（乙）项之规定编成妇女抗日自卫军之班、排、连，选任妇女为正副班、排、连长，连为最高单位，各乡妇女须受同乡之男子自卫军连部指挥。

第六条 抗日自卫军的武器：

（甲）每个自卫军队员均须自备一件武器（如土枪、刀、矛、铁斧等）。

（乙）各基干队员之武器，须由自卫军营连部制备发给；必要时，得由保安司令部发给一部分新式武器。

第七条 自卫军各级首长之选任：

（甲）自卫军正、副营长由边区保安司令部任免之。

（乙）自卫军正、副连长由自卫军连队大会选出，经县保安大队部审查委任之，并呈报边区保安司令部批准。

（丙）自卫军正、副排长由自卫军排队员大会选出，经自卫军营部审查委任之，并呈报县保安大队部批准。

（丁）自卫军正、副班长由自卫军班队员大会选出，经自卫军连部审查委任之，并呈报自卫军营部批准。

（戊）各正副班、排、连长不称职时，得按（乙）（丙）（丁）三项关于委任规定之同等手续罢免之，其后继人选由各级队员大会选出，按（乙）（丙）（丁）三项规定委任之。

第八条 自卫军必须有自觉的严谨的纪律，由边区保安司令部另行制定公布之。

第九条 对整个抗日自卫军之领导、指挥训练，统由保安司令部负责，随时由保安司令部以命令行之。

第十条 本条例自公布之日起施行，本条例如有未尽事宜由边区政府修改之。

附：组织系统表（略）

【资料来源】

《抗日根据地政策条例汇集·陕甘宁之部》（上），1942年，第224—226页。

甘肃省社会科学院历史研究室编：《陕甘宁革命根据地史料选辑》第一辑，甘肃人民出版社，1981年，第447—449页。

陕西省档案馆、陕西省社会科学院合编：《陕甘宁边区政府文件选编》第一辑，档案出版社，1986年，第15—17页。

陕西省档案局编：《陕甘宁边区法律法规汇编》，三秦出版社，2010年，第82—83页。

2. 陕甘宁边区重新整理边区自卫军工作的决定

（1942年4月1日公布）

一、陕甘宁边区抗日自卫军，在保卫边区、巩固边区的总任务下，数年来参加各种抗战动员和建设工作，有其不可磨灭的成绩，然而由于组织的不健全，生产和动员任务不能耽误，更由于和平环境的影响及某些自然条件的限制，大大地阻碍了工作的进展，并且其组织方式亦颇有不甚相宜于新民主主义的建设。如：

（一）现有自卫军人数约七万人，仅占边区人口总数二十分之一强，这说明有大多数抗日公民尚未参加武装组织。

（二）就自卫军阶级成分说，尚未普遍到各个阶层中去，因此不能发挥广大群众力量。

（三）连以上的干部均系委派而非民选，因而不能发挥人民的积极性与自动性，巨大的革命潜力便不能充分发挥。

（四）在装备上尚未利用各种各色武器，同时技术训练亦差，教育工作限于少数队员且又不能经常与深入，因此即连为数甚少的队员亦难获其所需之实际教育。

上述弱点都直接或间接地减削武装群众的政治意义。假如我们的抗战建国工作没有广大人民武装支援，我们的巩固边区、建设边区的工作没有广大人民的武装协助，将都会受到巨大的损失，因此必须重新整理边区自卫军，并在组织上施以必要的改变，以求充分地发挥这雄厚的潜在力。

二、为充分地发挥人民的自动性和积极性，及适应新民主主义的建设，自卫军必须以民主集中制为其组织原则；同时为启发人民保卫家乡的意念和热情，及发挥熟知当地风俗习惯地理人情的特长，则应很好地把握其地方性，即必须按地区实行编制与领导：

（一）人民武装应以县为其最高民主组织单位，归当地政府领导与指挥；县以上统一的在保安司令部系统下。

（二）各县区均成立人民武装委员会，专门领导本县区的自卫军、少先队及属于本县区的地方部队。组织办法：

1. 县人民武装委员会，由全县武装代表会（每一百至一百五十名武装人民推选代表二人）民主产生委员七人，内主任副主任各一人。主任或副主任之一，则需具有必需之指挥能力。现即由区乡开始选举武装人民的代表。

2. 区人民武装委员会，由全区武装人民代表会（每乡武装人民三十人推选代表一人）民主产生委员五人，内主任副主任各一人，主任副主任亦须具有必需的领导指挥能力。

3. 各县区之人民武装大队部及营部，应与人民武装委员会混合组织，由主任或副主任兼任大队长（县）与营长（区）。队长由保安司令部加委，营长由县人民武装委员会加委，执行委员会的决定。另外大队部设干事二人，营部设干事一人，协助工作。

4. 乡不设人民武装委员会，只设连部，受区人民武装委员会与营长领导指挥，同时受同级乡政府领导。

（三）连以下各级干部（班长以上），均由本队民主选举，经县区人民武装委员会加委。

三、指挥关系：

（一）民主集中制，下级服从上级。

（二）政府有权指挥同级的人民武装自卫军与基干自卫军，应在政府意图下独立活动，战时应保持其机动性。

（三）人民武装在配合正规军作战时，应受正规军的指挥。

（四）为统一人民武装与保安部队的领导，仍将各地人民武装划归保安司令部系统，在该部内特设人民武装部（各分区保安司令部内设人民武装科；没有保安司令部之分区，人民武装科应设于专署），以加强领导和帮助人民武装的工作。

四、编制：

（一）凡年龄在十九岁以上五十岁以下之边区公民，不分阶级、性别、籍贯、宗教、党派、职业、民族，一律参加自卫军（十五岁至十八岁参加少先队另有详细规定）。

（二）自卫军与基干自卫军之基层组织为班，每班五人至十四人，内正副班长各一人；两班至四班为一排，设正副排长各一人；两排至三排为一连，设正副连长各一人。各连营编制，均按当地人口及居民区域划分，不必求划一，普通自卫军每乡成立一个连。

（三）基干自卫军应求质不求量，故即应重新整理淘汰老弱，而于自卫军中抽调精干壮健、觉悟较高，具有保卫家乡保卫边区热诚，其年龄不得超过四十岁者，大乡可成立一个排或两个班。

（四）妇女自卫军应单独编制不宜混合。

五、人民武装的任务：

（一）自卫军在平时协助政府维持一般社会治安；战时帮助军队侦察敌情，传递情报、书信，打扫战场，运输粮秣、伤兵、弹药，破路、修路、修筑或拆毁工事，及其他勤务等；必要时亦须参加实际战斗行动。

（二）基干自卫军的任务，是在警卫治安，保卫地方政权，侦察敌情；在战斗情况下，须配合军队作战，袭击少数敌人，破坏交通，防止武装奸细及土匪的活动，指导自卫军实行坚壁清野，掩护地方政权及人民转移，等；必要时亦需参加勤务工作。

（三）妇女自卫军可进行较轻的勤务工作。

六、人民武装的武器：

（一）普通自卫军以大刀、梭镖、土炮为主，并准备必需的扁担、绳子、担架、铁锹、斧子等。

（二）基干自卫军以较好大刀、梭镖、土炮、手榴弹（尽可能发给）为主，另配备一部步枪。

（三）必要时得以县为单位，设立火药制造所，制造红药、黑药、地雷、土炮（椿树炮、石头炮、抽水炮等），以供需要。

七、人民武装的教育训练：

（一）普通自卫军目前以训练干部为主，每年一至两次，时间半月至一月，其训练内容以本身工作技术与政治教育并重。

（二）基干自卫军以区为单位，每年集中训练一次（干部另行增训一次）。

八、人民武装的纪律：

（一）遵守政府法令与施政纲领，服从组织执行命令，不损害群众利益，不乱行敲诈与绑人，如违者送政府惩处。

（二）在军事集中行动时所犯（平时不得执行）军事上过失，重者送政府惩办，轻者由本队处理。其处罚办法分：劝告、警告、严重警告、罚勤务三天以下、罚禁闭三天以下。（排长以下无罚勤务禁闭之权，连长亦只有罚勤务一天以下之权。）处罚时连以下均须在自卫军人大会上宣布表决，而后施行，绝对禁止肉刑与打骂、戴高帽等非法处理。

（三）战场投敌及有反革命行为者，分别按锄奸条例处理之。

（四）缴获战利品及资材，应送交县自卫军大队部处理（如有重要文件及军用品并速即送交就近主力军）；在直接配合主力军作战时，则应全部送交主力军处理，不得私自拿走或任意损坏。

九、为加强政治工作，连设政治指导员一名，由区人民武装委员会指定，呈报县人民武装委员会加委。

十、人民武装的经费：

（一）日常办公及教育经费，统一由当地政府筹发，向边区政府报销。

（二）人民武装营以上的干部，应与同级政府工作人员受同等待遇，连长及以下皆不脱离生产。

以上决定，望各级军政机关切实按照执行为要！

主　　　　席　林伯渠
副　主　　席　李鼎铭
留守司令员兼政委　萧劲光
保安司令员兼政委　高　岗
副　司　令　员　王世泰
副　政　　委　吕振球

【资料来源】

《抗日根据地政策条例汇集·陕甘宁之部》（上），1942年，第178—183页。

甘肃省社会科学院历史研究室编：《陕甘宁革命根据地史料选辑》第一辑，甘肃人民出版社，1981年，第160—164页。

陕西省档案馆、陕西省社会科学院合编：《陕甘宁边区政府文件选编》第六辑，档案出版社，1988年，第10—14页。

3. 陕甘宁边区抗日自卫军组织条例

（1942年4月22日边府第十八次政务会议通过）

第一章　总则

第一条　边区人民在抗战建国时期，在边区政府领导之下保卫家乡、保卫边区，组织抗日自卫军（半军事性）。

第二条　抗日自卫军为人民自卫武装，不脱离生产。

第三条　凡边区军民十九岁以上五十岁以下者，不分民族、阶级、性别、宗派、信仰、职业，一律参加抗日自卫军，就自卫军、少先队中选择一部精壮勇健年在四十岁以下之男丁，组成为基干自卫军，其余均为普通自卫军。

第二章　抗日自卫军基本任务

第四条　普通自卫军之基本任务如下：

（一）维持地方治安，担任抗战勤务。

（二）敌人进攻时进行群众性之游击战争。

第五条　基干自卫军之基本任务如下：

（一）警戒地方治安，保护地方政府。

（二）清剿敌探与土匪。

（三）在战争情况下，配合正规军作战，或单独进行小规模的破击战斗，坚持游击战争。

（四）当敌人进攻时，指导普通自卫军实行坚壁清野，掩护地方政府与人民之转移。

第三章　抗日自卫军之领导与编制

第六条　抗日自卫军以县为其最高民主组织单位（在战争时期民主缩小可以指导[①]）。县以上统于边区保安司令部系统，在当地政府领导下成立人民武装委员会领导之。

第七条　组织系统：

（一）边区保安司令部（内设人民武装部）。

（二）分区保安司令部（内设人民武装科，无保安司令部之分区，武装科设专署内）。

（三）全县自卫军指挥机关，设自卫军大队部（设在县政府内）。

（四）区设自卫军营部（设在区政府内）。

（五）乡设自卫军连部（设在乡政府内）。各级政府日常有权命令与领导当地人民武装。

第八条　（一）县人民武装委员会七人组成，主任一、副主任一、委员五。（机关与大队合并不另设。）

（二）县大队部设大队长一、大队副一、干事二人至三人。

（三）营部设营长营副各一、干事一人（干事不脱离生产）。

（四）连部设正副连长各一人，政治指导员一人。

（五）排、班设正副排、班长各一人（连、排、班长均不脱离生产）。

第九条　抗日自卫军之队列编制人数，按当地人口及居民区域决定，不必划一。其名额如下：

（一）每五人至十四人为一班，二班以上为一排，两排以上为一连，两连以上为一营，两营以上为一大队。

（二）基干自卫军之编制与普通自卫军同，其不足一连者，日常仍受连部指挥，满一连者，另成立基干连连部（直属营部）。

（三）妇女自卫军单独组织直辖连部（其成分按当地情形与本人自愿）。

第十条　县区人民武装委员会，由县区人民武装代表大会根据民主集中制的原则选举产生（乡不设立人民武装委员会）。

（一）大队长、营长由人民武装委员会委员中具有军事能力者分任（正、副）大队长、（正、副）营长，具有政治工作经验者，分工担任指导全县自卫军军事政治工作，

[①] 几种版本皆如此，疑有误。可能是"战争时期民主组织单位可以缩小"。

如政治委员必须为共产党员。

（二）县以下之干部，均由人民自卫军军人大会选举（指导员除外）。

（三）县区出席代表大会选举条例另定之。

（四）连以上之干部当选后，呈请县人民武装委员会加委；排以下干部，呈请区人民武装委员会加委。

（五）县区人民武装委员会对所委干部有罢免权。

（六）连政治指导员由县人民武装委员会委派。政治工作直受县人民武装委员会指导。

县以上受边区保安政治部总的指导。

第四章　抗日自卫军之武器

第十一条　抗日自卫军自备应用之武器如下：

（一）普通自卫军之武器以大刀、梭镖为主，并配备足数应用之运输与破坏工具。

（二）基干自卫军以各种新旧式枪械及手榴弹与地雷、土炮为主，辅以大刀、梭镖及必要之破坏工具。

第五章　抗日自卫军之教育

第十二条　抗日自卫军之教育，军事政治并重，规定如下：

（一）军事教育以简单之游击战术与军事常识及使用武器，警戒之侦察情报勤务技术等为主。

（二）政治教育以新民主主义方针进行（内容另定），（以）战争情势与自卫军任务为主。

（三）除平时教育外，并利用按时间进行短期的集训。其实施计划，根据当时当地居民情形决定期限。其决定应经县武装委员会批准后执行之。

第六章　抗日自卫军之纪律

第十三条　抗日自卫军须遵守政府法令，如有违犯者，处治与平民同。

自卫军在行动时，军事纪律条令另定之。

第七章　抗日自卫军之经费

第十四条　抗日自卫军办公费及教育费，统由各级政府编造预决算报由边区政府核销，其会计手续并入各级政府总预决算内，不另立系统。

第十五条　区以上自卫军干部与当地政府同级工作人员受同等待遇。

第八章　附则

第十六条　本条例由边区政府委员会通过公布施行。

【资料来源】

《抗日根据地政策条例汇集·陕甘宁之部》（上），1942年，第183—188页。

甘肃省社会科学院历史研究室编：《陕甘宁革命根据地史料选辑》第一辑，甘肃人民出版社，1981年，第169—173页。

陕西省档案馆、陕西省社会科学院合编：《陕甘宁边区政府文件选编》第六辑，档案出版社，1988年，第115—118页。原注："选自《抗日根据地政策条例汇集·陕甘宁之部》（上），1942年7月编。"

张希坡编著：《革命根据地法律文献》第三辑《抗日战争—解放战争时期老解放区的法律文献（1937—1949）》第二卷《陕甘宁边区》（上）第Ⅰ分册，中国人民大学出版社，2021年，第392—394页。

4. 陕甘宁边区政府命令
——禁止擅自扩兵归队等扰民行动

〔战字第615号〕
（1942年11月16日）

各专员、县市长：

　　查近来各县有发生未经边府明令指示，擅自进行扩兵与归队运动，以及金融检查队之组织行为，肆行乡市，致使人民不安，于政府法纪亦属不合，兹特明令禁止。嗣后如未奉上级命令，再发生上述情事者，经查出后定予惩处，仰各专员、县市长遵照，并转饬所属一体遵照。于接获此禁令后，进行检查，并将检查结果随时呈报本府为要！此令。

主　席　林伯渠

副主席　李鼎铭

【资料来源】

　　陕西省档案馆、陕西省社会科学院合编：《陕甘宁边区政府文件选编》第六辑，档案出版社，1988年，第393页。

5. 陕甘宁边区动员潜逃及逾假不归战士归队暂行办法

（1942年12月9日边区政府委员会第三次会议通过，
1943年1月17日公布[①]）

一、本办法为动员潜逃战士及逾假期未即归队之战士立即归队，以巩固抗日部队充实抗战力量而制定之。

二、凡曾经自动或经政府动员入伍八路军及陕甘宁边区保安部队、警卫队服役之战士，而自由潜逃归家，或逾越假期未即归队者，如无特别违法行为（包括军法与地方法律），均得依照本办法动员其归队。

三、凡潜逃归家或请假归家之战士，政府或其他地方机关团体及非原属部队，不得自由留下分配工作，应动员其归队。在本法令颁布前其有个别已经参加地方工作而成绩卓著者，亦须商得各该原属部队之同意后，方可停止归队。

战士请假归家，须持有原部队证明书，无者以潜逃论，并即动员其归队。

四、凡动员归队，以逃走或逾假不归战士本人为限，不得强拉他人替代。

五、凡有下列情形之一者，不得视为八路军或边区保安部、警卫队潜逃战士，并不得令其归到八路军或保安部队、警卫队：

（甲）曾从八路军或保安部队、警卫队中潜逃至其他军队服役后，又回到家乡无论其退伍潜逃请假或被开除者；

---

① 关于本办法的公布日期，甘肃人民出版社1981年版《陕甘宁革命根据地史料选辑》第一辑标作"1月15日"；档案出版社1988年版《陕甘宁边区政府文件选编》第七辑标作"1月17日"，由边区政府与第十八集团军后方留守处以联合命令的形式公布。

（乙）从未入伍到八路军或边区保安部队、警卫队，而在其他军队服役后又回到家乡，无论其退伍潜逃请假或被开除者；

（丙）曾被八路军或边区保安部队、警卫队开除军籍并有证明文件者；

（丁）凡民国二十五年底以前归家之战士。

六、凡曾在八路军或保安部队、警卫队服役有下列情形之一而归家者，不得视为潜逃并无须归队之：

（甲）因残废和年老准予退伍并持有退伍证者；

（乙）因年龄未满十六岁不合入伍年龄经部队退回者；

（丙）因体格不合，患神经病，染有恶劣嗜好和有重大宿疾，经部队退回并有证明或已经潜逃归家经医生检验属实者；

（丁）因其他原因部队洗刷淘汰并有证明者。

七、凡在八路军或边区保安部队、警卫队服役有下列情形之一而归家者，须依军法制裁之：

（甲）携带武器军饷或军事机要文件潜逃者；

（乙）为首组织一人以上潜逃者；

（丙）潜逃二次以上而在通知归队又拒绝履行者；

（丁）在部队中因有犯法行为畏罪潜逃者。

八、归队工作必须经过政府去进行，军队不能直接下乡捉人。军队中若发生潜逃及久假不归者，可即时将潜逃战士姓名、籍贯、住址通知当地政府，请求政府帮助动员归队；同时地方政府在发现有潜逃战士时，虽未得军队通知，亦应负责动员归队。

九、若发现军队不经过政府直接下乡捉人归队，政府有权干涉制止；但若政府对归队工作执行不力，军队有权要求上级政府处罚。

十、在归队运动中，必须注意与实行下列各项工作：

（甲）潜逃归家或逾越假期之战士，必须于十日以内促其归队，不得拖延时日。

（乙）在动员归队中，须先采取说服教育，使其自觉自动归队；其家庭困难，应予适当解决。但经说服教育仍无理拒绝归队时，可采取最后捕送办法，使其归队。

（丙）在归队中，政府应备办宿舍饭食以招待之，必要时可设立招待所招待之，此项费用可由各该接受部队担负之。

（丁）在成排战士归队中，各级政府应发动归队战士经过之沿途居民，布置欢迎欢送，并斟酌予以物质之慰劳。

（戊）在归队中，经动员归队之战士应由政府造具名册以备存查，并分别送给各该应接收部队（登记表格另制）。

（己）动员归队战士，系属本分区或本县驻防部队时，可直接送还之；如属于分区及县以外驻防之部队时，则可送专署转送各该部队。

（庚）潜逃战士之家属及邻居亲友，除确有实据包庇逃亡者外，不得任意侵害他们的人权。

（辛）在归队中，各级政府奉行得力者，由边区政府酌予奖励，若奉行不力，而纵容或从中舞弊者，则以包庇论罪。

十一、凡非八路军或边区保安部队、警卫队而家在边区内之其他军队潜逃回家之战士，如各该部队主管长官请求动员归队或制裁时，须经边区政府许可始得进行动员归队。

十二、本办法如有未尽事宜由边区政府随时修改之。

十三、本办法自公布之日施行。

【资料来源】

《陕甘宁边区政策条例汇集》续编，1944年，第149—152页。

甘肃省社会科学院历史研究室编：《陕甘宁革命根据地史料选辑》第一辑，甘肃人民出版社，1981年，第243—246页。

陕西省档案馆、陕西省社会科学院合编：《陕甘宁边区政府文件选编》第七辑，档案出版社，1988年，第33—35页。

陕西省档案局编：《陕甘宁边区法律法规汇编》，三秦出版社，2010年，第518—519页。

6. 陕甘宁边区政府命令

——为令三十一年年底前潜逃及逾假不归战士均免予归队俾回家参加生产

〔战字第655号〕
（1943年2月2日）

各分区专员、各县市长：

　　查边区今年施政方针，已确定发展生产为第一等中心任务。数年来边区内因相对的和平环境影响，潜逃及逾假不归战士为数颇多。若欲全数归队，势有不能，而此相当数量生产力量，不能安心生产，甚至逃避他乡，影响边区生产殊大。为此，特通令凡至民国三十一年十二月三十一日以前潜逃或逾假不归战士，一律免予归队，俾能各自归家，参加生产工作。但自民国三十二年一月一日以后潜逃及逾假不归战士，则必须遵照今年一月十五日本府颁布之《动员潜逃及逾假不归战士归队暂行办法》切实执行，并严令区乡政府切实负责，不得宽容一人，以符拥军与发展生产两大任务。望各级政府切实遵照为要。此令

主　　席　林伯渠
副主席　李鼎铭

【资料来源】

《陕甘宁边区政策条例汇集》续编，1944年，第153页。

甘肃省社会科学院历史研究室编：《陕甘宁革命根据地史料选辑》第一辑，甘肃人民出版社，1981年，第252页。

陕西省档案馆、陕西省社会科学院合编：《陕甘宁边区政府文件选编》第七辑，档案出版社，1988年，第67页。

7. 陕甘宁边区军用电话线保护办法

（1943年3月22日颁布）

边区军用电话线，常遭破坏，据现有两机关不完全统计，在九个月内，已损失电线千斤之巨。检查结果，多系断线后被窃，次为敌探奸细所毁。当此通讯材料异常缺乏，价格昂贵，购买不易之际，交通一断，边区建设及军事指挥均感受极大困难。为此，特制定保护办法如下：

一、各县区乡政府及驻军，应负责教育其所属人员，注意电话线之保护。凡设置有电话线之地带，概不准在电杆上拴牲口及在电线上晒挂衣物；若遇断线时，即当派人或用电话通知电话管理机关，不准随意将电线撤去，作为零用，或采不管态度。

二、凡电话经过居民之土地，该土地之主人应负照料之义务。若该段有断线事故发生，应即报告村长，请其迅速告知电话管理机关及时修复；若察知电杆腐朽，亦应报告村长转知电话管理机关修理。

三、驻军居民及各乡村哨站人员，应经常注意来往行人，若带有电话线者应查明来历（凡带有电话线之介绍信、商店之发票及部队行动时所带者均属例外），行〔形〕迹可疑者，即可送当地政府审讯。

四、各县应令区乡政府及锄奸机关，召集居民会议，具体讨论军用电话线保护办法，教育居民防止投机发财者之破坏，并调查群众家中有无保存之电话线，如有则详细报告政府备案，否则查出后得没收之。

五、本办法自公布之日起施行。

【资料来源】

《陕甘宁边区政策条例汇集》续编,1944年,第257—258页。

甘肃省社会科学院历史研究室编:《陕甘宁革命根据地史料选辑》第一辑,甘肃人民出版社,1981年,第291—292页。

陕西省档案馆、陕西省社会科学院合编:《陕甘宁边区政府文件选编》第七辑,档案出版社,1988年,第146—148页,附1943年3月22日"战字699号"命令公布。

陕西省档案局编:《陕甘宁边区法律法规汇编》,三秦出版社,2010年,第215页。

8. 陕甘宁边区服制规则

（1943年4月颁布）

（一）为维护边区革命秩序及整齐服装符号制度，特制定本规则。

（二）除军人遵照军事指挥机关规定之服制穿着外，其他任何人员，一律禁止穿军服、戴军帽、扎皮带、打绑腿。

（三）凡机关、学校、团体人员，除遵照上条规定外，可以自由穿着，但一般的应以学生装、中山装为适宜。

（四）公安局警察、各县警卫队，一律着灰色军装，戴同色军帽，打同色绑腿，扎皮带，并佩戴领章（红色绿边）、臂章（白布蓝字）、符号（在臂章背面）。

（五）各机关、学校、团体人员佩戴之符号，暂规定概用布制，分干部佩用及普通人员佩用两种，式样如下：

A．干部佩用的：

第　　号
（机关名称）
年　度　用

红边白底

B. 普通人员佩用的：

第　　号
（机关名称）
年　度　用

蓝边白底

（六）凡机关团体人员，必须佩戴符号，符号规定戴在左胸制服之口袋上部；如有特殊情形未着制服而着便衣者，则符号应放在口袋内，以便检查（干部之家属发给干部佩用之符号，如着制服，亦应遵照规定佩戴符号）。

（七）边区一级用的符号由边区政府财政厅统一制发，专县（市）以下用的符号，由各专员公署统一制发，并检用符号式样二份及起用日期，呈报边府备查。

（八）边区各大学、中学、师范员生所佩用符号，由各学校制发，将符号式样二份及起用日期：呈报边府备查。

（九）各机关团体所佩戴之符号，不得借他人佩用。如有遗失，必须登报声明作废。如因工作调动等要离开职务时，须将符号交还原机关。

（十）本规则公布后由各有关主管机关克日施行。

【资料来源】

陕西省档案馆、陕西省社会科学院合编：《陕甘宁边区政府文件选编》第七辑，档案出版社，1988年，第204—206页。

陕西省档案局编：《陕甘宁边区法律法规汇编》，三秦出版社，2010年，第184页。

9. 陕甘宁边区政府关于粉碎敌军"清剿"的指示

〔新胜字第24号〕

（1947年6月21日）

各级政府：

敌军此次向志丹等地"清剿"，不仅到处烧杀抢奸，并把搜寻到的老百姓，不论男妇老幼，掳往延安，企图彻底摧毁我根据地，使我军失去生存条件，我们如能及早揭破这种阴谋，组织群众进行反"清剿"，本可避免损失，但由于我各级政府对人民负责不够，未能及早认真总结敌军破坏暴行的教训，提出具体办法，组织领导群众进行反"清剿"斗争，以致此次敌到之处，人民遭受损失仍极严重。各级政府和干部，必须以严肃沉痛的态度，深刻检讨自己的缺点和错误，记取经验教训，组织领导群众，坚决打击并粉碎敌军"清剿"。

已遭受敌军"清剿"蹂躏的地区，各级政府应即分派干部深入农村，召集群众回家，殷切慰问，号召互助互救，进行调剂，解决每家迫切困难问题，立即恢复生产，调剂籽种，赶种糜子、荞麦，组织割麦藏麦。对敌军暴行进行调查登记与宣传解释，纠正群众中的悲观心理，激发复仇情绪，把悲痛变成力量，全体人民组织起来进行反"清剿"斗争。无论敌军已到或未到地区，均应立即普遍建立民兵组织，严密分工，加强侦察敌情、盘查敌探及村与村、乡与乡间的了〔瞭〕望哨和联络哨，大量发展游击队，经常袭击敌人并牵制敌军"清剿"时之行进，掩护群众转移。研究经验，根据敌情，在"清剿"时预先指定干部或群众信任爱戴的积极分子，领导组织老弱妇孺有计划地转移,壮年男子除随妇孺转移者外,其余最好随游击队行动,防止被敌捕获。坚壁工作均应重新检查,根据新的经验,另行缜密埋藏,不论公私物资,不得敷衍塞责。今后如因不负责任而造成之物资损失,当地政府及保管人员应受行政处分。敌军"清剿"撤退后的地区,并应即时检查坏分子,镇压反革命,进行审查干部,改造乡村政权,进一步提高群众认识,一心一意为战争服务,掀起参军热潮,坚决支援前线,以加速胜利的到来。

各级政府接此指示后,应即认真讨论,根据具体情况布置工作,并将工作情形随时报告本府。安塞、志丹、靖边等遭受敌军"清剿"地区,尤须将敌军暴行调查登记材料及经验教训之总结迅速整理寄来,以资介绍各地参考。

主　席　林伯渠

副主席　李鼎铭

刘景范

【资料来源】

甘肃省社会科学院历史研究室编:《陕甘宁革命根据地史料选辑》第三辑,甘肃人民出版社,1983年,第244—245页。

陕西省档案馆、陕西省社会科学院合编:《陕甘宁边区政府文件选编》第十一辑,档案出版社,1991年,第170—171页。

10. 陕甘宁边区潜逃战士归队条例

（1949年9月27日）

第一条　为充实人民武装力量，巩固革命部队，特制定本条例。

第二条　西北军区政治部统一掌管全军区归队工作，二级军区政治部或军分区政治部、各县政府递受西北军区政治部之指挥，督导所属区乡政府负责各该区内归队事宜。

县武装科承县长之命直接管理归队事宜，区、乡、村各级在区、乡、村长领导下，由优军委员会与优军小组兼办，不专设归队组织。

第三条　凡曾参加人民解放军、保安警卫部队、游击队、警察及军事勤务部门之人员，不论属何职位，于民国三十六年一月一日以后潜逃回家者，均依本条例动员其归队。

上项人员请假回家而无原部队证明手续者，以潜逃论。

第四条　各级政府或其他地方机关团体，对潜逃或逾假不归人员，不得擅自分配工作或包庇隐藏，违者以渎职论处。

已经分配工作或有包庇隐藏情事者，除查明责任酌情予以处分外，对于潜逃人员仍须严加教育，立即遣送归队。

第五条　动员归队以潜逃或逾假未归本人为限，严禁强拉他人代替。

第六条　有下列情形之一者，不得令其归队。

一、因残废、患慢性病或年老，部队准予退休并有书面证明者；

二、经部队洗刷或开除军籍并有证明者；

三、因年老或体格不合，经部队检查遣送回籍并有证明者；

四、民国三十五年十二月三十一日以前潜逃或逾假未归者。

第七条 有下列情形之一者，免予归队，但须由村民会民主讨论通过，呈经县政府批准，给予免役证，方为合法。

一、确系独子者；

二、年令〔龄〕未及十八岁或已逾四十五岁，不合服军役年龄者；

三、在家负责赡养直系亲属四口人以上，再无劳力，生活特别困难者；

四、身体残废或患慢性病，经医生检验证明，确系不能在部队服务者。

上项人员如系连级以上干部，须经县政府转呈军分区政治部或西北军区政治部批准。

第八条 有下列情形之一者，应暂缓归队，但情形消失后，须保证立即归队。

一、本人患病未愈者；

二、家有婚丧大事者。

第九条 各部队如发现本部有潜逃或逾假未归人员，应即详细开列姓名、年龄、职别、籍贯、住址，直接通知该管军分区政治部转饬当地县政府，负责动员归队。

各级地方政府如发现所辖区内有潜逃或逾假未归人员，应不待通知，立即负责动员归队。如潜逃或逾假未归人员又转逃他处时，并应详细开具姓名、年龄、部别、籍贯、逃亡地址及其社会关系，通知逃往所在地县政府，所在地县政府即应负责动员归队，不得推诿。

第十条 各级政府对潜逃或逾假未归人员，应采用各种办法，适当解决家庭困难，并进行深入的政治思想动员，造成群众性的反逃跑运动，使其自愿归队，严禁捕捉、欺骗、捆绑、威胁等恶劣行为。

第十一条 各县集中归队人员，在十人以上者，设归队战士收容所收容之；不足十人者，在警卫队内临时收容，并于五日内造具名册送交军分区政治部，由军分区政治部专设补训营收容、管理、训练之。

第十二条 在接送归队战士中，各地政府应组织群众欢迎、欢送、慰劳。并由首长访问讲话，鼓励其归队热情。在临时收容及定期训练期间，并应贯彻思想教育，继续启发或提高其政治觉悟，巩固其归队情绪。

第十三条 各县、各军分区政治部于接到归队人员后，应首先依本条例第五、六、七、八各条逐一审查，如有不符上述规定者，立即分别处理。并检查归队战士家庭困难已否妥当解决，如未解决，应负责保证，令所属区乡切实解决。

第十四条 各县对军分区政治部，军分区政治部对二级军区政治部或西北军区政治部，须定期报告归队工作情况，由二级军区政治部或西北军区政治部通知各部队定期到各军分区政治部接收，或通知军分区政治部送交各部队。如归队战士原部驻扎本分区或本县境内者，可由军分区政治部或县政府造册径交原部接收。但须呈报上级军区政治部备案。

送交归队战士时，应将归队战士姓名、年龄、籍贯、原部队番号、任职、离队原因、日期及表现情况，一并造册送交接收部队，以便衔接教育。

第十五条　地方军政机关及其工作人员，对归队工作奉行得力并获得显著成绩，或奉行不力、纵容包庇、从中舞弊者，得分别呈报边区政府及西北军区政治部给予表扬奖励或处分。

第十六条　归队战士之伙食，按地方军标准供给，各县归队所需经费得于送交战士时造具决算，向军分区政治部请领，军分区政治部统一决算，向二级军区或西北军区后勤部报销。

第十七条　本条例自陕甘宁边区政府及西北军区司令部公布之日施行。

【资料来源】

陕西省档案馆、陕西省社会科学院合编：《陕甘宁边区政府文件选编》第十四辑，档案出版社，1991年，第122—125页。

陕西省档案局编：《陕甘宁边区法律法规汇编》，三秦出版社，2010年，第166—167页。

11. 陕甘宁边区抗日少年先锋队组织条例（草案）

一、名称：本队组织固定名称为"陕甘宁边区抗日少年先锋队"，简称为"少先队"。

二、宗旨：少先队以加强青年军事训练，锻炼青年体格，发扬青年抗战积极性，武装青年，动员青年保卫边区，增加抗战力量为宗旨。

三、队员：凡边区十四岁至二十三岁的男女青年，体格壮健并赞同本队宗旨、遵守本队纪律者，依照入队手续，均可加入本队为正式队员。

四、队员之权利与义务：

本队队员有下列权利：

1. "选举队长与副队长之权"，有选举权与被选举权。

2. 向上级机关批评与建议之权。

3. 受本队军事与政治教育之权。

4. 参加队员大会决定本队基本方针之权。

本队队员有下列之义务：

1. 参加保卫边区之各种工作，如维持治安、警备戒严、动员参战、执行一切工作决议。

2. 爱护本队名誉。

3. 遵守本队纪律。

4. 参加本队本身一切教育训练动员工作。

五、纪律：本队纪律依靠队员自觉执行，但在必要时可以采取下述制裁办法。

（一）口头劝告；（二）警告；（三）严重警告；（四）开除队籍。

六、组织原则：本队组织原则为民主集中制，各级正副队长均由该级全体队员大会选举，工作方针由全体队员大会决定，但在执行决定得成立小队，凡在一乡内得集合各小队组成中队，凡在一区内得集合各中队组成大队，各队选正副队长领导全队工作。

七、领导：本队各级组织概归各级青救会领导，各级分队得参加各级青救领导机关，中队长兼青救俱乐部军事体育干事，大队长兼任青救会军事体育干事。（本队组织系统图略）

八、队长任期：本队大队长半年，小队长一月，中队长两月，连选连任；但在青救认为必要时，或全体队员要求时，可随时调动或撤换之。

九、装备：本队装备由各个队员自备，每人最低限度必须备武器一件，此种武器仍归各个队员保存。

十、经费：本队经费由各级青救会批准供给。

十一、修正条例之规定：本条例有未尽事宜，得由队员大会通过，呈请边区青救会修改之。

【资料来源】

《抗日根据地政策条例汇集·陕甘宁之部》（上），1942年，第188—190页。

甘肃省社会科学院历史研究室编：《陕甘宁革命根据地史料选辑》第一辑，甘肃人民出版社，1981年，第455—457页。

三、经验总结

1. 陕甘宁边区政府给固临县政府的指令

〔抗字第254号〕

（1939年10月8日）

令固临县县长赵建国

九月二十二日呈一件，为呈报何军过境给养布置及动员情形仰鉴核由。

呈悉。准予备查。友军强住民房应向其上级交涉制止，群众怀疑，可尽量解释，使其无碍于动员工作，仰即知照。

此令

主　席　林伯渠
副主席　高自立

附：固临县政府呈文

呈为呈报事，案奉钧府训令持字第六十七号内开："准八路军留守处转来邓总司令电：以骑二军何军长部过境，请饬各县准备粮秣，仰该县长即行准备。"奉令前因，职于本月十二日讨论，于十三日县派去金临两区干部六个，组织军用代办所。兹将布置动员情形报告于下：

一、粮草料动员情形。这次动员供给该骑兵的给养，皆布置在金临两区动员，因前奉指示中该军于十五六号即要经过，所以恐在其他区动员赶不及需用。共布置草七万五千斤，米六十五石，料八十石（三十斤斗）。以设大小站各一处计，同时与该军李联络员商定需用之数量，于十七号动员送站，米十石，料十石，草七千余斤，亦继续地运送。虽近数天未接到报告，但我们估计能赶上需用。因职亲身去布置了一次，粮草料已如数买到，同时该两区干部每乡派一二人，指示乡级干部直接到每个农村督促，并且限定于十八号皆要送到粮站（恐于十八号送不齐，因米碾不及之故），总之可能供足需用。

二、设立粮站及军用代办所人员配比问题。军用代办所我县设立大小各一处，大站在曲里村，小站在金盆湾。此外西村、麻头川村皆设有收发粮处，因该军驻宿多系此村，为发粮便利。至于人员配比，县派去干部六人（县委巡视员二人，政府第二科长、其余科员），该两区少数干部参加（每区一二人）专门负责，大部分干部在曲里，军粮代办所驻金盆湾，西村、麻头川皆系一二人负责收发。关于发粮手续由曲里军粮代办所发支粮证，其余收发粮处只是照支粮证及领条发给。

三、住宿地址问题。在付家湾上川住宿（此村距临镇十里）令区政府专派人员去区找就房屋，某村可住多少，给伊通知。在住宿发生问题，于十九号来一个连，二十号来一个团，该军将找下的房子不住，便要住群众未腾房屋，群众不给，而该军强住，此问题因才发现，尚未交涉。

四、慰劳问题。已给群众进行了解释工作，如该军来时给烧开水，该区柴水较广，已动员群众慰劳而不收价钱。同时动员群众在自愿条件下，可以菜蔬集中的慰送，以村为单位的送该军所部。至于标语张贴，欢迎以县政府及金临两区政府抗后会名义写的，由临镇至金盆湾道路、村庄皆有张贴，此外临镇驻四营亦张贴标语。

五、警觉性问题。给金、临两区干部及县上派去干部已经指出，估计该军经过当无问题发生，不过不得不提高革命的警觉性。因该军开赴前线，应防止个别问题发生，同时应防止顽固分子来破坏与捣乱边区,所以着由保安科系统之下布置收集材料,是否有顽固分子的活动,特别是该军所宿营村庄已有布置下人员收集该军行动、言论、表现,作为每日汇报一次。现在该军才开始经过,尚未接到该区报告,据说也没发生大的问题,所发现的就是十八号该军六个骑兵在临镇川转查路线一次,已向宜川县去了,有何用意还不能清楚。另外群众发生恐慌,因该军在住房子时强住民房,同时群众看见第四营以前修筑工事,恐要打仗。此问题已给群众在修筑工事时已有解释,现在动员粮食中,同样布置给解释之。不过群众总有如此之怀疑。其次,凡队伍经过路线的村庄,青年妇女已移住偏僻村庄。

　　以上各节,备文呈报,仰祈鉴核示遵。谨呈
陕甘宁边区政府主席林、高

固临县县长　赵建国
九月二十二日

【资料来源】

陕西省档案馆、陕西省社会科学院合编:《陕甘宁边区政府文件选编》第一辑,档案出版社,1986年,第387—389页。

2. 加强军民团结

（1941年8月28日《解放日报》社论）

边区施政纲领第三条写着：

"提高边区武装部队战斗力，保证其物质供给，改善兵役制度及其他后方勤务的动员制度，增进军队与人民的亲密团结。同时加强抗日自卫军少先队的组织与训练，健全其领导系统。"

第四条又说：

"加强优待抗日军人家属的工作，彻底实施优待条例，务使八路军及一切友军在边区的家属，得到物质上的保障与精神上的安慰。"

上述两条纲领，把共产党对于团结边区军民的主张，说得明明白白了。

我们现在正处在抗日战争烽火连天的时候，隔着一条黄河，就是华北战场。那里的日寇，正在屠杀焚掠，正在"强化治安"，正在企图把我们的同胞做成永不翻身的亡国奴隶。日寇的炮弹，常常打到黄河西岸来；日寇的飞机，已经多次轰炸过延安。日寇对于陕甘宁边区的同胞，是决不会忘怀的，日寇时时刻刻想方设法来摧毁这一模范抗日根据地。

在边区周围，驻着很多友军，其中的一部分，在亲日派反共的策动之下，不顾民族团结与抗战大义，向边区修筑重重叠叠的堡垒线，封锁边区的经济和交通。亲日派反共派为了实现其投降妥协反人民的阴谋，对于获得了民主自由的模范抗日根据地陕甘宁边区，也是决不忘怀的。亲日派反共派也时时刻刻想方设法要来摧毁陕甘宁边区。

抗战四年以来，依赖于边区军民的亲密团结，依赖于华北八路军的坚持敌后抗战，依赖于全国同胞坚持抗战坚持团结，依赖于国外正义人士全力援助，边区得以存在和发展，不论在政治改进方面，在经济建设与文化建设方面，都取得了许多成绩，人民安居乐业，民生逐渐向上，因此证明共产党主张的正确，显示了中华民族力量的伟大，坚定了全国同胞抗战必胜建国必成的信念。

边区军民的亲密团结，是边区巩固的主要条件之一。如果没有边区武装部队抛头流血，栉风沐雨，来保卫边区，边区就不能存在，农民就不能安宁耕田，工人就不能安宁生产，商人就无法经商，妇女就没有幸福的家庭，青年就不能安心读书，儿童就不能好好养育。边区同胞的生活越是幸福，就越要记着八路军，感谢八路军。另一方面，如果没有民众对于军队的拥护和帮助，补充军队，供给粮草，慰问伤病，优待抗属，帮助运输，帮助作战，则军队也不能胜利。边区的军民团结，与敌后各抗日根据地一样，成为全国的模范。自从无理停发八路军经费以来，已经一年，依靠着边区军民的亲密团结，边区武装部队依然存在，依然具有高度的战斗力，没有被饿死冻死，这就是边区居民关系良好的充分证据。

边区是模范的抗日根据地，继续巩固边区，这是争取抗战建国大业胜利的一个重要工作。要达到这个目的，则有待于边区军民关系的更进一步的改善。在军队方面，要更加爱护民众；在民众方面要，要更加爱护军队。

军队更加爱护群众，这就是说，要巩固边疆防务，更好地遵守纪律，实行政府法令，减少人民的负担。凡是合乎上列原则的，无不竭力以赴；凡是违犯上列原则的，无不求去务速。一切要着眼于长期地坚持这一块根据地，不因为临时的部分的利益，把根据地抓烂一点。今年边区的武装部队，虽然在紧张的情况之下，仍能不但完成军事任务，且在屯田的工作方面收得很大的成绩，极大地减轻了民众的负担，帮助民众春耕锄草和夏收的工作，亦有卓著的成绩，还是很好的，值得奖励的。今后更应循此方向，继续努力，特别应当加强部队中关于政策法令的教育，反对个别人员中残存的和发展起来的本位主义军阀主义现象。

另一方面，民众应该在政府领导之下，更加爱护军队，拥护军队，巩固军队，尊重军队，这样就是爱护自己，帮助自己。我们有责任来养活自己的军队，维持自己的军队。亲日派反共派毁坏八路军的名誉，我们自己来提高八路军的威信。特务分子离间军民关系，挑拨民众怨恨八路军，不帮助八路军，我们自己要求爱护八路军，无微不至地帮助八路军，给八路军饭吃，给八路军钱用，给八路军房子住，给八路军水喝，给八路军补充兵员，给八路军服后方勤务，给八路军部队和伤病员以不断慰劳，给八路军和一切友军的军人家属以优待。我们要实现边区施政纲领的第三、第四条，象〔像〕实现其他各条一样努力，一样积极，一样彻底，一样完满。

军民关系的进一步的改善，要求军民双方要求政党各界，一致地努力。这种努力将粉碎日寇与亲日派反共的阴谋，使边区更进一步地巩固起来，使抗战建国大业的成就增加保证。

【资料来源】

雷志华、李忠全主编：《陕甘宁边区民政工作资料选编》，陕西人民出版社，1992年，第89—91页。

3. 造成拥军热潮　增强拥军工作

林伯渠

（1943年1月16日）

　　为了增进军民团结，共同致力于边区的建设，边区政府公布了拥军决定，新定优待抗日军人家属条例、抗日军人家属离婚处理办法、军民诉讼暂行条例、维护革命秩序暂行办法、动员潜逃及逾假不归战士归队条例。同时，边区政府又决定，一月二十五日起至二月二十五日止，为拥军运动月，并发布了关于拥军月的指示，务于拥军运动月内对今后拥军工作的改进和转变，在思想上和组织上打定新的基础。这是全边区人民的一件大事，同时也是巩固边区、建设边区的一个重要步骤。

　　有人也许会问：在我们边区，军民关系是很好的，人民爱护军队，军队也帮助人民，为什么还要加强拥军工作，还要举行这样一个拥军运动呢？

　　是的。边区军民关系一般说来，是很好的。但缺点并不是没有，有些缺点甚至相当严重。一部分人把军队的利益和人民的利益对立起来，因此，他们总说负担过重，以为帮助了军队而人民却"吃了亏"。因此，有些地方对于军队的困难，不积极解决，而采取漠不关心的态度。有些地方遇到军民关系上发生误会或纠纷时，往往不责备自己，只是苛责军队。因此，有些地方的优抗工作，做得非常不好。

　　这些缺点的产生，是有客观条件的。几年来边区处于相对的和平环境中。人民听不到枪炮声音，看不见日本鬼子残酷蹂躏的事实，于是一部分人就渐渐忘记了抗战的整个环境，忘记了军队同他们之间的切身利害关系。从这里就产生了轻视军队的错误观念。

加上近几年来，边区经济困难，物质供给感到缺乏，于是有些人只看见自己的困难，而不愿了解军队的困难。从这里就产生了对军队漠不关心的错误。

在这种情形之下，一部分人就将一个最重要的真理弄模糊了。这个真理就是：我们的军队是抗日的军队，是革命的军队，是人民的军队；军队的利益和人民的利益，是血肉相连而不可分开的。这一部分人忘记了，正是我们的军队，在敌后苦战数载，牵制日寇一半的兵力；将来驱逐敌人，建设新中国，还有赖于他们的继续牺牲奋斗。全国同胞的光明前途是和他们的努力分不开的。这一部分人忘记了，我们边区的创立和巩固，是我们英勇军队流血牺牲所换来的，如果没有他们，则我们这第一个抗日民主根据地的存在，也是不可能的。这一部分人忘记了，几年来我们能利用相对和平的环境，来建设边区，增进人民福利，应当归功于他们的保护。今年全边区人民把生产提到第一重要的地位，要达到丰衣足食的目的，这更需要我们军队的保护，如果没有他们的保护，是不能完成今年生产任务的。最后，这一部分人还忘记了，我们的军队不仅保护人民，而且还自己生产，解决困难，以减轻人民的负担。去年他们在生产战线上，获得了很大的成绩。他们对于边区的经济建设，也是一个不可轻视的力量。由此可见，军队的利益与人民的利益是完全一致的。因此，拥护军队的利益，实际上也就是拥护人民自己的利益。

今年我们举行拥军运动月，就是要将军民关系上的某些缺点和一部分人的错误观念加以纠正，使军民更加团结起来。拥军运动月，正是当着阴历新年的时间，这是民间一年一度的欢乐和团聚的时候。这正是各级政府领导人民造成拥军运动热潮的最好时机。要在这个时候开展广泛的军民联欢运动。要对当地的驻军、警卫部队、残伤军人及抗属进行热烈的慰劳慰问。要使抗属受到优待的实际利益。要使我们的军队及抗属感觉到人民在关心他们，爱护他们，好像对待自己的家人一样。

拥军运动月只是一个开始。拥军是经常的工作。在这个月里，要将某些错误观念加以纠正，要将政府拥军决定和有关各种条例，在政府工作人员中详细讨论，在人民中进行广泛的宣传解释，同时进行各种必要的组织工作，为以后的经常工作打下基础。为了以后拥军工作能够正常地进行，在这个月内，还要做两件事：第一，根据边区政府的指示和各种条例，检查过去的拥军工作，将过去的经验加以总结。第二，对于当地抗日军人、抗属等进行正确的调查，并且根据这些调查的材料，订出经常的优抗工作计划。

拥军运动对于人民是一种实际的教育。它用具体的事实，给人民讲明抗战建国中的一个道理：人民与革命军队相互关系的道理。人民能够彻底懂得这个道理，就可将抗战建国的事业往前推进一步。

当我们进行拥军运动的时候，留守兵团也在部队中进行拥政爱民的运动。这两种运动的配合，必然可使边区军民团结大为增进。我们军民合力来保护边区，一定可使边区更加巩固。我们军民合力来从事生产建设，一定可在今年生产战线上获得伟大胜利。我们的前途是充满着无限光明的。

【资料来源】

《解放日报》1943年1月16日第1版。

雷志华、李忠全主编：《陕甘宁边区民政工作资料选编》，陕西人民出版社，1992年，第99—101页。

4. 开展拥政爱民运动

贺 龙

（1943年2月1日）

我们八路军一向就是中国人民的军队，就是来自人民、属于人民、为了人民的军队。我们对敌人毫不留情，对群众处处爱护，无论何时何地都是和老百姓融成一片的。我们有光荣的军民相处犹如鱼水的优良传统。

但是，为什么我们现在要来公布一个拥政爱民的决定，要发起一个"拥政爱民运动月"呢？这是由于在我们边区的部队，近年来在军政关系和军民关系上还有一些缺点。为了更好地建设和巩固我们的根据地，更进一步提高我们部队的品质，我们必须彻底纠正这些缺点。

我们部队中还有个别的干部和战士，对党政尊重不够，对群众利益关心不够；他们处在边区物质困难的环境下，对自给自足的生产方针认识不够，遇到供给困难时常埋怨政府和老百姓帮助军队不够。这种态度，严格说来，是军阀主义的偏向，这是有悖于我们八路军的光荣传统的。

固然，发生这些缺点，亦有其客观原因，如处于后方环境，各个部队都要发展生产，解决经济困难，以及缺乏完善统一的制度与规定来约束。但主要的是由于部队中某些干部在思想上对于建设根据地的任务认识不够，主观地片面地看问题，不好好研究党的政策和政府法令，宗派地本位主义地处理关系，只注意到自己如何方便解决困难，而忽视了整个根据地工作的配合，以致对某些坏现象熟视无睹，不坚决与之作斗争。过去军队与政府人民之间的某些不融洽，在团结的责任上来说，军队是要负更多的责任的。

我们必须了解我们边区的政权和人民的优良本质：边区的政权是党所领导的新民主主义的政权，边区的人民是经过长期革命斗争锻炼的人民。对于这样的政府和人民，我们所要做的，就是无条件地拥护和保护他们，了解他们的困难和尽一切力量帮助他们。我们还必须深刻了解边区政府是我们自己的政府，坚决服从和执行政府的一切法令和决定，这是我们应有的义务。那种"军权高于一切"，而不尊重政府和人民的想法，是极端错误的，是军阀主义的思想，我们必须予以克服。我们要求政府和人民帮助军队，但军队必须首先帮助人民和政府。我们的政府和人民，这几年来对军队的帮助，已经尽了他们自己的责任，现在边区的主要任务是发展私人的公家的经济生产，只有人民的生产发展，财富增加，才能更多地帮助公家和我们军队。而我们军队开展生产运动，实行屯田制度，就是为的减轻民负，休养民力，改善人民生活。所以军队不只努力进行本身的生产，而且应当在生产和教育中抽出时间，在农忙时帮助群众生产。如果我们对民间疾苦采取不闻不问的态度，是不对的。

为了改善军队与政府人民的关系，必须严正纪律，必须进行深入的政治教育。过去我们政治工作在一个时候曾表现松懈过，这种现象绝不能再继续。在保证部队生产计划与教育计划的完成，及在实施这两项计划时，我们的政治工作，必须要保障自己的部队与政府和人民的正确关系。今天公布的《拥政爱民公约》，以及规定的其他许多部队应遵守的指令规则，在各个连队中要进行深入的传达与解释，并要立即见诸行动。比如某些损害人民财物的事件，尚未赔偿和退回的，应立即尽可能地赔偿或退回；某些与政府法令不符的行动应立即纠正。我们一定要使军队与政府人民的关系，经过这次拥政爱民运动之后，有一个新的转变，将过去一些不正确的态度，完全转换过来。我们八路军是共产党领导的军队，是与人民结合的军队，是有光荣历史传统的军队，我们相信我们一定能够发扬我们光荣的传统。希望各地驻扎部队，本着整风精神，彻底检查一下过去与当地的政民关系；在与政民联合举行的座谈会上，进行自我批评，一定要深刻，一定要具体！

与我们在部队中进行拥政爱民运动同时，边区政府也在进行拥军运动，我在这里仅代表留守兵团的全体指战员，向我们的政府和全边区的人民敬致谢意。

【资料来源】

《解放日报》1943年2月1日第1版。

雷志华、李忠全主编：《陕甘宁边区民政工作资料选编》，陕西人民出版社，1992年，第113—115页。

5. 南泥湾劳军观感

杨 清

（1943年3月7日）

我们这次往南泥湾、金盆湾一带慰劳驻军，觉得该地部队屯田情况及各种经济建设之长足进步，欣欣向荣，朝气焕发，甚为愉快。当此各地部队积极执行党中央、朱总司令南泥湾政策号召之际，特将对那里生产方面的观感略志于后，以供参考。唯是时间短促，视察未周，材料很多，挂一漏万，谬误之处，在所难免，尚祈同志们指正。

一、荒地被开发了

南泥湾是延安县金盆区的一个乡，西界鄜甘境内洛水与延水的分水岭，北靠临镇川与延水的分水岭，东与金盆湾地区接壤，南迄固临境内黑蛇川与临镇川的分水岭，纵横各八十里，计六千四百方里。中心地区由三道河川构成：南盘龙川自西而东，九龙川自南而北，汇合后称南阳府川，东北至金盆湾，流入临镇川。河川南岸有肥沃的川地约有一万五千余亩，全区可耕地面积共达一百余万亩。余为广大的森林地带。

传说七十年前曾是人口稠密地区，后因变故几至人烟断绝。一九四〇年前，仅有二三十家老户集中于南阳府川下游一带。若干年来老百姓所以裹足不前的原因：一是怕吃柳根水，小孩成柳拐子，婆姨不生娃娃；二是怕霜害，庄稼难成熟，一九四一年五月二十八日还有霜，九月上半月早霜又临，总计全年气候温和适于种植的日数仅一百天左右；三是怕土匪和野兽，豹子和野猪时常出没。

然而这一切自然界的障碍，都可以用我们劳动力将它改变的。自一九四〇年以来，党和政府即积极筹划开发它。计一九四一至一九四二两年来，由于朱总司令的号召亲自察看和指导，先后有×个团×个营×个支队的战斗部队到此屯田。其次地方工作同志积极执行政府移民政策，居民已增加到二百四十三户，分布在三道河川里。延安各机关学校到这里办的农场数达三十余个。已经开辟出来的土地约计一万五千亩，其中川地占九千亩。由于人口增多和森林开发的结果，野兽为害已大见减少，土匪已绝迹，气候也开始有了些变化，一九四二年五月十日以后即无霜，九月二十日第一次霜降，全年早霜与晚霜的时间距离已增为一百三十天左右。至于柳根水问题，现在部队机关的办法，是尽量吃井水不吃河水、吃开水不吃生水，将来还可以帮助老百姓这样做，问题大体上可以解决的。延安科学界医学家、生物学家、化学家们已响应李富春同志的号召，分别到这里从事调查研究，将来定有所发现。

南泥湾的自然面貌已经开始改变了，如无特别变故，再加上一二年的努力，便会是经济繁荣、军民富庶和丰衣足食的地区了。这是发展新民主主义经济建设的一个榜样，是有很大意义的。

二、屯田部队的成绩与经验

我们很兴奋地看到了我们屯田部队辛勤劳动的成绩，他们的这些成绩，是从克服了许多困难得来的。初来时还是树木丛生，野鼠群游，地气潮湿，他们选择较干燥的草地支起帐幕暂住，首先打好窑洞，才从事生产。当时生产还没有基础，只能从群众及政府机关方面借到少量工具，依靠同志们的生产热情和集体的劳动力，"筚路蓝缕，以启山林"，开辟出来了五十亩以上的新鲜土地，还经营各种副业。

去年在农业生产方面至少有如下的收获：（一）自给了一部分食粮马料和干草；（二）菜蔬几乎全部自给；（三）增加了肉食，×团每连平均有十五至四十头猪。××团某营平均三人一头猪，各单位还喂有鸡鸭鹅等；（四）种的小麻子解决了一部分食油问题。

他们还积极帮助群众生产，据所知零星材料，仅×团去年就帮助了群众义务劳动一千五百个工以上，群众非常感激，自动送匾额。××团还帮助政府推行移民政策，试办安庄稼安了五家难民。其他各团也在计划照办。近阅报载，"徐堡"团已决定安插二十户难民。

他们还发展了手工业，除各部分都有木工厂而外，还有办得较大的榨油厂、纸厂、纺织厂，以及个别的铁匠炉、豆腐干作坊以及其他等等。

运输业、商业也经营了一部分。

这些生产事业，既解决了各部队自己的困难，又帮动了边区经济的发展；既适合自己的需要，又适合群众的需要。这是公私两利，是完全符合党的建设根据地的经济政策的，是值得我们赞扬和学习的。

可是由于屯田事业还是首次创办，还难免有些缺点，今天研究这些缺点的经验教训，对于正在屯田的各地部队或许是有些帮助的。去年的经验主要有下列几点。

（一）关于生产的政治动员及劳动思想教育问题。一般地说这方面的工作还是做得不差，所以才能得到那样好的成绩。但也有不够深入的地方，比如还有个别的干部及战士生产情绪不很高，怕生产，觉得这样生产下去前途渺茫，逃亡与请求退伍的个别现象尚未完全消灭。因此他们今年对于这一问题特别抓紧，利用各种机会来进行生产政治运动及劳动教育。比如这次林主席及慰问团去，他们就抓紧这个机会开了许多大小会议，林主席做了许多报告，都着重地说明生产的重要问题，检阅大会也就是一个生产动员大会。在林主席及慰劳团留别书上有这样一段话："你们不仅英勇善战能打败日本帝国主义，而且会发展生产战胜自然界的障碍。今天在前方打日本是大事，在后方发展生产也是大事。生产可以渡过难关，支持抗战；生产可以保障供给，达到丰衣足食；生产可以改善军民关系，使军民更加团结一致抗战；生产可以锻炼思想意识，从实际行动中去体会劳动是创造世界的真理。你们在前方抗战曾打了许多胜仗，是光荣的；现在后方生产成为发展经济的模范，也是光荣的。"王旅长在一个干部会议上批评那些个别的懒汉，是"非劳动者的意识"。这些对于教育都是有意义的。现在干部、战士生产情绪都很高，这就奠定了今年完成任务的基础。

（二）关于照顾地方经验，向老百姓学习问题。过去对于这个问题还注意不够，因此吃了许多亏。例如老百姓说包〔苞〕谷要种在川地，谷子要种在坡地，且要种小穗谷子，而我们有的同志将苞谷种在坡地，谷子种在川地，或者种大穗谷子，结果都收成不好，甚至不收。去年我们每亩粮地的收获量一般还低于老百姓，而收获的蔬菜，由于不会保存，以致腐烂了一些。今年大家注意搜集老百姓的经验。××团曾请老百姓吃了饭，向他们请教，结果写出来了十几条。老百姓在这些地方为什么比我们高明呢？就是他们懂得本地方气候及土壤的特性。现在我们农业生产基本上是受自然界的气候和土壤所培养，同时又受这二者所限制，一切农作物还必须依靠适应气候与土壤的特性，才能发育成熟。所以我们必须向老百姓学习，尤其是向本地的老百姓学习。我们是主张农业技术进步与农作法改良的，但要改良成功，必须从现在的条件做起，从土法子的基础上逐渐提高，这就是要提高老百姓同时向老百姓学习的道理。

（三）关于劳动组织与劳动纪律问题。劳动力的组织有些还不够细密，比如一块地只有十亩，计划每人一天开五分，去二十个人就行了，可是全连开去，几个钟头开完后转移阵地，就浪费了多少时间。本来按照去年耕种面积用不了两个月，而有的单位却费时在三个月以上。生产纪律也还有个别不够严密的地方，比如保护森林保护公产还有某些松懈，有些部分砍伐树木计划性差，有些单位种的苞谷在成熟前就零星吃掉了大半。关于劳动组织与纪律这两个问题，他们今年已有严格的注意，且已定出若干条规来改善之。

（四）关于与老百姓关系问题。初来时向老百姓借的东西如铁锹、锅子等尚有未完全还清的，现在旅部已下命令立即完全还清，损坏了的照价赔偿；个别人员曾对老百姓态度不好的要赔礼道歉；春节中请老百姓吃饭；在拥政爱民大会上，王旅长代表全旅向老百姓敬礼；军民间土地关系问题正在合理地调剂。移民难民有困难不能解决的，由部队出款安庄稼，条件比一般老百姓安庄稼好得多。由于这些措置，军民关系日益亲密，老百姓帮助军队的地方会比以前更多。军民关系越好，对部队生产将会越有帮助的。

三、今年的展望

在旅部召开的讨论生产的干部会上，王旅长对今年的生产充满了信心，他非常坚决地说："我们的战士都是红光满面的十七八至三十岁的小伙子，年轻力壮，比普通老百姓的劳动力强，做庄稼也要能赶上老百姓，今年我们不仅要种得多而且要种得好。"各团干部都说"今年完成任务，不成问题"。大家在接受今年党提出来的生产任务时，情绪上是愉快而紧张。各部分都已做出了生产计划，这些计划都很具体实际，经过调查研究，且吸收了过去的经验教训的。有很多优点值得各地同志参考：

第一，明确规定具体任务：每人种地七亩至十亩，保证打的粮食够吃五个月至六个月。××团规定每五人养一猪，每连得养两个母猪；每人养一母鸡，十个鸡里边要有一个公鸡；每营养一百个羊。

第二，精密计划劳动力和时间，这里不妨将某营计划介绍于下："全营三百一十九人，不参加农业生产者：伙夫每连五人营部四人计十九人，木工班十七人，病号三人，共计三十九人。全劳动力二百八十人。种粮地二千八百亩、麻子地二百四十亩、菜地二百二十亩，共三千二百六十亩。已有熟地一千八百二十六亩，尚需开荒一千四百三十四亩。全体劳动时间，计：开地二十六天，播种二天，锄草二十二天，秋收四天，共五十四天。经常农业由每连抽出十人专门经营，不参加整训，且加以优待。预计两个月劳动准可完成任务，并不妨碍训练。"

第三，彻底解决农具问题：王旅长命令各团必须拨款购置工具，保证每人有一把镢头、一把锄头。每连购置几架犁、若干牛。

第四，干部全体参加：王旅长说各级干部要像作战一样，走在战士前面。春耕时他已决定亲自参加。

第五，公私两利：超过规定数目的生产品概归该生产单位。××团且明白规定保证生产品的百分之八十用在战士身上。又规定提倡私人生产办法：每个人种西红柿五棵、烟叶四十棵、南瓜四十棵，工余编柳条筐子，仅抽百分之五十归公。

这些办法有很多好处：可以加重干部的责任心；可以保证充分的教育时间；可以促进生产力的提高；可以刺激生产热情的高涨；可以造就完成今年生产任务的优越条件。现在大家已经在今年的生产号召下鼓舞起来了，每个指战员都已经涌进这个浪潮中来了。我们看到某部战士正在规划把密生的丛林变为肥沃的川地。他们用锯子把树锯倒，用斧子把稍子扫清，堆起来放大火烧完，然后刨根翻地。相形之下，顿觉古人所谓"斩荆棘、辟草莱"实不足以比拟我们战士劳动规模的伟大。

南泥湾是向前飞跃着，今年冬季，我们将目睹这支劳动军队的伟大成果。

【资料来源】

《解放日报》1943年3月13日第1—2版。

雷志华、李忠全主编：《陕甘宁边区民政工作资料选编》，陕西人民出版社，1992年，第120—126页。

6. 留直政总结拥政爱民工作

【本报讯】留直政治部正在总结拥政爱民工作。闻此次参加反省过去对政、民关系之干部，约占总数百分之八十。此外该政治部又曾派出访问团到群众中间收集材料，十五日约可总结完毕。此次收集材料至多，关于违犯群众利益之事件，在总结以后，即将分别予以解决。该政治部于十四日，在军乐伴奏中，向党、政机关分别赠送匾额，送西北局匾额上书"创建西北"，送边府者上书"民主典范"，送延属分区专署者为"民众先导"，市府为"军民仪表"。

【资料来源】

《解放日报》1943年3月16日第2版。

雷志华、李忠全主编：《陕甘宁边区民政工作资料选编》，陕西人民出版社，1992年，第127页。

7. 拥军运动和拥政爱民运动的经验

（1943年5月8日）

在今年春节期间，陕甘宁边区政府领导人民发动一个拥军运动月，同时在军队方面，也发动了一个拥政爱民运动月。现在这运动已告一段落，并已获得很大的成绩。

军队的高级干部在参加了西北局的高干会后，复举行了自己的军政干部会，更彻底地检讨过去某些干部中的错误的思想（如一部分军队干部对于建设根据地的认识不够等等），加以军队的组织严密，动员较易贯彻，战士们的政治水平一般地较老百姓为高，特别是由于边区部队最高首长贺龙同志的认真领导，要部队方面更多地负担起改善军民关系的责任，所以军队的拥政爱民运动更为深入。在拥政爱民月中，边区部队都进行了以下的工作：

（一）召集干部会议、军人大会，深入传达留守兵团司令部和政治部关于拥政爱民的决定，使全体指战员都深切明了这个决定的重要，自觉地履行拥政爱民公约，遵守政府法令和群众纪律，并在会议上详尽地检讨过去对政府与人民的关系，批评坏的，表扬好的，号召每个指战员实行自我反省，纠正错误观念。

（二）和地方党政机关、群众团体开座谈会，并在居民中虚心访问，征求他们对军队的意见。

（三）利用旧历春节，依照当地习俗，向邻近居民贺年，或邀请他们聚餐、举行同乐晚会等，以增进军民间的情感。

（四）认真清理过去破坏政府法令及侵犯群众利益的事件，并加以切实纠正。如过去向人民借来的东西,应归还的即清出归还,损坏的则给予赔偿。过去属于军队无理之处,即向人民赔礼道歉,处理不公的事件可重新翻案,这样使人民过去对军队有些不满意的地方都获得适当的解决。

同时边区部队努力生产,大大减轻了人民的负担,并促进了边区的国民经济。边区各部队的开支,即在去年已有50%—82%不是由政府人民负担,而是靠自己生产解决;今年更响应毛泽东同志"自己动手 丰衣足食",并帮助人民增加生产的号召,把生产看作和前方战斗一样光荣的任务。在春耕运动中,边区部队表现了高度的生产热忱。南泥湾驻军每人每天平均开荒八分到一亩,而部队中涌现出来的劳动英雄,则创造了一亩半以上的光辉记录。有些部队,由于自己努力生产的结果,已能完全自给,如"陈左"[①]部二营已宣布本年内全部经费自给,不向公家领一粒米、一寸布、一分钱。在帮助人民增加生产上,各部队都规定在农忙(锄草、收割等)时抽出时间去帮助人民,自己带了粮食,并不要人民报酬。南泥湾、金盆湾驻军并实行每连连长与乡长支书联系,去具体布置助工工作。他们号召当地农民多多开荒,允许将来锄草时,部队可助工二万个,这样可替人民节省二百万元的工资和增产五千石粮食。在爱护和节省民力上,许多部队都花了很大的力量。如陈宗尧团长率全团赴延川、延长背粮,他和战士一样背着粮日行七八十里,涉过好几道融解的冰河。陈团长这种不辞劳苦的精神使战士和人民深受感动。在执行政府法令上,边区部队也起了模范的作用。如边区出入口贸易的统一管理及金融的稳定,均得到部队的极力支持。这一切都证明拥政爱民的思想已深入部队中间,并成为实际的行动。这就使人民进一步认识边区部队是人民的军队,扫除了过去某些隔阂、误会,养成了对军队非常喜悦和热爱的情感。

在政府方面,曾领导人民开展拥军运动,进行了以下工作:

(一)边府制定拥护军队的决定及各种有关法令,从分区到县、区、乡政府都举行扩大的政务会议,并请部队派人参加,在会议上传达和讨论了这些文件,展开了自我批评,揭发了过去所有对军队认识不够、爱护不够、尊重不够的错误,并加以纠正。

(二)在群众中举行各种座谈会、娱乐晚会、拥军大会等,进行普遍和深入的解释工作,详细介绍军队保卫边区、自己生产、爱护民力的许多具体事实,来说明拥军的必要,唤起群众自觉地爱护军队。

(三)在春节期间,即政府号召的拥军月内,普遍热烈地慰劳部队和抗属,每个乡政府、每个机关学校,皆募集许多慰劳品,推举代表,或组织慰问团、秧歌队等,纷纷

---

① 指陈宗尧、左齐二同志。

劳军。边区政府林主席亲赴南泥湾劳军。许多县长逐户访问抗属，使抗属在春节中都有白面和猪肉吃。政府人民对军队的深切关怀，给战士们以很大的安慰，使他们认识政府和人民都衷心感谢他们在战斗中和在生产中的努力，这样也就更增加他们拥政爱民的热忱。

（四）认真检查过去军队对政府人民误会或不满的事件，如优抗、归队、抗属、婚姻等过去处理未妥善的事，均加以切实纠正。同时尽力帮助军队解决生产中的困难，如租借耕地、供给生产工具等，并切实保障部队粮草的供给和运输。

总结这次拥政爱民运动和拥军运动的最主要成绩，就是从干部、党员、战士到一般民众，对于军政民关系，都得到了更明确的认识，互相了解边区党政军民优良的本质，及其在抗战和根据地建设中互相依存不可分离的关系，互相认识在统一目标和统一任务之下，各个岗位自己应负的责任，并了解对方的困难；纠正过去主观主义、宗派主义、本位主义的看法。于是在相互关系上，不是先责备别人，而是先检查自己；不是互相责难，而是互相爱护、互相感谢。这次运动不只是形式上的，而是充满着出于心坎的热忱；不只是一般的宣传号召上，而是真正具体地实际地解决了问题。

这次运动获得了光辉的成绩，但是也还有些缺点。如有些地区的劳军工作，还是用简单的摊派形式，没有进行深入的政治动员；个别指战员还存在着一些违反政府法令及群众纪律现象；过去若干关系不好的事件尚未切实清理解决。因此，今后的任务，是要使这个运动进入更认真地解决具体问题，并由一时的运动转为经常的工作。

陕甘宁边区这次运动之所以能够深入，完全是由于运用高干会具体整风的精神：仔细研究军政民关系中究竟还存在些什么缺点，追究它的缺点和补正的办法，先把干部的思想弄通，进而教育党员、战士以至于一般民众，都有共同的认识，并在党的一元化的领导之下，在军队的自觉的模范推动之下，认真去解决军政民关系中的各个具体问题。正因为如此，才能发动这个运动和获得军民亲密团结如一家人的效果。最近敌后各抗日根据地亦在进行拥军运动和拥政爱民运动，陕甘宁边区的经验是值得供各地参考的。

【资料来源】

《解放日报》1943年5月8日第1—2版。

雷志华、李忠全主编：《陕甘宁边区民政工作资料选编》，陕西人民出版社，1992年，第128—131页。

8. 拥政爱民运动中的好榜样

刘 泌

（1943年5月20日）

在拥政爱民运动过程中，我们曾访问了许多参加拥爱工作的同志，从这些同志的口中，我们知道了在军民关系上某些不协调的地方，但另一方面却也发现了不少好的例子，现在我们愿把这些好的例子简单地介绍两个。

首先我们介绍一个在军民关系上的好例子：

我们三五九旅的某团第二营，他们很早就驻在孙家砭一带，一直驻了两年多的时间，在这样久的时间里，从来没有和老百姓发生过纠纷，老百姓对军队没有半点不满的地方，他们的关系是融洽的，军民好像一家人。

拿生产来说吧，孙家砭一带的老百姓对军队的帮助真是太多了。每年在开荒的时候，老百姓知道军队困难，知道军队的工具不够用，虽然他们也急于完成自己的计划，可是他们没有忘记我们的第二营，他们在百忙中抽出了一些工具借给我们军队使用，他们还这样说："军队不种地，我们还要送粮送菜，他们种了地，减轻了我们的负担，借把镢算什么！"这样在几年的生产中，我们的第二营在生产工具上没有遇到过什么困难。

当我们第二营刚到孙家砭一带的时候，营舍是没有的。为了解决营舍问题，这一带的老百姓曾供给了大量工具，这样几十孔窑洞就打成了。

军民关系的日益密切，老百姓对军队的帮助就更起劲了，他们不但把生产工具无代价地借给军队使用，而且还把几十条耕牛连犁带人地帮助军队犁地，这样就节省了我们第二营许多的人力和物力。

再说日常用具——水缸、面盆、锅、铲等。这些日常用具，老百姓都自动地借给军队使用，几乎变成了军民共有的东西，他们做到了"谁用得急，谁就先用"的地步。

因此这一带的老百姓就变成我们第二营"有求必应"的活菩萨了。

我们的第二营为什么能同老百姓有这样好的关系呢？这里除了边区老百姓爱护八路军的传统外，在我们第二营本身还存在着如下的几个好的地方。

第一，在两年多的过程中，我们第二营的指战员没有同老百姓闹过架子，没有损害过群众一点利益，他们没有侵犯过群众一针一线，真正做到了三大纪律八项注意的要求，在这种严明的纪律之下，自然给予了老百姓以良好的印象，这样的军队，老百姓自然就乐意帮助了。

第二，我们的第二营所以能在老百姓那里有良好的印象，那就是他们对老百姓是讲信用的，他们从不欺骗老百姓，从不说假话、说空话。譬如借老百姓的工具吧，他们说哪天还，到时一定不误，从没有失信过，而且送还的工具都是完好无损的，这样老百姓就乐于把工具借给了。

第三，我们的第二营不但有求于老百姓，不但只要求老百姓帮助军队，而且还尽量地帮助老百姓，就是说能给老百姓一些好处。譬如在每年春耕秋收的时候，我们第二营的指战员都自带工具和给养帮助老百姓开荒和收割，而且在帮助老百姓的时候是真心诚意地卖力气，这样就感动了老百姓，老百姓为了酬答第二营的帮助，他们往往准备了好饭和好菜，当我们指战员不吃的时候，他们说："你们不吃饭，我们再不用你们帮助了。"

孙家砭一带的老百姓，为了表扬第二营的好处，他们曾送了六面荣誉旗子，作为永久的纪念。

现在我们再举一个如何改善了军民关系的例子：

1941年的时候，我们的三五九旅在松树岭设立了一所木工厂，在刚成立的时候，各种条件是很困难的，吃的、用的和住的都难解决，于是他们就不得不住老百姓的房子，用老百姓的家具，吃老百姓的菜，他们和老百姓也是"不分彼此"的。可是我们这些生产人员，不去很好地照顾老百姓的需要和利益，他们曾因为不谨慎损坏了老百姓一些家具，他们也曾"顺手牵羊"地吃了老百姓地里的一些辣子和大蒜。最初的时候，老百姓忍耐了，他们体贴了我们木工厂的困难，照样在各方面帮助我们，可是久而久之，老百姓实在难以忍受了，他们觉得这样下去是无止境的，于是老百姓的"脸色"就来了，木工厂的人们借东西,他们就给钉子碰了,显然在军民关系上发生了一些不协调的地方。

木工厂的同志觉得这样继续下去是不好的,他们下决心要改正这种关系,于是他们检讨了自己,规定了办法,他们首先把四二年以前损坏的东西照数赔偿了,其次规定了借用家具完全经过管理员,不准随便乱借,再其次是决定自己种大批的蔬菜和粮食,规定了不准拿群众的一个辣子、一头蒜。此外他们还积极地用自己的特长——木工去帮助老百姓,去解决老百姓的困难,他们帮助老百姓做木犁、做窗子不要工钱,他们把自己的木桶供所有松树岭的老百姓使用。

当木工厂的同志采取了这些办法以后,松树岭的老百姓很快地和他们亲近了。他们在缴公粮时,把好的粮食缴给木工厂,木工厂没有粮证(粮证是缴了公粮的一种收据)给他们,老百姓也放心了,当乡政府催缴粮证时,松树岭的老百姓说:"木工厂再领不来粮证,我们就再缴一份公粮。"从此松树岭的老百姓就和我们木工厂的关系改善了,老百姓为了感谢木工厂对他们的帮助,他们就请了一帮鼓乐手吹打着送给了木工厂两面红旗,在红旗上写着:"接近群众""团结乡民"。

以上的例子证明了:边区的老百姓是极端爱护军队的,那些认为边区老百姓"落后""不开通"的观点是完全不对的。同时也证明了:只要在军队方面能帮助群众,能照顾群众利益,那么,在军民关系上存在着的某些不正常的现象是可以克服的。

【资料来源】

《解放日报》1943年5月20日第2版。

雷志华、李忠全主编:《陕甘宁边区民政工作资料选编》,陕西人民出版社,1992年,第132—135页。

9. 双拥运动的由来、发展及其经验启示

正月里来是新春，

赶上猪羊出了门。

猪呀羊呀，

赶到哪儿去？

送给那英勇的八路军。

哎嗨哎嗨哟，哎嗨哎嗨哟，

送给那英勇的八路军……

1943年春节，在延安和陕甘宁边区各地欢腾热烈的锣鼓声和歌曲声中，开展了广泛深入和声势浩大的拥军优抗和拥政爱民运动。从此，延安和陕甘宁边区便成为双拥运动的发祥地。而今，50年过去了。回顾历史，总结经验，继承和发扬双拥运动的光荣传统，搞好新时期的军政军民团结，对于贯彻执行党的"一个中心、两个基本点"的基本路线，支持爱护人民军队，加强我军质量建设，为改革开放和经济建设提供坚强有力的安全保证，夺取建设中国特色社会主义的新胜利，具有极其重大的现实意义和深远的历史意义。

一

当年，延安和陕甘宁边区首先开展的这场双拥运动，是经过长期的酝酿和准备，是有号召、有领导、有组织、有计划、有步骤地开展的。

1942年以前，即边区政府成立5年中，边区部队对于拥政爱民工作和边区政府对于拥军工作，一般都是很注意的，而且是做出了成绩的，从而较好地完成了保卫边区、巩固抗战后方的工作。但由于当时陕甘宁边区作为一个特殊地区，又处于相对的和平环境，又由于当时边区遭受到国民党蒋政权的严密经济封锁，物质生活异常困难，以及军队和地方本身存在的主观主义、宗派主义和本位主义倾向，造成了军政军民关系的某些不融洽不协调现象。"在部队中，存在着与生长着忽视拥政爱民的观念，忘记了过去红军的优良传统，把军队与政府、人民有时对立起来，某些人员存在着军阀主义的残余思想，把军队看成为高于政府和人民，丧失了革命军队的品质，于是违犯政府法令，自高自大，不尊重政府，侵犯群众利益、违反群众纪律等行为，时有发生。"（《留守兵团司令部及政治部关于拥护政府爱护人民的决定》）而边区政府和人民"由于数年来边区处在比较和平的环境，在一部分人民和政府人员中间，存在着与滋长着忽视拥军的观念，忘记了一切服从革命战争的原则，甚至把爱护人民利益与爱护军队对立起来"；同时，由于当时处于"边区物质条件困难的情况中，一部分人员往往只了解与照顾本身的困难，而不甚了解与照顾军队的困难，不关心或不积极帮助军队解决困难，如对于粮草的供给与运输、担架的输送、生产的帮助等，采取被动的应付的态度"，"特别严重的是'重工轻抗'，优工比优抗好；此外还有'人在情在''近比远好''在比亡好'的现象"。（《陕甘宁边区政府关于拥护军队的决定》）对军地双方关系上存在的这些问题，毛泽东主席早有察觉，并不时地进行教育、引导和帮助，而且在对地方政府做工作的同时，特别严格要求军队首先要做好拥政爱民工作。

1940年下半年的一天上午，毛主席在杨家岭召见肖〔萧〕劲光、阎红彦、贺晋年、文年生、莫文骅、甘渭汉、周仁杰等10多位留守兵团的领导同志，座谈军政军民关系问题。座谈中，反映出部分人对地方政府和群众怨气很大。有人说："老百姓越来越凶了，不给部队房子住，大冷的天让部队住在露天里，就这，边区政府也不管一管。"也有人为老百姓睡在炕上，而让部队睡在地上鸣不平。还有人说"老百姓动不动就要拉我们见毛主席"等等。总之，牢骚很多，怨气很大。

毛主席耐心地听完大家的议论和发言后谆谆地告诫："开天辟地以来，老百姓见军队象〔像〕老鼠见猫就跑，只有兵欺民，那〔哪〕有民告兵？现在老百姓敢批评军队，这是件大好事，这说明我们边区的民主深入到群众中去了。你们谁懂得历史，说一说是不是这样？"

同志们听了，细细一想，觉得有理，便心悦诚服地说："我们对部队教育太差了，证明我们的脑子里还有军阀主义思想残余存在。"经过毛主席循循善诱的开导和说服，大家消除了怨气，提高了对搞好军政军民关系重要性的认识，加深了对人民军队本质的理解。于是，留守兵团全体动员，开展拥政爱民的教育，检查军阀主义思想和侵害人民群众利益的错误，认真纠正违反三大纪律八项注意的不良作风。

延安整风时，毛主席在一次接见新四旅的干部时说："边区一位老乡给我们一分区司令员提了意见，你们听说过没有？这是天大的好事！那个老乡很有觉悟，中国几千年的历史，都是老百姓受官府的气，受当兵的欺侮，他们敢怒而不敢言。现在他们敢向我们一个分区司令员提意见，敢批评这位'长官'，你们看这有多好！这是多么了不起的变化。"与此同时，毛主席还多次给政府的同志做工作，要他们拥护军队，充分认识军队的重要性。由于党中央和毛主席的教导与支持，军政军民关系得到了很大的改善。

1942年，在全党整风运动的推动下，陕甘宁边区高干会议和军政干部联席会议又对军政军民关系上存在的问题加以认真的检讨，并根据中央有关精神，为了进一步调整军政军民关系，决定在边区开展一次规模较大的拥政爱民运动与拥军运动。于是，1943年1月15日，陕甘宁边区政府作出了《关于拥护军队的决定》，确定2月为全边区拥军运动月。与此同时，还制定和颁发了《拥军公约》《陕甘宁边区政府优待抗日军人家属条例》《调整军政民关系维护革命秩序暂行办法》《抗日军人抚恤条例》《抗属离婚处理办法》等文件法规。同年1月25日，留守兵团司令部及政治部作出了《关于拥护政府爱护人民的决定》。同时，制定和公布了《拥政爱民公约》。"两个决定"第一次正式提出了拥军优抗和拥政爱民的基本政策。延安《解放日报》分别发表了陕甘宁边区政府主席林伯渠和陕甘宁晋绥联防军司令员贺龙的文章《造成拥军热潮 增强拥军工作》和《开展拥政爱民运动》。一个群众性的双拥运动便开展了起来，很快形成热潮。

二

1943年开展的这场双拥运动，同整风运动、大生产运动被称为三大运动，而且相互联系，相互促进。双拥运动在党中央和毛泽东等老一辈革命领导人的亲切关怀下，不仅以广泛的群众性和形式的多样性影响到各个抗日根据地，而且以其思想教育的深刻性堪称模范。

首先在春节期间开展的双拥运动月里，边区民众和驻军广大指战员普遍展开了广泛的劳军和拥政爱民活动。在双拥活动中，中央领导同志率先垂范，做出榜样。毛泽东、任弼时等给当地人民拜年，给老人祝寿，与老百姓吃饭、饮酒、谈心、猜拳。朱德路遇老翁，立即下马为其驮东西。地方政府及人民群众，对驻军、伤病员、残废军人及抗日军人家属，进行了普遍的慰问活动，每一个城镇和乡村都捐献现金、物品劳军。延安、绥德、庆阳等城市的商人还举行了拥军义卖。各地方都举行了春节拥军会议、军民联欢会、军民会餐，互相拜年。边区政府林伯渠主席和西北局的同志，亲自带领慰问团赴南泥湾劳军。在军民会餐中，边区老百姓把好面、好肉、好菜置办成美食佳肴招待军人，请军队同志到家里做客。有的地方驻军人数少，一家还摊不上一个，老乡便把好吃的饭菜凑到一起，共同宴请军队的同志，用他们的话说就是要"尽尽心意"，其场面十分感人。在劳军运动中，有些地方，在干部中进行了拥军工作的反省和自我批评，对群众进行了比较深刻的教育。有的民众直接对驻军、伤病员进行慰问，有些地方还举行献旗、拜年和军民秧歌联欢及文艺晚会等活动。在拥军月里，对抗日军人家属也进行了慰问，请家属看戏，向家属拜年，还给家属送粮食、年货、春联，打扫院子，使抗日军人家属深受感动。

军队方面，在拥政爱民运动月里，各地驻军都协同政府召开了军民联欢的群众大会，会上驻军首长进行适当的自我批评，号召所属认真开展拥政爱民工作。联欢晚会、娱乐晚会开得更多，延安和绥德都在20次以上。军民欢聚一堂，气氛十分融洽。各部队为了广泛征求党政民各方的意见，还召开了许多座谈会，仅留守兵团直属各单位就召开了40多次。三边驻军召开的拥政爱民座谈会，蒙古族、回族同胞都热烈参加。回教的阿訇在会上说："驻在回民区的部队，不进清真寺，不进回民的住室，不到回民的井里打水，很尊重回民的风俗，真是好军队。"各地驻军还派干部战士向当地政府和居民拜年，驻军首长也亲自到老百姓家里拜年。老百姓更是高兴、感动，热情留这些首长在家里吃酒。他们说："从来没见过军队给老百姓拜年，这次算是第一次。"在南泥湾、金盆湾的老百姓还率领子女向军队回拜、联欢，给驻军赠锦幛，上书"铁的纪律""军民一家"。有的部队还给群众送了贺年卡，贺年卡一面印着"恭贺新禧"，一面印着"拥政爱民十大公约"。有的贺年卡上还专门写着："你们的儿子兄弟出门抗日，我们就象〔像〕你们的子弟一样，有什么事情要做的话，我们一定尽力帮忙。"各部队还组织了秧歌队、腰鼓队和宣传队到党政机关和群众中去进行表演和宣传，教唱《拥政爱民歌》和《拥军歌》，在宣传中对军队侵犯群众利益的事进行了检讨。对此，群众十分钦佩。

更重要的是，在双拥运动中，军队和地方都普遍深入地进行了拥政爱民和拥军教育，并且贯彻整风精神，认真地彻底地检查了在军政军民关系上存在的错误认识和做法，从根本上提高做好双拥工作的自觉性。

为了从思想认识上克服军阀主义倾向，纠正某些人员对政府、对人民的错误观念，使全体指战员树立军政一致、军民一致的根本思想，各部队都按照留守兵团司令部、政治部的指示，深入进行了拥政爱民教育和人民军队性质、宗旨的教育，并着重自我检讨，毫无保留地揭发自己在军政军民关系上的一切错误和缺点，并彻底改正。拥政爱民教育紧密与实际相结合，打破了以往老一套的教条主义方式。讲课时联系部队的具体问题，讨论时着重每个人思想与行动的反省。有的部队规定排以上干部每人写一份反省（从入伍以来写起），交政治机关审阅；战士和勤杂人员以排为单位开拥政爱民反省大会，由连营干部参加指导。有的反省和检讨，不仅进行一次，还进行了二次三次。有的是先干部后战士，先党员后群众，有计划有步骤地进行反省，结果收效很大，许多同志把多年不肯向人说的事情都反省出来了。经过教育，干部和战士都改变了对政府对人民的一些错误看法，一些人过去总以为"政府是不大好的"，把政府看作"办差机关"，把工作人员当成是"办差的"，因而不够尊重；有的认为"陕北老百姓是落后的，生来就是一副贱骨头"；经过教育后懂得了"边区政府是人民的政府，也是军队的政府，它领导抗战，领导生产，改善人民生活，供给部队吃穿，我们应该拥护它""边区人民是经过长期革命斗争锻炼的，是有觉悟的，勤劳的""军队吃的穿的都靠老百姓供给，军队脱离了人民，就会孤立，就会失败""老百姓有个别不是之处，我们应该耐心地教育他们"。还有个别干部有一种不大好的思想，老和地方比高低、比大小。针对这个问题，军队的领导同志明确告诉他们："军队和政府、老百姓谁大谁小？不是我们大，政权小，是政权大，我们小；也不是我们大，老百姓小，是老百姓大，我们小。因此，每个同志都要拥护政府，爱护人民，要做'拥政爱民'的模范。"干部战士把拥政爱民的重要性直接同抗日斗争和革命事业的成败联系起来，他们说："如果我们不拥政爱民，抗战就不能胜利，革命就不能成功。"从这以后，轻视政府工作人员、违犯政府法令和群众纪律的现象大大减少了，主动尊重、执行、维护政府法令和群众纪律的多了。对政府对人民群众做到了三个一样：对待老百姓像对待自己父母兄弟一样亲敬；对待政府工作人员像对待部队首长一样尊敬，见面敬礼；对待政府法令像对待部队命令纪律一样服从遵守。过去有些人认为"政府供给军队是当然的，现在军队要担起生产自给，法令就不能顾及了"，现在认识到："政府法令就是党的政策的具体表现，违犯政府法令就等于破坏了党的政策。"干部战士觉悟提高了，便把尊重政府、热爱人民、遵守政府法令与执行群众纪律完全建立在自觉的基础之上。

为了严格执行政府法令,留守兵团政治部还特别对生产管理人员进行了教育,专门召开了管理科长、管理员、生产科长、生产员和商店主任的反省大会,教育他们不能只顾生产而违犯政府有关政策法令,不光为了部队自给,还要照顾群众的切实需要,一切从群众利益出发。

在地方,为了改进和转变拥军工作,为了从思想上组织上打下拥军工作的基础,也普遍进行了拥军教育,并把这作为全边区人民的一件大事和巩固建设边区的重要步骤来认真对待。首先,在干部中认真地进行了拥军工作的反省和自我批评,主要是"一部分人把军队的利益和人民的利益对立起来,因此,他们总说负担过重,以为帮助了军队而人民却'吃了亏'。因此,有些地方对于军队的困难,不积极解决,而采取漠不关心的态度。有些地方遇到军民关系上发生误会或纠纷时,往往不责备自己,只是苛责军队。因此,有些地方的优抗工作,做得非常不好"。同时,还分析了这些问题和缺点产生的客观原因,即由于"几年来边区处于相对的和平环境中,人民听不到枪炮声音,看不见日本鬼子残酷蹂躏的事实,于是一部分人就渐渐忘记了抗战的整个环境,忘记了军队和他们之间的切身利害关系。从这里就产生了轻视军队的错误观念。加上近几年来,边区经济困难,物质供给感到贫乏。于是有些人只看到自己的困难,而不愿了解军队的困难。从这里就产生了对军队漠不关心的态度"。通过深入生动的实际教育,边区的干部和人民明白了这样一些基本的道理:我们的军队,是抗日的军队,是革命的军队,是人民的军队,军队的利益和人民的利益,是血肉相连而不可分开的;正是我们的军队,在敌后坚持抗战数载,牵制了日军一半的兵力,将来驱逐敌人,建设新中国,还有赖于他们的继续牺牲奋斗;边区的创立和巩固,是军队英勇流血牺牲所换来的,如果没有他们,我们这第一个抗日民主根据地的存在,也是不可能的;我们能有一个相对和平的环境来建设边区,增进人民的福利,也应当归功于他们的保护;我们的军队,不仅保护人民,而且还自己生产,解决困难,以减轻人民的负担。这样的军队确实是从古到今没有过的。有了这样坚实的思想基础,拥军运动月开展得轰轰烈烈、热气腾腾。另外,地方还对拥军决定和各种优待优抚条例详细地进行了讨论和对照检查,总结了拥军优抗工作的经验,订出了经常性的拥军优抗工作计划,使拥军优抗工作逐步走上制度化、法规化。

三

这次双拥运动的一个鲜明特点,就是把拥政爱民和拥军的思想教育,同拥政爱民和拥军的实际行动紧密结合起来,不只是形式上的热烈,而是充满着出于心坎上的热忱;

不只是一般的宣传号召，而是真正解决实际问题。因此，在双拥活动月之后，各项实际工作便扎扎实实地开展起来，不到一年便做出了很大成绩。在这期间，中央和边区政府及驻军领导机关都不断地加强指导和总结，《解放日报》也不断地进行宣传报道。

从军队方面来讲，一是认真地进行了清理旧案和赔偿还物活动。许多部队都组织了检查访问组，在地方干部的配合下，对军队历年来借用群众的东西，不分大小、不论有无借条，都逐乡逐村、逐家逐户地一一登记清楚。然后根据情况，或归还，或赔偿。其办法是：原物还在的，送还原物；如已损坏或遗失，则购买实物或用现金赔偿。现金赔偿是按政府有关部门估价后，按百分之百、百分之八十或百分之六十来赔偿。原物无借条又找不到物主的，都交政府，由老百姓去认领。对此，老百姓非常满意，他们说："刚开始我们以为还不是说一说就算了，哪里真的会赔偿呢！想不到天下还有这样好的军队。"还有的老百姓说："八路军来以前，有点钱不敢在家里放，官家要，土匪抢。现在八路军来了，开着门睡觉也不要紧。"

二是自己动手加紧生产，减轻人民负担。这一年，边区部队开展了大规模的农业生产运动，共开荒20.6万亩，收细粮3.1万余石。有的部队做到了全部自给，有的部队做到了粮食部分自给和蔬菜、费用全部自给。这不仅解决了部队自身的困难，实现了丰衣足食，而且大大减轻了人民的负担。这就不是在口头上而是在实际上，不是从枝节上而是从根本上拥政爱民。部队在努力生产的基础上，自己建筑营房、打窑洞、开工厂、养猪、养羊，因此吃的、穿的、住的，日用的桌、椅、板凳、纸张、笔墨，生产用的各种工具，差不多都是自己造、自己办。这样，许多东西不仅不借用老百姓的了，有时还主动把牲口和工具借给老百姓用。部队一年用的粮草也大都靠自己运输，有的部队的粮食全靠自己背，很少动员群众，大大减轻了民力负担。模范团长陈宗尧，在寒冷的冬天，亲自带领全团走几百里路去背粮。他的马驮着粮，他自己身上背着粮。延河水寒冷刺骨，他带头蹚水。在帮助群众生产中，他也是代耕队里的模范。部队自己生产，建立家务，减轻了人民的负担，群众拥护军队的热情更加高涨。军队的生产也影响了群众，刺激了群众的生产热情，他们说："军队都能种庄稼，当官的还亲自下地干活，我们老百姓不抓紧干怎么能行呢？"许多部队把生产同拥政爱民密切联系起来，在生产动员时强调：一定要坚决执行"拥政爱民十大公约"，谁要是违反了，就是完成了任务也等于没有完成；并规定，如果在生产中，军队与群众利益发生冲突时，应首先顾及群众的利益。当边区的劳动模范倡议在全边区军民中开展生产竞赛时，朱总司令和贺龙师长就电令各部队响应这个竞赛。南泥湾驻军首先响应，选出了劳动英雄和他们竞赛，选出模范连队和吴家枣园比赛，虚心向人民群众学习，并把拥政爱民作为竞赛条件之一，凡是生产中的劳动英雄、模范班排，在拥政爱民方面也要成为模范。

三是大力帮助人民群众进行生产劳作。发展生产是当时边区建设头等重要的任务。军队有强大的劳动力、战斗力，不仅有力量进行自身的生产，而且有力量帮助人民生产。因此各部队便把帮助人民生产劳作作为拥政爱民工作的主要方面。从春种、夏耘到秋收，都派出大量的劳动力帮助群众。在助民生产中，大家情绪高涨，因为这既是爱民的实际行动，又是向群众学习生产技术的重要途径。再就是在助民生产中开展竞赛，提出"看谁开荒开得多""看谁锄草锄得细致""看谁收割得最干净"，虽是助民生产，实际比群众干活还卖力气。锄草时做到不留草、不伤苗，收割时要割干净，不糟蹋一粒粮食。还特别明确规定一条纪律：不准吃群众的饭，不取任何报酬。除了为群众义务劳动外，部队还同群众开展变工互助，用人力换老百姓的畜力。此外，部队还为群众砍柴、挑水、修房、料理家务，为群众免费治病，开展识字和卫生运动，安置难民，捐助灾民，做了大量的工作，充分体现了军民互助、亲如一家的情谊。

从地方来看，首先在自卫动员中，发动广大民众援助军队。当部队开到前线时，许多群众自动献金，送柴、送菜、送猪、羊、衣服和鞋袜。户县群众5天之内就送柴22万斤，送菜3万余斤。有的把上好的白面蒸成馍，再切成片晒干，送给军队做干粮。妇女们连夜赶做军鞋，有一个区一夜做成300双鞋。在后方，党政民节衣缩食，全力支援前线，机关学校的学生把自己的生产积蓄全部捐献给军队。有的献出了自己的单衣、布匹、毛巾、肥皂。女同志把做衣服剩下的布，一针一线缝成挂包送给前线将士。后方工厂的工友们发动献金运动，据不完全统计，共献金额120万元。工业劳动英雄赵占魁带伤上工，并将他5000元休养费和自己积蓄的衣物用来慰劳军队。他们说："我们没到前线去，就应该捐助前线将士。"真是：军队打胜仗，人民来支援。第二件是发动民众帮助军队解决困难。由于干部拥军热情的提高，在帮助军队解决困难上也比过去更积极主动了。有的帮助军队解决营房和用具。有一个营到某县驻防，城关附近群众很快让出窑洞480孔。某部移驻屯子沟，该区民众不到一个月，主动帮助军队建成窑洞160孔，解决了全部营房问题。第三件是优待抗属、安置退伍军人的工作比过去做得更好了。由于克服了"重工轻抗，人在情在"的错误观念，对抗属的优抚工作做得更认真了，各县、乡、村对抗属情况普遍进行了调查统计，根据情况确定了代耕原则，组织了代耕班，明确了代耕对象和代耕指标，适时组织代耕代种代收，以确保抗属生活。对退伍残废军人的安置上，保证他们有窑洞、有土地、有工具、有资金、有粮吃。在部队与敌人作战时，各级政府和人民紧密配合，想尽一切办法帮助部队进行后勤运输、救护伤病员、筹备粮草、组织担架运输等等，有力地支援了部队。8年抗战中，边区人民共缴纳救国公粮100多万石，抬担架、修工事、押送俘虏、为部队带路、后勤运输约154万人次，支前牲畜150万头，做军鞋近20万双，成为真正的铜墙铁壁。

四

延安和陕甘宁边区开创性的双拥运动及其所取得的成绩和经验，得到了党中央的充分肯定，并及时迅速地向全国各抗日根据地做了推广。

1943年10月1日，毛主席在为中共中央政治局起草的《关于减租生产拥政爱民及宣传十大政策的指示》中明确指出：为了使党政军民打成一片，以利于明年的对敌斗争与生产运动，各根据地党委及军政领导机关，应准备于明年阴历正月普遍地、无例外地举行一次拥政爱民与拥军的规模广大的群众运动。军队方面，重新宣布拥政爱民公约，自己开检讨会，召集居民开联欢会（当地党政参加），有损害群众利益者实行赔偿、道歉。民众方面，由当地党政及民众团体领导，重新宣布拥军公约，举行热烈的劳军运动。……以后应于每年正月普遍举行一次，再三再四地宣读拥政爱民公约与拥军公约，再三再四地将各根据地曾经发生的军队欺压党政民及党政民关心军队不足的缺点错误，实行公开的群众性的自我批评（各方批评自己，而不批评对方）而彻底改正之，并把拥政爱民作为十大政策的"第四条"和重要制度规定下来。

紧接着，西北局于1944年1月1日做出了《关于拥政爱民及拥军工作的决定》，强调拥政爱民和拥军运动，不仅要普遍地举行，而且要使之更加深入，就是要更加成为部队中和广大人民中真正自觉的群众运动，成为广大群众的思想教育运动。必须再三再四地说明军队和人民休戚与共、利害相关的道理，说明拥政爱民是每一个革命军人的天职，拥军是每一个革命人民的神圣义务。必须把这种思想教育和拥政爱民及拥军的实际行动结合起来。拥政爱民和拥军的实际成效，绝不限于春节期间的开会检讨和互相联欢、慰劳、慰问，而应当在经常的军民关系中，随时和切实地解决一切实质性的问题，并针对1943年拥军工作中的薄弱环节，特别强调切实加强优抗工作和归队工作。

留守兵团政治部于1944年1月1日向所属各部队发出的《加强拥政爱民工作的指示》中也强调，为了发展军民关系，在全体军人中树立拥政爱民的强固观念，使他们懂得：拥政爱民不是单纯的纪律要求，而是革命军队的政治要求，是区别真正革命军队与其他军队的分界线；认为军队应当凌驾在人民之上，认为政府是军队的"办差机关""老百姓是贱骨头"的观念，是极端错误的，是旧军队思想在我们内部的反映，不克服这种旧思想旧意识，就不能完全改善军民关系与军政关系。同样，拥政爱民的纪律，也是建立在自觉基础之上的，只有大多数以至每个革命军人的普遍自觉，才能巩固这种纪律。除此之外，一切舍本逐末的办法都是无济于事的。同时，还针对当时军队处于生产自给的环境，农业生产已成为生产的主要方向，但商业贸易又不能完全放弃的情形之下，特别强调要坚决执行政府法令，并协同公营商店执行稳定物价、稳定金融的方针。还强调了军队要帮助人民自卫力量的建立，特别要加强边境人民自卫力量，与人民一起打击与防止破坏分子骚扰、破坏和侵占的企图，保卫边区，保卫政府与人民的财产，并将这种行动与保卫安定后方的总任务联系起来。指示同时决定1月23日至2月23日为拥政爱民运动月。1月9日，陕甘宁边区政府就拥军工作发出指示信说：去年拥军运动与拥政爱民运动，使边区军民大团结更加巩固，保卫边区更有保证。但从全部拥军工作来看，还存在着严重的缺点。这就是在优抗工作方面，缺乏为抗属建立家务的观点；在归队工作方面，采取了消极应付的态度。这两大缺点必须克服，同时提出了克服的办法和措施。

其他各抗日根据地的八路军、新四军部队和广大人民群众，在党中央的号召和统一领导下，在各分局、边区政府和驻军领导机关的具体领导和指导下，也对拥政爱民和拥军工作做出了部署和安排。晋绥边区行署和抗联联合发出了关于深入开展拥军运动的指示；晋冀鲁豫边区政府也发出了关于拥军爱民的指示；中共山东分局和山东军区政治部在加强拥军与拥政爱民工作的指示中强调：拥政爱民、拥军工作是中央领导一元化政策下更具体地调整军民关系的一种团结政策，是有关革命的基本问题之一，各地必须抓紧有利时机展开更热烈的群众性的拥军与拥政爱民热潮，并规定正月十五日为山东各地拥军与拥政爱民节。

于是，在1944年的新年春节期间，一个更加广泛更为热烈的双拥运动便在各抗日根据地的广大军民之中开展起来。有些根据地还在八一建军节前后开展了"劳军周"活动。《解放日报》对1944年更大规模的双拥活动进行了较为集中的声势浩大的宣传，还发表了朱德总司令1月1日在延安干部晚会上的讲演《展开拥政爱民运动》。

为了指导这一运动健康扎实地发展，中共中央于1944年2月7日就检查拥政爱民及拥军优抗工作发出指示，对双拥工作中出现的一些现象提出了纠正和克服的办法。

一是针对拥军的消息多过拥政爱民的消息，而且都是由政府领导给军队送很多东西的现象指出："是否拥政爱民工作各地尚有未抓紧的？是否有因拥军工作而无形增加群众不必要的负担？党政发动民众拥军，应多注意于切实解决优抗、归队、帮助部队解决困难及精神上、政治上对部队多给亲切的热烈的鼓励，不只在多送东西。"

二是肯定了"各地拥政爱民工作，很注重群众的访问、纪律的检查、损坏的赔偿、军民的联欢等事，这些都是应当做的"，但同时指出：还要利用这一运动，来深入关于革命军队本身的教育。要使不仅干部，而且是每个战士都懂得革命军队与旧军队不同的性质与任务。我们的军队，是在共产党领导下，来自人民、属于人民、为了人民的军队，我们军队的任务不只是单纯的打仗，除了打仗一件工作之外，还要负担宣传群众、组织群众、武装群众、帮助群众、建设革命政权的重大任务。今天具体说就是要做打仗、生产、群众工作三件事。只有使部队的干部与战士完全弄通了上述思想，才能彻底扫除从旧军队沾染来的军阀主义倾向；才能自觉地去实行拥政爱民与遵守群众纪律，而不是简单地、形式地服从纪律。并说："最近陕甘宁边区及晋西北的某些部队，在拥政爱民运动月中，实行以连或排为单位，学习古田会议的反单纯军事观点及拥政爱民的公约，要每个人都根据这两个文件去反省检查自己，这就是连队战士的整风……收效甚大，各地都可参考采用。"这对于克服双拥工作中的形式主义和追求表面的轰轰烈烈而不注重实效的做法，无疑是一种有力的鞭策。紧接着，2月8日，中共中央又转发了《陕甘宁边区各旅进行拥政爱民工作的办法》，要求"凡未彻底进行此项运动的部队，不论正月是否过去，必须参照此种方法彻底举行一次，切勿虎头蛇尾"。

1945年5月，总政治部在关于《发扬我军拥政爱民优良传统》的专题报告中，总结了拥政爱民活动的主要经验：一、军队必须严要求，认真做自我批评。二、要进行拥政爱民的思想教育，使每个军人懂得拥政爱民不单纯是纪律要求，而是革命军队的政治要求，是区别革命军队与其他军队的分界线。三、事事关心人民，处处爱护人民。要站在为人民服务的立场上，完全彻底为人民，诚恳地从经济上帮助人民，文化上提高人民，政治上关心人民，军事上保护人民。四、必须把经常性和突击性的工作结合起来。拥政爱民是我党的一项重要政策，是经常性的工作。为了集中力量在短期内求得军政军民关系的改善，做一些突击性工作是非常必要的。但只有把突击性的拥爱活动和经常性的群众工作结合起来，才能使拥政爱民工作越做越扎实，军政军民关系越来越密切。

毛主席在为中共中央起草的《1945年的任务》和《1946年的工作方针》的指示中，都把拥政爱民和拥军优属作为一项重要任务，号召各解放区、各部队都要普遍坚持开展双拥运动，一年比一年做得更好。这对于夺取抗日战争的彻底胜利，粉碎国民党进攻和巩固解放区，都有重大意义。从此，双拥运动走上了经常化、制度化的轨道，形成我党我军和全国各族人民的光荣传统，一直贯穿到解放战争时期、抗美援朝时期及全国解放以后的其他各个历史时期。

五

今天，时代不同了，形势也和当年大不一样了。在新的历史时期，党的路线、方针和任务发生了很大的变化。但是，党对军队的绝对领导，人民军队的性质、宗旨，军政一致、军民一家的鱼水关系并没有变，不但没有变，而且结合改革开放的形势，结合全党全军全国人民建设四个现代化强国的伟大历史使命，还要进一步加强，进一步密切，因此，拥政爱民和拥军的工作也必须进一步加强，双拥工作的优良传统必须继承和发扬光大。从历史的回顾中，我们应该得到些什么启示呢？

启示之一：开展双拥工作必须围绕党的总路线、总任务来进行，适应改革开放的形势，创造性地继承和发扬双拥工作的优良传统。在新的历史时期，党的总路线总任务就是"一个中心、两个基本点"，就是坚持改革开放，解放思想，加快步伐，集中力量把经济建设搞上去。我们要认真学好邓小平同志南方谈话和江泽民总书记在中央党校的讲话，广泛宣传新时期双拥工作的战略意义，不断提高干部战士的思想认识，以党的基本路线为共同的政治基础，以"同呼吸、共命运、心连心"为基本要求，以促进改革开放、发展社会生产力和提高部队战斗力为目标，进一步做好双拥工作。军队拥政爱民工作要服从和服务于经济建设这个中心，全力拥护改革，支持改革，参与改革，积极参加国家社会主义经济建设，承担一些重要工程项目，积极帮助老区、边区和贫困山区的人民脱贫致富，为民造福，为国兴利，就像当年地方政府和人民群众一切为了前线，全力支援军队作战那样不遗余力。地方政府和人民群众也应像当年人民军队那样，在担负着极端重大的战斗任务的同时，还要抽出人力搞生产、搞运输，以减轻人民负担，在集中力量搞经济建设的同时，也要有一定的人力物力来支持和帮助军队，为加固长城添砖，为优化国防投资环境出力。因为经济建设和国防建设都是国家和人民的根本利益所在。只有在这样的目标一致、利害一致的前提下，才能更自觉更扎实地做好双拥工作，进一步增强军政军民团结。

启示之二：做好新时期的双拥工作，必须坚持不懈地抓好延安精神的学习教育。双拥传统是延安精神的一个组成部分。延安精神是我们在新的历史时期建设社会主义和加强部队建设的巨大精神财富。邓小平同志等老一辈无产阶级革命家和江泽民、李鹏等中央领导同志，都反复强调要继承和发扬延安精神。所以，我们应大力抓好延安精神的教育和实践，始终坚持军政一致、军民一致的原则，虚心学习老区人民的高尚品质和优良传统，努力加强部队的全面建设。大力宣传和学习延安人民爱国拥军的感人事迹，牢固树立爱军习武、献身国防的观念；要教育部队牢记我军性质、宗旨，模范执行党和国家的政策法令。总之，要通过双拥活动，不断促进和加强部队的革命化、现代化、正规化建设，真正担负起历史赋予我军的重任。

启示之三：在相对的和平环境中，开展双拥工作，增强军政军民团结，必须始终坚持对全体军民的国防教育、爱国拥军教育和拥政爱民教育，树立"居安思危"和"无兵不安"的思想观念，自觉拥护军队，支援军队建设和热爱国防事业，勇于为改革开放做无私奉献。因为和平环境常易使人居安忘危，由于听不到枪炮声，感受不到战争的威胁和灾难的临头，常使一些人忽视军队的作用、地位和军人的价值，尤其感受不到军队的存在与军人的活动同他们切身的利害关系，因此对于拥军、支援军队建设、搞好军民团结就感到不是那么重要，甚至认为可有可无。一些地方的领导同志也往往由于经济建设的重任压在肩，而把关心支持军队建设看作是额外负担，因而对拥军和支援军队建设不是那么积极和心甘情愿。再从军队来说，由于长期处于和平环境，缺乏战争实践中依靠人民群众支前运输物资、抢救掩护伤员和充当向导等体会，上课在课堂，训练在操场，吃粮靠购买，也很容易使一些同志忽视人民群众的伟大作用和力量，看不到政府对于军队的直接重要性。这样就容易产生"各顾各"的本位思想，遇到一点误解、麻烦就容易产生矛盾，影响军政军民关系。所以，必须通过不断的教育，人人树立牢固的国防观念，树立军民互为存在、互为依靠、优势互补的思想认识，任何时候军队都离不开人民，人民也离不开军队，从而自觉处理好军政军民关系，维护和增强军政军民团结。

启示之四：如果军政、军民之间发生纠纷，仍要各自多做自我批评，只批评自己，不批评对方，这已被实践一再证明是改善军政军民关系、增强革命团结的有效方法。特别是军队在这方面要多承担责任，高姿态处理问题。因为军队是有严密组织严格纪律的，非同于一般政府工作人员，更非同于一般老百姓。用朱老总的话来说，"因为军队是我党在人民中的一支大旗，人民把八路军新四军看作是党的代表，我们军队人员的一举一动，均发生很重要的影响"。这一条仍然是新时期处理军政军民关系的一条准则。

启示之五：为了做好双拥工作，增强军政军民团结，还必须逐步建立和完善有关的政策和法规。这也是当年延安和陕甘宁边区改善和调整军政军民关系的一条重要经验。当时在那样艰苦的战争环境下还搞了那么多的决定、条例和办法，我们在今天和以后更应做好这项工作，当然要经过大量的调查、论证和协商，并根据形势任务的变化不断地充实和完善。总之，我们重温历史，就是为了更好地继承发扬我党我军这一历史上具有独创意义、反映人民军队宗旨和广大军民心愿的、体现军政军民一致原则的光荣传统，并结合新的实践创造性地运用，把双拥工作做得更好更有成效。

军民团结如一人,

试看天下谁能敌!

【资料来源】

李敏杰主编,李万良、袁俊宏编:《延安和陕甘宁边区的双拥运动》,甘肃人民出版社,1992年,第234—255页。

10. 枣园拥军拥政爱民工作的介绍

一、全乡人口与组织的调查

枣园全乡共九个自然村，居民共一百零四家。枣园有居民二十一家；贺家湾，居民五家；张家崖，居民二家；杨家崖，居民十一家；磨家湾，居民二十八家；老石头河，居民五家；染皮坡，居民六家；南窑沟，居民十三家；新窑沟，居民十三家。

九个自然村，合并分为贺家湾、杨家崖、枣园、磨家湾、新窑沟、南窑沟、染皮坡等七个行政村。各村设有村长。村以上有乡政府，设乡长一、乡政府委员六。各委员分别兼任优抗委员、人民仲裁委员、经济委员、卫生委员、锄奸委员、文化委员。

全乡有自卫军之组织。乡政府设自卫军连长一，下有排长二；各村有班长一。自卫军由当地居民组成，其任务是放哨、查路条、维持地方秩序。

抗属全乡共六家。新窑沟有抗属一家，家长郝生才，二儿子于民国二十四年加入红四团，现全家大小五口，雇拦羊工及长工各一，有山地三十垧、川地七垧，生活较好。老石头河有一家，家长李树才，本人在××局做供给工作，全家六口，生活还好。磨家湾有两家，一家家长斗老高，本人在××团××队当战士，家有女人及孩子各一，生活比较困难；另一家家长叫秦好胜，本人为乡政府委员，儿子在×团×队服务，家有十一口，生活还好。杨家崖也有两家，一家家长叫王仲庭，本人在××局服务，有父、母、妻、子各一，弟二，全家六口，生活较难；另一家家长王占城，本人在××旅供给科工作，家有妻及子二人，家境很好。

二、工作布置

边区政府及八路军留守处分别公布拥军、拥政爱民决定后，枣园机关总支委于一月二十九日晚召开会议，决定在总支领导下组织拥军、拥政爱民工作委员会，第二天由总支大会通过，第三天工作委员会同志出发与乡政府取得连〔联〕络，除调查本乡范围与居民情况外，并询问乡政府对于拥军工作的布置。二月一日，工作委员会根据上列情况，规定委员会的工作方向为：

（一）了解本机关过去军民关系，奠定本机关与附近居民改善关系的基础；

（二）研究并提出今后本机关支部居民工作的意见。具体执行本工作的办法是向群众解释拥军、拥政爱民运动的意义，调查本乡居民情况及本机关与附近居民的关系，慰问抗属，帮助群众写春联、写信，订生产计划……

二月二日，工作委员会发动机关工作人员到群众中去。开始双方有些隔膜。比如工作人员去帮助写春联，群众怕"八路军是去破除迷信的"，不大愿意。写了以后，才有人说"八路军真是太好了"，甚至嫌以前请人写的春联写得不好，第二天要求机关"八路军"替他写过。

二月四日，进行慰劳抗属工作。共慰劳肉十二斤、粉条一斤、米一斗，并各送《向吴满有看齐》年画一张。

三、老百姓的意见

枣园机关拥军、拥政爱民工作委员会的同志，在进行居民工作时，广泛地搜集了群众对本机关的意见，总结这些意见，赞扬的占十分之九以上。

枣园一个姓谢的村民说："你们机关每年都来征求意见，说句老实话，实在是说不出什么意见来。"另一个说："我们相处五年了，关系是好好的，从没有发生过打老百姓那样的事情。"

工作委员会的同志跑到新窑沟，一个姓白的村民对他们说："关于拥军的事情，就是政府不下通知，军民关系也是好的。八路军和老百姓，真是鱼和水一样的。"一个新从榆林搬到南窑沟的人说："中国都像八路军，日本早打走了。"他还告诉工作同志：他们老家（指榆林乡下）只要来下一两个兵，老百姓就都吓得逃走了，这里，"你们八路军还帮助老百姓写春联！"

另如南窑沟一个烧石炭的李老汉，非常感慨地告诉本机关同志："你们枣园机关很好，有事好好商量。从前（指革命前）呀，哼，军队打老百姓。毛主席却把老百姓宠坏了，老百姓对八路军帮助太不够……"

可是个别村民对枣园机关也有些批评。比如某部门的五个猪，吃了染皮坡李家的洋芋，李家来找，山高崖陡，一猪把腰跌坏了，管理员同志性急，当场和李家争吵起来，使李家对他很不满意，他们说："什么事可以好好讲，为什么要这样凶呢？"又比如，某管理员到新窑沟去，狗咬得很厉害，他便骂人，那家老百姓至今不舒服。再比如枣园的一个老百姓说："你们从前的医生不好好替我们看病，中央门诊部看病倒方便些哩！"

四、反省种种

总支于二月一日前，组织各支部讨论关于拥军、拥政爱民运动，这才发现，以前枣园机关也有一些同志对军政民的看法是不正确的。有几个同志反省说："过去我总认为我是属于中央系统的，边区政府管我不了。"另一个同志反省说："过去我总觉得政府是管理老百姓的，自己是党领导下面的，因此对政府选举、报告都不注意。"另一个从敌后抗日根据地回来的同志反省说："自己在前方时，虽然感觉政权的重要，但是来到后方根据地后，反而感觉到了政权够麻烦，群众组织了倒不如不组织好。"

也有个别同志曾经对群众采取厌恶的态度。一个同志反省说："我过去买老百姓的东西，总想占便宜，如果占不到就恨他。"另一个同志反省说："吃小米谷子多时，就感到老百姓讨厌，公粮不好好缴。"再有一个同志反省他从前是如何不尊重群众纪律，说："过去我憎恨老百姓的落后、自私，走路时故意踏田禾，借以好玩地报复。"

可是在这次拥军、拥政爱民运动中，上面这些同志都开始转变了。他们认识了自己从前的错误。当总支发动劳军募捐时，大家都踊跃捐款、捐物，女同志还临时赶做慰劳袋、手帕等。统计全机关募得款项达一千四百十一元七角六分。

（本文系根据"笔谈会"刊物材料编成）

【资料来源】

《解放日报》1943年3月3日第2版。

雷志华、李忠全主编：《陕甘宁边区民政工作资料选编》，陕西人民出版社，1992年，第116—119页。

11. 我们应把拥军工作做得更好

林伯渠

在战争烽火中，又过了一个新年，接着将是一年一度的春节。经过一年的辛勤劳动，边区人民正在热窑暖炕上过着欢乐团聚的日子，饮水思源，他们首先想起的应该是英勇无敌的八路军。我们各级政府工作人员，在布置全年工作的时候，第一项应该做的工作是拥军工作。这是因为有了军队，才有边区；靠了军队，老百姓才能过丰衣足食的生活，政府才能进行各种建设。

想一想吧，在我们老百姓的记忆里，什么时候、什么地方，有过像八路军这样好的军队呢？对于这支革命的军队，人民的军队，我们不是应该引为荣耀吗？抗战以来，深入敌人的广大后方，吸引敌人过半的兵力，始终坚持艰苦斗争，始终和群众站在一起的，是我们的八路军和新四军。我们边区人民更忘不了，也就是这支军队创造了边区，使得他们获得土地和牛羊，现在又挡住日本鬼子不让渡过黄河来糟蹋他们的庄稼，不让反动派打进来破坏他们民主自由的生活。去年边区大搞生产运动，军队就开了二十万亩荒地，打了三万多石粮食，他们这样做好减轻人民负担，有些已经做到什么都不要政府和人民供给。这还不够，他们还帮助人民生产，不吃饭、不要工钱给人民开荒、锄草，组织群众变工，借牛犋给农民，帮助移难民粮食工具，给他们打窑洞。大家都亲眼看到军队的纪律从来就是好的，他们有着三大纪律八项注意的优良传统；经过去年的拥政爱民教育，他们更加爱护人民的利益，更加尊重政府法令。我们军队又都是年轻力壮的小伙子，能打仗，会生产，又识字，这是中国从来没有过的事情。说到荣誉军人，我们有郑洪凯、李泰元那样的光荣榜样，他们是平型关战役受伤的英雄，回到边区来在休养中进行生产，表现出他们对人民事业的无限忠诚。在退伍残废军人中，出现了杨朝臣那样的劳动英雄，他靠了自己劳动一年就建立起家务，还组织帮助附近的老百姓生产，成为当地的群众领袖。我们也有不少模范抗属，像吴满有、刘老太太他们的子弟都在八路军里，但他们又都在后方努力生产，帮助前方抗战，帮助建设边区。我们军队所以这样好，因为它是毛主席、朱总司令创造起来的军队，是中国共产党领导下的军队。

这样的军队是应该拥护的，拥护军队是我们人民和政府的责任。我们要使得军队更有力量打仗，使得抗属的生活过得美美的，使得退伍残废军人找到归宿，并把各种动员工作做得更好。拥护军队，就是保护我们人民自己的利益。正像高岗同志所说的，要好好拥护咱们老百姓自己的军队。

过去的一年是边区面目一新的一年，在军民、军政关系上，也呈现了新的气象。我们看到在全边区的大规模生产运动中，人民的劳动热忱与爱护边区的热忱结合起来了，人民对军队的认识提高了，劳动英雄自动带领人民掀起热烈的拥军运动。我们看到经过整风学习，干部的思想改造了，埋怨和责备军队的情形没有了，从思想上树立了爱护军队、尊重军队、帮助军队的观点。我们也看到在自卫动员工作中，边区人民帮助军队的动人事实，政府领导人民拥军的具体成绩。这是拥政爱民运动的收获，只有革命的军队才能获得人民这样的拥护。

另一方面，并不是一切都做得很好，我们的拥军工作还有许多缺点，成绩也不如拥政爱民运动那样的大。我们应当进行自我批评的，是我们的拥军工作表现于物质的慰劳，帮助较多，在思想上的贯彻不够，有些干部还没有认识这个运动的重要性，有些地方还没有认真地进行这个工作。因此，表现在工作上的，就有消极应付的多于主动地去解决问题的现象，长期打算也就不够。最明显的是优抗和归队工作。过去优待抗属着重于发动代耕，只要他们有吃有穿就算了，而没有积极地替他们建立家务，使他们逐渐可以不依靠人民和政府的帮助，也可以像一般人民那样，经济地位不断上升，生活更加得到保障。各级政府对归队工作没有负起责任，没有把它当作一种经常工作，没有把它造成一种群众运动，结果是做得最无成绩。这是我们政府应该责备自己的，我们不能容许这种情况继续下去。

今年的拥军运动月，应当是拥军工作向前进步的里程碑。拥军工作做得怎样，是考验我们工作成绩的重要标志之一。这是一种思想教育，也是一种组织工作。我们要在群众中造成大规模的运动，进行宣传解释，用老百姓的切身经验说明边区军民一家的事实。只要老百姓懂得了军队和自己的血肉关系，他们自然会激起拥军热情，不要说叫他们做些拥军工作，就是做更大的牺牲也是心甘情愿的。政府工作人员更要检讨拥军工作，征询军队、抗属、伤病员、退伍残废军人对政府及人民的批评和意见，并对过去的缺点进行严格的自我批评。我们要慰劳慰问当地的驻军，慰劳他们保卫边区的功劳和整年努力生产的辛苦。无论在战时和平时，我们要一样地关心军队，帮助军队：打起仗来配合军队作战，送消息，抬伤兵；平时帮助生产，动员归队，优待抗属。对于抗属，要像对自己家人一样，他们的子弟参加军队使我们能够安居乐业，我们就要帮助他们建立家务，使他们同样地得到丰衣足食。在处理抗属婚姻问题时，要特别慎重：一方面照顾抗日军人，给他以婚姻保证；一方面说服他的妻子，使她感到当抗属的光荣。地方政府对退伍残废军人，要替他们解决生产困难，积极帮助他们成家立业，让这些为民族为人民流过血的人，退伍后能够有一个幸福的家园。我们要做到不用军队催促，自动地进行归队工作，依靠群众动员归队，不让一个应归队的战士留在农村里。这些要和其他工作联系起来，在拥军运动中进行拥军教育，布置生产时给抗属做按户计划，归队工作要注意说服教育，并严防破坏分子捣乱，处处要贯彻拥军思想，时时使得人民感到自己对军队的责任。

我们正处在伟大历史事变的年头，世界向着已经确定了的方向进展，抗战胜利的曙光也已在望。但横在前面还有重大的困难，不管困难再怎样严重，只要军民团结得紧紧的，就一定能把它克服，胜利地完成自卫备荒的任务。而且，不怕敌人怎样强大，有了我们边区部队，有了我们的贺司令员，就没有打不垮的敌人。边区是有拥军传统的地方，过去土地革命时代人民对军队曾表现出无比的热爱，建立了同生死共患难的关系，这种经过考验的团结，今天是更会发扬起来的。我们看到一个广泛的群众运动将要发动起来，它将创造出人民和军队团结的光荣范例。我们边区是被各种英雄的光辉所照耀的，在这次拥军运动中，也一定会产生出无数的英雄的。

【资料来源】

《解放日报》1944年1月8日第1版。

雷志华、李忠全主编：《陕甘宁边区民政工作资料选编》，陕西人民出版社，1992年，第159—162页。

12. 陕甘宁边区政府关于拥军工作指示

（1949年1月19日）

各级政府：

经过西北人民解放军一年多的英勇战斗，边区人民已基本上恢复了安居乐业的生活。现在旧历年关就要到来了，我西北野战军不久即将展开新的进攻，为完全解放西北而继续战斗。为鼓舞部队的战斗情绪，迎接更大的胜利，我们必须把今年的拥军工作做得比过去任何一年更好、更热烈。为此，我各级政府在今年春节的拥军月（古历正月）中必须进行并做好下列工作：

（一）必须利用各种集会和群众性的文化娱乐活动，宣传时事，广泛传播中国人民解放军胜利消息和英勇事迹，以进一步提高群众的政治觉悟，彻底纠正某些中心区干部和人民间忽视当前斗争的"太平"思想，只满足自己的安乐而不积极参军参战及进行其他拥军支前工作；纠正某些区域因战勤较多而产生的疲沓与不积极克服困难、帮助军队的现象。并拿具体事实普遍教育群众，深入"把革命战争进行到底"的宣传动员，进一步提高人民参军参战和支援前线的热忱，使拥军成为热烈而自觉的群众运动。

（二）各级政府首应对于野战军及各地战斗部队和全体伤病员同志进行物质与精神的慰劳和慰问。凡驻有野战军及伤病员医院的地区，应广泛地发动附近机关及居民，进行直接的慰问和慰劳，不拘形式地召开军民联欢会，自动赠送慰劳品，帮助伤病员拆洗缝补被服，或组织秧歌队进行团拜。后方各级政府应广泛地发动组织各机关、学校、团体及广大群众写慰问信、捐慰劳品或组织慰劳团进行慰问。各兵站应加强工作，改善过往伤员之招待事宜。

（三）各级政府应发动群众彻底检讨过去一年来的优军工作，贯彻边府优待条例的精神，具体而切实地帮助军烈家属解决生活及生产中的困难。对于应受包耕或帮工的家属，必须逐户具体确定包耕亩数，认真耕种，保证按当年产量交粮或确定应帮工数，按时帮耕。对于应帮粮之家属，应经民主讨论，提出应帮粮数，由县府核定，从优待粮内拨付。各乡并应组织优待小组，负责经常检查督促保证任务之完成。严格纠正干部中对于包耕代耕不负责任以致土地荒芜及私情包庇等各种不良倾向。

（四）抓紧归队工作，严格纠正包庇思想和耍私情的现象。对于出征民工家庭，亦需具体解决其生活中和生产上的困难。对于战争中光荣牺牲的烈士，可以区乡为单位举行群众性的纪念会，各级政府负责同志应亲自慰问烈属。此外县区乡尚可根据具体情况组织联欢会、秧歌队对军烈家属及出征民工家庭进行团拜慰问，使全体军民更亲密地团结起来，争取早日完成解放大西北、争取全国胜利的光荣任务。望将上述工作，立即具体讨论布置，并将进行情况随时报告本府。

主　席　林伯渠
副主席　杨明轩
　　　　刘景范

【资料来源】

《群众日报》1949年1月19日第1版。

陕西省档案馆、陕西省社会科学院合编：《陕甘宁边区政府文件选编》第十三辑，档案出版社，1991年，第25—27页。

第三部分
军队干部教育

本部分主要收录延安时期军队干部教育的指示、电令及工作报告、经验总结等。具体内容涉及军队干部军事教育、政治教育、文化教育、业务教育，区乡干部冬训，发动群众对敌斗争，干部教育奖惩，以及红军干部学校、抗日红军大学、陇东抗大七分校的教育实践等多个方面。

1. 中央军委、军委总政关于军队干部教育的指示
——总的指示

〔第一号〕

（1942年2月11日）

抗战以来，特别是从中央号召加强干部教育，提倡学习运动以来，部队中已普遍地掀起学习热潮，各级干部都进行了一定的教育，并获得了初步的成绩。一二九师的轮训制度，对在职干部学习，是一种有效的办法。此外，并经过抗大分校、教导队、训练班等，培养了成千成万的新干部。

但是，在我们的教育与学习上，还存在着许多原则上的缺点。主要的是在我们的教育中，存在着严重的主观主义与教条主义的倾向。其表现为：

一、忽视甚至否认对于本身业务以内的教育（如指挥员研究军事、参谋人员研究参谋工作、政治人员研究政治工作等），没有执行"做什么学什么"的原则，各部门工作计划的讨论与战斗的总结等，是业务学习的主要内容与方式。但过去除了一些琐屑事项外，很少或没有联系到研究与了解情况、掌握政策，其结果使教育与工作（作战）脱离，使工作质量难以提高，使工作难以进步。

二、不重视文化教育（国文、数学、史地、理化等），其结果由于干部文化水平低、知识少，致军事政治教育也难深入，并障碍了干部的进步。

三、一般的不重视军事教育，即军事干部也是如此，军事教育领导机关不健全，军事教育的正规制度未建立，其结果是我军的军事理论与军事技术水平十分低下，影响到

我军战斗力之提高。

四、在一般干部比较重视的政治教育中，也只抽象地去学习马列主义的原理原则，以为学习马列主义，只要阅读马列著述就够了，可以不必用马列主义的立场与方法来研究中国问题，研究当前环境的具体情况、党的政策之具体运用，结果使理论与实际脱节、所学与所用脱节。同时教育计划太高，平均地要求所有干部都学习马列主义的哲学、政治经济学等等，结果除了背诵一些政治术语、经济术语以外，很难有所收获。

此外，在解决学习的具体问题上，如教材之编辑供给、教员之设置等等，也还没有集中力量来注意。

今后在实行精兵简政、部队缩编时，应抽调干部入校受训，不要降级使用。未实行轮训制度的部队，立即计划实行。在职干部的教育的内容，必须改造。总之今后干部教育，必须纠正过去缺点，确定如下之方针：

（一）教育的基本内容，分为军事、政治（二者都包括业务方面与理论方面的学习）、文化三大部门。

（二）学习的基本原则是：

1. 军事干部以学习军事为主，政治干部以学习政治为主，技术专家以发展其专长为主。

2. 文化水平在相当于初中程度以下之老干部，首先以学习文化为主；文化水平在相当于高中程度以上者，则以学习政治或军事为主，文化为副，但学习文化仍然是必要的。

（三）业务学习是干部学习的主要内容，业务学习是学习本行的理论与实际。大而言之，军事干部学习军事，政治干部学习政治。但更具体地说，军事干部中，有指挥员，有参谋人员，有侦察工作干部，有军事教育工作者；政治干部中，有宣传工作干部、组织工作干部、锄奸干部等等。上途〔述〕各种干部除一般的军事、政治、文化教育外，必须特别学习本身专门业务。学习的计划与内容见第五号指示。

（四）学习时间之分配，在职干部依照两小时学习制，学校以每周六天计，大体如下：

1. 在职干部中，相当于高中以上水平者：

军事干部——军事约占六分之四，政治、文化约占六分之二。

政治干部——政治约占六分之四，军事、文化约占六分之二。

2. 在职干部中，相当于初中以下水平者：

军事干部——文化约占六分之三，军事约占六分之二，政治约占六分之一。

政治干部——文化约占六分之三，政治约占六分之二，军事约占六分之一。

3. 专家干部——专门知识学习约占六分之五，政治约占六分之一；其文化程度太低者，从专门知识学习时间中抽出必要的时间学习文化。

4. 在校学习之干部，其文化程度相当于初中以下者，应编入预科。其军事队与政治队的时间分配，可依照第二条规定。

5. 在校学习之干部，其文化程度相当于高中程度者，军事班与政治班的时间分配，可依照第1条。

（五）学习的指导机关：

1. 军事教育，由各级参谋部负责。

2. 政治教育，由各级政治部之宣传部门负责。

3. 专家干部的教育，由旅以上之专门部门负责，但其政治文化教育，仍归政治机关负责。

4. 各级军政首长，应把干部教育看成自己领导工作中的一个重要部分。

（六）轮训制度为教育在职干部之有效办法，团轮训班、排级干部，旅（分区）轮训连、排干部，师（军区）轮训营以上干部，务期于一定时间全体干部均能受到轮训。第一次轮训完毕后，可进行第二次轮训。

（七）师（军区）办抗大分校，除培养连排干部外，应竭力抽调营团干部加以深造，教学时间应较长一些。总部军部更宜集中注意力深造团以上军政干部。

（八）确立干部教育中的定期考试制度。如学生入校及毕业时，轮训班开始及结束时，均须举行考试；在职干部则须举行定期的考试。以测验我们干部教育的成果，以改进往后的教育内容与方法。

（九）军事、政治、文化教育的具体计划，另以第二、第三、第四、第五号指示规定之。其中关于课程方面，系按一般标准规定者，各地得依情况，酌量减少，总以少而精、能消化及不损害干部健康为原则。

中共中央革命军事委员会

中央军委总政治部

一九四二年二月十一日

（根据中央档案原抄件刊印）

【资料来源】

中央档案馆编：《中共中央文件选集》第十三册（一九四一——一九四三），中共中央党校出版社，1991年，第317—321页。

2. 中央军委、军委总政关于军队干部教育的指示
——军事教育

〔第二号〕

（1942年2月11日）

一、军事教育包括：

（一）军事理论教育与技术训练。

（二）军事业务（战斗、战役、指挥、战斗勤务、军队管理、参谋业务等，另见第五号指示）。

（三）军事生活锻炼（我军传统作风教育与锻炼、〔锻〕炼的纪律养成、革命军人习惯姿态道德品盾〔质〕等之养成、革命军事干部性格风度之养成等）。应注意如下：

A. 军事理论与技术教练，要求贯澈〔彻〕理论与实战联系，作战与教练联系（部队作战经验，必须反映到军事学校中，作为教练之主要内容，并使各军校之教练能适应作战之要求），务使学的能用来打敌人。

B. 军事生活的锻炼，除在日常管理中、会议的批评中进行外，并得于一定时间（如一月一次）或纪念节日，由部队首长专门举行关于我军传统教育的报告。

二、军事教育的正规制度与课程

分为在校的、轮训的、在职的三种。

（一）在校的

分为教导队与抗大诸分校二项。

第一项：教导队（一般由旅或分区办，培养班长与副班长，时间四至六个月），其军事课程规定如下：

甲、战术与教练：由单个教练到排教练，及连战术之一部，重心在班教练与战士动作。

乙、兵器与射击：

1．各兵器之性能，拆卸保管，使用法与故障排除。

2．基本射击预行演习及射击实施，战斗射击预行演习。

3．班排射击指挥。

4．防空、防毒、防唐克[①]、防骑兵常识。

丙、工事与伪装：

1．单个战壕，轻机枪掩体，敌火下的土工作业，步班机班的战壕及障碍物。

2．单人伪装、作战壕之伪装。

丁、内务条令摘要。

戊、纪律条令摘要。

第二项：抗大诸分校（一般由师或军区办）。

甲、抗大步兵科（培养连排军政干部，时间一年）：凡曾受与上列教导队同等教育，经测验及格者，得入抗大诸分校之步兵科（或政治科）；其未受上述教育或经测验不及格之初级干部和未曾入伍过之知识青年，则应先入教导队或在抗大分校内附设预科或入伍生队，以行补助教育，其时间与课目与教导队同。步兵科之军事课程如下：

1．战术与教练：战术课由班到营及战术概则，重心在连。

2．兵器与射击：

（1）重机枪之性能、拆卸、故障排除、保管及使用。

（2）基本射击教育及战斗射击之预习。

（3）排连之射击指挥。

（4）现代兵器常识（着重防卫法）。

3．工事与伪装：

（1）各种战壕及诸步兵火器掩体之构筑与作业指导。

（2）连野战阵地之构成（包括伪装、障碍）。

---

① 唐克：坦克。

（3）单人伪装与部队伪装。

4. 简易测绘。

5. 内务条令。

除复习上列教导队所有内容外，并加连长职责、营舍秩序、各种制度、军队卫生等项。

6. 纪律条令。

7. 卫兵勤务摘要。

乙、抗大上干队（培养营团干部，时间一年半）：入学条件，要求有连营战斗指挥经验，并受过与步兵科大略同等之教育，经测验认为合格者；至于有战斗指挥经验之连营长，文化太低，不能自由笔记与阅读课本者，则应先入预科。

关于上干队之军事课程如下：

1. 战术与教练：步兵战术全部，由排起至概则及特种战斗，着重在营，兵团战斗之一部（概则）与团的战术。

2. 兵器与射击：

（1）步兵兵器全部。

（2）山炮之性能与步炮之协同法。

（3）现代兵器概说。

（4）射击学理简说。

（5）射击教育。

（6）连营之射击指挥。

3. 工事及伪装，除同步科外加：

（1）营的野战阵地之构成与指挥。

（2）各种障碍物与障碍地带之构成。

4. 地形测绘。

5. 内务条令。

6. 纪律条令。

7. 营的参谋工作。

8. 管理与教育。

（二）轮训的

分团办、旅办、师办三种轮训班。

甲、团部办的轮训班，轮流训练正副班长及一部副排长，每期一月至两月，轮训的方法有两种：

第一种是正班长与副班长轮流受训,其目的在经过已轮训的班长(或副班长),去进行对部队的某一时期某一课目的训练,所以轮训班的军事课程,应适应以本部队中行将进行的课目,并应力求少而精。

第二种是在正副班长中各抽一部轮训,目的在提高班长之军事水平。其课程亦应与准备在部队中进行的军事教练课目相联系。

上述两种方式,可依各团自己底〔的〕状况与需求,由团司令部有计划地组织之。使所属诸班长在受过数次轮训后,其所受军事教育能大略与教导队所受者相等。

乙、旅(或分区)部办的轮训班,轮流训练连排干部,每期三个月,目的在训练一时不能离职到校受训而只能在短期带职受训之在职连排长。其军事课程,可参照抗大步兵科军事教育课程,根据具体情况,从中摘要分期教育。旅司令部应有计划地组织此种轮训,使所属连排长在受训两次后,加上其在职时期中的学习(时间共一年半)能与抗大步兵科所受之军事教育(理论方面)大略相同。

丙、师(或军区)部办的轮训班,轮流训练在职营团干部,每期四个月至半年,其军事课程,参照抗大上干队的军事教育课程,摘要分期教育,并应有:

1. 经验的总结(如各该部新近战斗或战役之检讨等)。

2. 业务的学习(如营以上干部的职责、对干部的领导方式、对部队的管理方式等)。

(三)在职的

在不妨碍战斗与业务的原则下,依照各级不同干部情形,分为连排干部、团营干部、师旅干部三种进行教育与学习。

1. 连排干部(或相等于连排者)应参照抗大步兵科的军事课程摘要学习,要求在两年内能大体学完前列抗大步兵科的军事课程。

2. 团营干部大体上应依据前列抗大上干队军事课程为标准,有计划地摘要学习。

3. 师旅干部以自学为主,讨论为辅。师旅各建立一军事研究组,举行讨论。必须阅读之军事书目列下:

①《论持久战》

②《战略问题》

③《野战条令》

④《战斗条令》

⑤《战术教程》

⑥《战略原理》

⑦《敌寇作战要务令》

⑧《兵器学教程》

⑨《射击教范》

⑩《阵中要务令》

⑪《野外勤务》

⑫《参谋工作条例》

⑬《内务条令》

⑭《纪律条令》（⑫⑬⑭三种军委即将颁布。）

⑮《筑城学教程》

⑯《地形学教程》

⑰《步兵侦察》

⑱《空军与防空》

⑲《现代战术特性》

⑳《马克思主义与战争和军队》

㉑《福龙芝选集》

具体的学习计划可由各师自定，但集总军部与军委得随时经电台通讯出测验题与讨论题。

三、教材

除战术教程与操典外，其他外面出版的各种教程（如兵器、地形、交通等教程，体操、爆破、坑道、架桥、马术各教范……）以及阵中要务令等，均可作为参考书。各战略区应设法翻印，以供各级干部阅读与参考。关于战术则应以苏联红军的《野战条令》《战斗条令》《战术教程》与《论持久战》及《战略问题》中有关战术部分，以及《游击战争中的一般问题与战术问题》等为主要读本。军政杂志与《前线》内的军事论文，亦应选择编印以为参考。

四、实施注意

为了使理论与实践连〔联〕系、作战与教育联系，应注意：

（一）在战术课内，对营以下的干部，应注意以游击战术为主，正规战术为辅，并不可把游击战术与正规战术完全分开（例如：连的战斗勤务内，除了一般的进攻、遭遇、防御、担任侦察、警戒等课目外，对驻止之敌的袭击、被袭时之动作等课目亦应列入，在目前阶段上，后者并应是主要的课目）；团以上，则应以正规战术之基本原理为主。

（二）各级司令部直接掌管军事教育的人员，如缺乏实战经验时，该司令部首长应设法使之有获得战斗经验的机会。

中共中央革命军事委员会
中共中央军委总政治部
一九四二年二月十一日
（根据中央档案原抄件刊印）

【资料来源】

中央档案馆编：《中共中央文件选集》第十三册（一九四一——一九四二），中共中央党校出版社，1991年，第322页—329页。

3. 中央军委、军委总政关于军队干部教育的指示
——政治教育

〔第三号〕

（1942年2月11日）

（一）政治教育包括下列内容：

党的策略路线的教育、时事教育、马列主义的理论教育与军队中政治工作的教育。

（二）各门教育之主要课程是（以两年为大概标准）：

1．理论教育，包括中国革命问题（《〈共产党人〉发刊词》《论新阶段》《新民主主义论》，以上为营团干部用），《"左派"幼稚病》《联共党史简明教程》、季米特洛夫在七次大会上的报告、中国党的历史（以上全部为旅以上干部用）。

2．党的策略路线，包括抗战以来党的决定与宣言，中央负责同志及分局以上、师（纵队）以上负责同志的重要文章，及抗日根据地的各种政策（以上一般干部用，参加高级学习组者，照中央规定）。

3．时事包括国内国际形势，后方为《解放日报》，前方为当地出版之报纸。

4．政治工作，包括政治工作条例，抗日军队中的政治工作（以上为连级政治干部用），政治工作文献，政治工作论丛，《军政杂志》及《前线》文章之选读（以上全部为营以上政治干部用）。

（三）对于各种不同的干部，其政治教育的要求如下：

1. 营以上军事干部为策略、时事理论；连以下军事干部为策略、时事。

2. 营以上政治干部为策略、时事理论、政治工作；连以下政治干部为策略、时事、政治工作。

3. 技术专家只要求学习时事、策略及一般政治知识。

（四）政治教育之实施：

甲、在职干部：在不妨碍战斗与业务下进行学习。

1. 连排干部或相当于连排级干部，除参加文化课外，每周做一次时事或党的政策的报告与讨论。以营为单位，军政干部一起，由团政治处或营教导员负责。直属队则另行组织之。

2. 营团干部除参加文化课外，以团为单位组织一个政治学习组，军政干部一起，每周开会一次，由团政委负责，研究党的政策与理论问题。

3. 旅及师级干部，以自己阅读为主，师旅各设一上级政治学习组，每周举行一次讨论。

4. 各级政治干部对于政治工作之学习，除自动阅读指定的书籍外，按工作部门经常举行部（科）务会议，研究与讨论本部门之工作。

5. 技术专家之政治学习，除自动看报外，可由旅以上之政治机关每月召集一次会议，报告时事或党的政策问题。

6. 知识分子新干部，具有较高的文化水平，但实际经验较少，因此应注意研究中国历史、中国情况、党的政策和当前的实际问题。

乙、轮训班中之政治教育：

1. 班级干部以报告时事为主。

2. 连排军事干部以时事及策略为主，政治干部加政治工作条例。

3. 营团军事干部除时事策略外，加中国革命问题，政治干部再加政治工作。

4. 第二次轮训时，连排干部须加中国革命问题，营团干部须加中国革命史。

5. 由各部队根据上述原则具体规定教育计划。

丙、学校及教导队之政治教育：

1. 抗大分校之上干队，军事干部须学时事、政策、中国革命问题、党的建设，政治干部另加政治工作。其文化程度太低者，须特别加强文化教育，政治课为时事与策略。

2. 抗大分校之步兵科及特科之军事干部，须学时事、政策及中国革命问题，政治干部加政治工作。

3. 教导队上文化课，政治教育为时事与策略。

4. 各抗大分校及教导队，应根据上述原则改进自己的教育计划。

中共中央革命军事委员会
中共中央军委总政治部
一九四二年二月十一日
（根据中央档案原抄件刊印）

【资料来源】

中央档案馆编：《中共中央文件选集》第十三册（一九四一——一九四二），中共中央党校出版社，1991年，第330—333页。

4. 中央军委、军委总政关于军队干部教育的指示
——文化教育

〔第四号〕

（1942年2月11日）

兹规定关于军队干部文化教育的实施计划如下：

（一）为着有效地进行文化教育，应按干部之文化水平分成等级（而不是按军职），一般的可分成三级，初小程度的定为初级，高小程度的定为中级，相当于初中程度的定为上级。以上均应实行强迫的文化教育。高中以上程度者，可自动学习文化，但必须学习文化，以资补习。

（二）各级教育时间均定为三至五年，以学至上级班毕业为完成文化教育阶段。各级的目标是：把初级文化教育提到相当于高小毕业的程度，把中级文化教育提到相当于初中毕业的程度，把上级文化教育提到相当于高中毕业的程度。

（三）各级之课程是：

1. 初级：国文（识字、作文等），算术（由四则到小数、分数、百分比），自然常识。

2. 中级：国文（文法、写作等），算术（学完全算术基本知识），初中程度的物理化学及地理历史。

3. 上级：国文（选读、写作并自动阅读国内外著名小说，如《鲁迅小说选集》《三国》《水浒》等），代数，平面几何，中国通史（解放版），高中程度的物理、化学及

地理。

4. 文化课中均以国文为主，算术次之。此外如有余力，政治干部应注意历、地，军事干部应注意理、化之学习。

（四）教材：除初级班全部教材及中、高两级之国文、历史须自编（延安正在编印）外，其余教材可采用初中、高中的现成本，各地须自行翻印，解决教材之缺乏。

（五）实施：

1. 大团直属队应设初级班与中级班，小团及营应设初级班，旅、师直属队应设初、中、高三班，每班都应有专门的教员。教员困难时可由团设教员，轮流到各营上课。连队文化教员可取消，把部队中文化教育的重心放在干部文化教育上。

2. 同时进行的课程，以两门为主。上级班的地理、历史，可采用阅读方式，不必上课。

3. 各班每周应上一次或两次课，上课后须进行自习。

4. 因环境关系，营团旅师级干部无法加入文化班上课，则可组织文化学习小组。如团长政委参谋长主任均须学文化时，则可成立一组，聘请专门教员讲授之。

（六）教员：应该重视教员在培养干部中的作用。提高其政治地位，注意其物质需要，并说服不愿当教员的倾向。

（七）在轮训班、教导队、抗大分校学习的干部，其文化教育可照上述原则订出具体计划，其时间比例则依照第一号指示上之规定。

中共中央革命军事委员会
中共中央军委总政治部
一九四二年二月十一日
（根据中央档案原抄件刊印）

【资料来源】

中央档案馆编：《中共中央文件选集》第十三册（一九四一——一九四二），中共中央党校出版社，1991年，第334—336页。

5. 中央军委、军委总政关于军队干部教育的指示
——各种干部的业务教育

〔第五号〕

（1942年2月26日）

一、业务教育是军队中各种干部教育的中心内容。军队中干部必须各有"专行"，不懂得本行的知识，不整理本行的经验，而把干部的知识与教育局限在一般的政治教育上是不正确的，容易使干部教育与干部工作脱节。但是各种干部仅仅有本行的专门经验与知识，而没有一般的政治、文化的学习，则会使干部眼光狭隘，失其前途（若无政治教育的话）；或者知识文化太低，无法使本行工作进展（若无文化教育的话）。因此业务教育与一般的政治文化教育，必须有适当的配合。不过我们干部教育中目前的弱点，并不是忽视一般的政治教育，而是忽视业务教育，而是太一般化，太教条化，好高骛远，以为学习业务并不是理论学习，只有学习马列主义的书本才是理论学习，这就影响到各部门工作干部不熟悉自己的职责，不熟悉"本行"的实际与理论。

二、业务教育的中心内容，是调查该部门工作的有关情况，研究该部门工作对象，熟悉该部门工作中的政策，整理该部门工作的经验，熟悉该部门的理论，使我们的干部教育直接影响其工作的改进。这种业务学习，必须针对着当前环境下的我们各部门工作，为此必须研究我方该部门工作的过去历史，研究敌、友方该部门工作的经验与理论，参照外国革命历史中该部门工作的经验与理论，这样才能使我们各种干部的眼界扩大，使他们能够整理自己经验，同时也不使业务学习脱离本军客观环境，而照抄友方、

敌方及外国的经验。另一方面，业务学习的范围不可过广，要抓紧在当时当地对本身工作有直接的与实际意义的东西，由浅入深，由近而远，由实际而理论，不然会把业务教育弄成无的放矢，这也就实际上等于取消了业务教育。

三、军队中各种干部的业务学习分述如下：

（一）我军军事干部应提高自己的一般的军事政治文化知识水平（见第二、三、四号指示），同时要努力当前的本身工作业务的学习。

甲、军事指挥员应特别调查研究：

1．当前的敌情，当地的军事环境（经济、政治、地理、民情等有关于军事的方面）。

2．敌人对付我们的战术（研究敌人文件）。

3．抗日游击战术，总结各次战斗经验。

4．本军（本连、本营等）的情况及本军各种条例的研究。

5．友军的（国民党的）情况。

乙、参谋人员：

1．一般参谋人员如参谋长、参谋处长及作战参谋，应与指挥员同样研究上述问题外，并须熟悉参谋业务与有关参谋工作的各种条例。

2．情报干部则应研究：

（1）日军伪军情况。

（2）谍报学。

（3）当地社会有关情报工作的各种情况。

（4）总结我们谍报的经验。

（5）本部门的及有关的各种工作条例。

3．通讯人员则应研究通讯技术，增进自然科学知识，改进我们通讯的方法。

丙、军事教育工作者：

1．军事教育学。

2．我军在职、在校之军人教育及干部教育之情况。

3．总结军事教育之经验。

4．经常注意研究国内外及敌、友方新的教育方法与材料。

（二）政治工作干部，应提高一般的政治、文化水平，研究政治工作诸条例（见第三、四号指示），加强自己的业务学习。

甲、宣传教育干部：

1．过去教育工作，宣传工作的经验。

2. 上级关于宣传、教育之指示及文件和各种有关宣传、教育的理论与材料（列宁、斯大林、季米特洛夫、毛泽东论宣传教育的文献）。

3. 了解当前教育工作、宣传工作的情况及总结经验。

4. 教育学说。

5. 敌人、国民党军队之宣传工作，政治教育之研究。

6. 苏联共产党及红军之文化、政治教育及宣传工作。

乙、锄奸干部：

1. 了解敌人日特、国特是什么，及其对付我们的办法。

2. 了解当地社会有关除〔锄〕奸工作的各种情况。

3. 历史上有〔肃〕反的惨痛教训。

4. 上级对除奸工作的屡次指示与除奸政策。

5. 了解部队中锄奸工作情况，总结当前经验。

6. 研究奸细的面目，研究奸细的口供。

7. 苏联有〔肃〕反的文件。

丙、组织干部：

1. 了解军队组织情况及党的情况。

2. 了解干部情况。

3. 学习列宁、斯大林、季米特洛夫、毛泽东关于党、关于干部的文献。

4. 研究中央及上级政治部关于组织问题的指示。

5. 总结自己的经验。

丁、敌伪军工作干部：

1. 了解敌伪军伪组织情况、敌占区情况，尤其是政治情况。

2. 研究上级关于敌伪军工作指示。

3. 总结自己的经验。

4. 加紧日文学习与日本社会情况的了解。

（三）经济工作干部及其他工作干部，除提高文化政治水平外，要加紧对本部门业务教育的学习。

甲、经济干部：

1. 研究上级对财政经济的指示，及政府各种财政经济政策与法令。

2. 总结自己的经验。

3. 熟悉本部门的及有关的各种工作条例。

4. 研究国民党的军队经理的理论与实际（如经理纪要）。

5. 研究敌人经济方面的文件。

6. 熟悉当地社会财政经济情况。

7. 高级的有一定文化水平的经济干部，研究通俗理论经济学及一般的财政学、战时政治经济学。

8. 从事专门的会计与统计工作者，应研究会计学与统计学。

乙、卫生干部：

1. 医学。

2. 有关于医药的自然科学。

3. 经常注意研究国内外及敌、友各种医药卫生方面的知识与发明。

4. 火线上救护及卫生防疫防毒工作。

5. 总结自己工作经验。

6. 熟悉本部门的及有关的各种工作条例。

丙、军事工业干部：

1. 有关于本身工业的自然科学。

2. 工厂管理法及当地政府颁布的有关的工业政策与法令。

3. 当地社会的物质条件与生产状况。

4. 总结自己经验。

5. 本部门的及有关的各种工作条例。

丁、机要干部：

1. 加强数学的自修。

2. 加强国文的学习。

3. 熟悉机要规则及条令。

4. 研究机要秘密。

5. 总结自己经验。

四、为着更好地配合与充实上列各种干部的业务学习，各战略单位的高级工作部门，都必须有计划地编印各该部门的业务学习的教材或工作手删〔册〕（如敌工手册、宣传手册，延安亦在着手编印中）。这种教材或手册，可包括下列内容：关于该部门工作的有关情况，关于该部门工作的决议指示、条例、法令等，毛泽东同志关于该部门工作的文献，该部门工作的我们的历史文献，马、恩、列、斯关于该部门工作的文献及外国经验，友方、敌方关于该部门工作的文件条例及经验。这些教材或手册，可分期地继续地出版（如材料太多，则应采取少而精的原则；如印刷困难，则可指定教材的目录），求得干部业务学习能有计划性及不间断性。当然各部门干部业务学习应当根据该部门各级干部的文化政治水平之不同，而有不同的分量与速度。

五、各种干部之业务学习的组织，应由各部门之高级机关，收集教学材料，定出教学进程。专门训练班（例如锄奸人员训练班）的教育计划，除一般政治文化课外，必须依照上述原则，制订专门课目计划。各种干部亦须进行轮训教育，以补在职教育之不够。在职的各种干部业务学习的组织，以指定材料阅读、上课、报告、开研究会、开座谈会、开检讨会、开总结会等等方式进行之，但必须经常。

六、各种干部除依照第一号指示，受一般政治、文化、军事的考试外，必须由各专门机关定期组织各种干部的专门问题的考试。例如定期考试锄奸干部，提出关于锄奸工作有密切关系的问题，测验锄奸干部是否了解敌人，是否懂得锄奸政策。其他部门的考试以此类推。

中共中央革命军事委员会
中共中央军委总政治部
一九四二年二月二十六日
（根据中央档案原抄件刊印）

【资料来源】

中央档案馆编：《中共中央文件选集》第十三册（一九四一——一九四二），中共中央党校出版社，1991年，第339—346页。

6. 西北局关于区乡干部冬训指示

（1945年10月7日）

去年区乡干部的冬训，由于与检讨区乡工作相结合，且实行了首长负责与切实的自我批评，故收效很大，但其缺点则是对某些已经暴露了的重要毛病，没有详细分析其产生的原因及提出以后如何改正的办法。今年各县区乡干部的冬训，均应发扬去冬的优点，避免其缺点，且与今冬的选举运动配合进行，就是要在发动群众检查政府工作及选举政府人员的实际过程中来教育与提高区乡干部，使他们在事前对本届选举的方针、任务有较明确的了解，在检查工作及选举当中又有充分的自我批评精神与群众观点，这就是今年区乡干部冬训的直接目的。为此，我们特有如下的提议：

（一）在选举运动开始时（十月份）各县均应以县为单位，召开区乡干部会议（区书、区长、支书、乡长尽可能全到，县级干部亦应尽量参加），会议应由县委书记或县长主持，时间以一个星期为限。会议主要内容，是传达与讨论边府及西北局关于本届选举的指示，特别着重说明放手发动群众检查政府工作及虚心接受群众批评的必要。县级主要负责同志，应以身作则地在他们面前检讨自己的缺点、错误。使他们懂得：虚心地接受群众批评，坦白地承认自己的缺点错误，并实际地改正这些缺点错误，乃是每个革命战士对党、对群众、对革命事业的负责态度。使他们相信：在群众面前承认缺点错误，不但不会降低干部的信仰，相反地会加强群众对干部的信任。同时，还要估计到在民主批评发动之后，群众中的批评可能有些是过火的或不正确的，甚至可能有个别的人企图乘机报复或打击区乡干部，但这些都不要害怕，而要教育区乡干部在群众面前善于忍受，事后又善于做冷静的分析，区别善意批评与恶意攻击来教育群众认识真理。总之，只要区乡干部对本届选举的方针、任务有明确的了解，又能放手发动与组织群众的积极性，则选举运动中的一切工作就会进行得好。

（二）区乡干部会议结束后，县级主要干部就应分别到区乡去，并负责指导所属区乡干部参加选举工作，主要责任在于发动群众彻底检查政府工作及选举群众中最有信仰且能为群众办事的人到政府机关中来。党的领导机关应在这些实际工作的过程中，收集群众意见，发现好坏例子，总结工作经验。

（三）在选举运动结束后至明年春耕开始前，再以县为单位召集短期的区乡干部会议，把本届选举工作经验、模范的例子、区乡工作中的主要缺点及改正的办法作为教育大家的材料，发动大家研究讨论，并根据各县实际情形具体讨论和布置一九四六年区乡的主要工作与生产任务。

上述提议的基本精神，就是要把区乡干部冬训与选举运动实际结合起来，望即依此精神讨论执行。

【资料来源】

甘肃省社会科学院历史研究室编：《陕甘宁革命根据地史料选辑》第三辑，甘肃人民出版社，1983年，第28—29页。

7. 陕甘宁边区政府关于发动群众对敌斗争及注意对干部的教育奖惩电令

（1947年4月28日）

各专员、各县长：

（一）敌军所到之处，烧杀奸淫，残暴罪行，甚于日寇，我收复之区，已十室十空，民不聊生。各地政府应即注意收集敌之暴行事实，写成材料，广为宣传。收复区应立刻派人员考察抚慰，并用调剂、借贷、救济等办法，解决粮食、牲口、籽种等困难，使人民即时进行生产，并在仇敌情绪之上普遍发动参加民众武装，坚决对敌斗争。

（二）此次战争，对所有干部是总的考验。各级领导机关，应随时注意对动摇、退怯、逃跑、失职及蜕化分子予以严厉批评，分别教育惩办，以至撤换。在斗争中表现坚定勇敢的干部，应予以表扬奖励，适当提升。

上列两项，希确实进行，并将实际情况，随时报告。

【资料来源】

甘肃省社会科学院历史研究室编：《陕甘宁革命根据地史料选辑》第三辑，甘肃人民出版社，1983年，第233页。

陕西省档案馆、陕西省社会科学院合编：《陕甘宁边区政府文件选编》第十一辑，档案出版社，1991年，第143—144页。

8. 开革命教育事业先河的军队教育

陇东革命根据地教育的创始,最早起源于军队教育。首先是在部队中举办各种训练班(队),其后发展为创办较为正规的红军干部学校和随营学校。

一九三一年十月,南梁游击队与由陕北转战而来的晋西游击队在华池县林锦庙会师之后,谢子长同刘志丹一起将这两支游击队改编为"西北反帝同盟军"。为了教育训练这支成份〔分〕复杂的队伍,曾在部队中临时开办军政训练班,组织班、排级干部进行游击战术训练和军队政治思想教育。到了一九三三年二月,"中国工农红军陕甘游击队"在正宁县三嘉原举行成立大会之后,谢子长等领导认真总结以往开办军政训练班的经验,又在游击队中创办了军政训练队,主要培训对象为排级以上干部、班长以及优秀战士。在教学中坚持政治教育、思想建设与军事教育相结合,并进行游击战术等军事技术训练。一九三三年红二十六军建立后,为适应整军和扩军任务需要,在刘志丹领导与关怀下,于同年春创办了陕甘红色政权所属的一所红军随营学校。李杰夫任校长,汪锋兼任政委。刘志丹亲自编写教材并为学员做报告、讲课。由于当时处于险恶斗争环境之中,随营学校没有固定的校址,是一种"游击学校"。教学形式采用官教兵、兵教官、兵教兵的方法。教学内容根据当时革命斗争实际需要而安排。五月间,该校因红二十六军二团南下渭华失败而停办,短短几个月共培训学员二百余名。

一九三四年,南梁政府成立后,适应新的形势和斗争任务培养革命骨干力量去组织群众、领导群众已成为当时军队教育的迫切任务。就在同年秋,陕甘边特委、军委和政府重新在南梁开办军政学校,刘志丹兼任校长,习仲勋兼任政委,马文瑞、蔡子伟等领导都兼负着教学工作。校址初设在荔园堡,在这里只举办了一期学习班,以后因敌人

"围剿"，先后转移到豹子川的张家岔、安塞上川举办第二、三期，办学不到一年，培训军政干部三百多名。在教学内容上除开设政治课、军事课外，还有文化、群众工作等课程。此外，在教学活动中安排一定的生产劳动。至今，在南梁一带流传着歌颂南梁军政学校学生学习、劳动、生活以及军民关系亲如一家的动人故事。

这些早期在陕甘边或陇东开展的军事教育为后来在陇东创办正规的军事学校积累了一定经验。

一九三五年十月，中央红军长征到达陕北之后，党在陇东境内开办的红军学校先后有：一九三六年七月由保安县（今志丹县）迁至陇东环县木钵镇办学的红军抗大三科（后称红军教导师）、一九三七年二月进驻镇原的援西军随营学校、一九三九年三月由陕西云阳镇辗转于新正县办学的陕甘宁边区荣誉军人学校、一九四二年进驻陇东的抗大七分校等。这些学校在教学中坚持从实际需要出发、理论与实践并重、学以致用的教学原则。在教学内容与方法上突出特点是：

一、学政治与学军事、学文化相结合。对学员进行政治、军事、文化教育，是各军政学校教学的一项基本内容。但在具体教学过程中则是从实际需要出发，表现出了一些新的特色：一是根据学员不同情况安排教学内容。象〔像〕红大三科在教学中就遵循毛泽东指出的"三科文化、识字、作文、看书报等能力培养为整个教育计划最根本的部分之一"的指示，除学习军事技术和政治常识外，着重学习文化。二是学制、学期、教课内容都是根据当时革命斗争的实际需要来规定，并能经常根据经验和实际需要灵活改变。如抗大七分校一九四二年迁入陇东办学阶段，政治课教学除学习"社会发展简史""矛盾论""实践论"等课程外，还结合学校由原来普通学校转为军政学校这一学校性质的转变，由此引起学生思想波动这一情况，对学员进行思想政治教育，不仅教育他们要学文化，而且要懂军事、会打仗，真正把他们培养成为文武双全的革命战士。教军事课除学习毛泽东主席《抗日游击战争的战略问题》《论持久战》以及朱总司令的军事著作外，还根据抗战需要增加国防教育内容。学校的学制也是根据需要灵活安排。一九四五年正当七分校蓬勃发展的时候，由于国民党反动派全面发动内战，破坏国共合作，新的斗争形势要求七分校不得不立即结业。在此，除二大队于一九四六年七月转移到延安附近继续办学外，一、三大队在学校的组织领导下很快奔赴前线，投入到"打倒蒋介石，建设新中国"的革命斗争中去。

二、面向群众，教育与民众运动相结合。军政教育在肩负教学任务的同时，还负担着宣传群众、组织群众、武装群众、帮助群众建立革命政权以至于建立共产党的组织等项重大任务。一九三七年春，中央红军教导师在庆阳期间，通过广泛的民情调查，设立问事处，接待来访群众，解答各种问题，广贴布告、标语及采用其他各种形式，宣传抗日救国道理，并组织成立了"庆阳县民众抗日运动指导委员会"，在宣传发动的基础上团结各阶层人士成立"庆阳县各界抗日救国联合会"，办起了"庆阳县民教馆"，掀起一个热火朝天的救亡宣传高潮。为了打击封建势力，真正唤起群众觉悟，红军教导师还组织领导了一场庆城人民的"反冯斗争"，惩治了罪大恶极、横行乡里的恶霸冯翊清等人，在群众中产生极大影响。尔后，广大群众积极参加抗日运动，许多女青年也走上革命道路。就在同一时期，援西军随营学校在镇原一带也开展了抗日救国宣传发动工作，他们除建立抗日救国会及地方党政组织外，还开展抗日民族统一战线组织宣传活动，团结教育各阶层人士共同抗日。当时，国民党镇原县县长邹介民在共产党统一战线政策引导下，取消了敌视情绪，表示友好，援西军工作比较顺利。

三、课堂教学与军事训练、劳动生产相结合。课堂教学与军事训练相结合是军政学校贯彻理论联系实际教学原则的一项具体运用。象〔像〕军事课教学就要采用在教完理论课之后，根据不同内容到野外或操场实地演习。讲战术时列举好坏实例进行分析讲解，分组讨论，总结经验教训，同时还注意选派学员编入正规部队，亲临战斗第一线进行实战锻炼。

教育与生产劳动相结合这一教育方针也是各军政学校教学活动中的突出特色。当时，各学校都结合本身特点，一面读书学习，一面参加劳动。抗日战争时期，抗大七分校把生产劳动列为教学计划重要的组成部分。从建校一开始，教师和学员就参加校舍的修建劳动，搭草棚、挖窑洞，因陋就简，不但解决了住宿上的困难，而且在东华池修建了四十余间新房，砌起三十孔石窑洞，盖起了可容纳二千人的大礼堂。同时，还组织师生开展了以种粮、纺纱织布、办作坊、养畜为主的生产自救活动，创造大批物质财富，克服了办学中遇到的物质和经济困难。在参加生产劳动过程中，学校还注意对学生进行思想政治教育，培养劳动观点、群众观点和集体主义观点，加强组织纪律性，养成艰苦奋斗好作风。参加生产劳动，增加了经济收益，减轻政府和群众经济负担，使教育事业进入一个崭新阶段。

军队教育在陇东创办，不仅为后来发展地方的干部教育、中小学教育以及社会教育奠定坚实基础，提供丰富经验，而且为中国革命培养了一批优秀骨干。这些学员毕业后，分赴全国各地从事军事、党政、文化教育等工作，他们在各自工作岗位上为中国革命事业做出了巨大贡献。军队教育作为陇东教育事业一面旗帜和先河，在中国革命教育史上留下了光辉一页。

【资料来源】

中共庆阳地委党史资料征集办公室编,刘凤阁主编:《陕甘宁边区陇东的文教卫生事业》,内部资料,1992年,第34—39页。

9. 蔡子伟回忆陕甘边区红军干部学校

南梁政府在进行经济建设的同时，还办了军政学校，培养军政干部，创办了列宁小学，发展教育，扫除文盲。

一九三四年，在陕甘宁工农红军不断发展壮大和苏维埃政权相继建立形势下，陕甘边区红军干部学校（又称随营学校）光荣诞生了。这所干校的规模虽不算大，但在陕甘红军的历史上是一个极为重要的事件，它贵在是我们党自己创办的一所军政学校。干校设在南梁地区豹子川。这里森林茂密，时常能见到狼和狐狸等野兽，各种鸟类争鸣不已。住房全部是土窑洞，有些是在干校成立后，学员们自己动手挖成的；门窗因陋就简，用木柴和木棍做成；室内盘土炕。当时，召开了成立大会，搞了个很简单的成立大会仪式。红军干校的主要负责人是：刘志丹同志任校长，习仲勋同志任政委，吴岱峰同志兼任副校长（按吴本人说，应为"军事主任"——编者）并主持全校的日常工作，马文瑞同志和我都是教员。不论校长、政委以及教员都是兼职的。教学内容主要是政治、军事、文化和政权建设。训练的主要目标是提高军事素养和游击战争常识等。军事课由刘志丹同志担任。因为学员文化较低，文化课以扫盲为主。马文瑞同志、吴岱峰同志和我也不断在这里讲课。学员主要来自部队中、下级干部，还有少量地方干部。没有什么正规的教室和教材，给每个人发根铅笔和一点麻纸，教员在台上讲或在黑板上写，学员们做笔记。干校的生活也很简单，主食是黄米，蔬菜很少，但羊肉常常吃，大家叫它"黄米杠子烂羊肉"，生活得很愉快。干校每期学员百余人，我的印象中，大约共办了三期。

【资料来源】

中共庆阳地委党史资料征集办公室编,刘凤阁主编:《陕甘宁边区陇东的文教卫生事业》,内部资料,1992年,第299—300页。

10. 陕甘宁边区红军干部学校始末

巩世锋

一九三四年，在陕甘边工农红军不断发展壮大和红色政权相继建立的形势下，为了培养革命的骨干力量，陕甘边特委、军委和政府在南梁正式开办了边区红军干部学校。这所红军干校规模虽然不大，但是，在陕甘红军的历史上却是一个极为重要的事件。

提起陕甘边区红军干校，还得从头说起。一九三一年冬天，刘志丹、谢子长等同志领导的陕甘游击队改编的西北反帝同盟军，在甘肃正宁县三嘉原改编为中国工农红军陕甘游击队。陕甘游击队也办起了军政训练队，队长由张从同志（留苏学生）担任。训练队共分两个班，高级班训练排以上干部，普通班训练班长及部分优秀战士。课程有"游击队怎样活动"等，同时学习刘志丹为红军起草的《简明军纪》《群众纪律》两个小册子，还讨论部队改编等问题。一九三二年夏结束。

一九三二年十二月，陕甘红军游击队在西宜杨家店又改编为中国工农红军第二十六军第二团（当时只有这个主力团）。红二团在照金根据地成立了随营学校，培训军队干部。当时随营学校共有学员二百多人，校长由吴岱峰同志担任。一九三三年六月，随着照金根据地的失守，随营学校就停办了。

一九三四年，在陕甘边工农红军不断发展壮大和红色政权相继建立的形势下，陕甘边特委、军委和政府在南梁正式开办了红军干部学校。这所红军干校的地点原来设在南梁的荔园堡（今华池县南梁乡），后迁到南梁地区豹子川的张家岔，这里两面山势绵延，中间一条狭长的川地，山上山下古木参天，一片望不到边的原始森林，满眼葱绿青翠。穿过森林下山，一条小溪在川底缓缓流过。来到山脚，沿着蜿蜒的山路，布满了东一个西一个窑洞。学校迁来以后，学员们自己动手又挖了一些新窑洞，门窗因陋就简，用木柴和木棍制成，窑内盘土炕。当时，还召开了红军干校成立大会，仪式虽然简单，但贵在这是我们党自己创办的正式红军干校。

红军干校的主要负责人是：刘志丹同志担任校长；习仲勋同志担任政委；吴岱峰同志当时任西北军事委员会参谋，兼任红军干校副校长并主持全校日常工作；马文瑞、蔡子伟等同志任教员。不论校长、政委乃至教员，他们都是兼职的。

在教学内容上，主要是政治、军事、文化和政权建设。政治课程有"工农红军"、"共产党"、"土地革命"（怎样分配地）、"六大决议"（十大纲领、革命性质等）；军事课有"制式教练"（基本动作）、"尖兵活动"、"游击战术"等。训练的主要目的是提高军事素养和游击战术常识。军事课由刘志丹同志担任。因为入校学员文化程度较低，文化课以扫盲为主。马文瑞和吴岱峰同志也不断在这里讲课。学员对象有来自部队的中、下级干部，也有少量的地方干部。教学没有什么正规教室，每个学员发一根铅笔和一点麻纸做笔记，教员在台前或黑板上写，学员们做笔记。干校生活也很简单。主食是黄米，蔬菜很少，当时，大家叫它"黄米杠子"，偶然能吃到一点羊肉。干校每期学员百余人，从一九三四年到一九三五年春，共办了三期。学员毕业以后，分配到红军、游击队或赤卫队工作。他们在长期革命斗争中成为很有才干的党政领导干部和军事指挥员。

一九三五年初，在陕西永坪又开办了陕甘宁晋红军军政学校，校长仍由吴岱峰同志担任，军事教员有张义舟、李启明等。学员一百二十二人，都是部队班以上干部。军事课程有"制式教练""跑外活动"等。

一九三五年，在陕西瓦窑堡又开办了陕甘宁红军军政学校，吴岱峰同志担任校长，政治主任由赵希仲同志担任，军事主任由黄洪藻同志担任，学员共有四百多人。中央红军到达陕北后，军政学校与中央红军大学合并。

【资料来源】

中国人民政治协商会议甘肃省委员会文史资料研究委员会编：《甘肃文史资料选辑》第十二辑，甘肃人民出版社，1982年，第198—200页。

中共庆阳地委党史资料征集办公室编，刘凤阁主编：《陕甘宁边区陇东的文教卫生事业》，内部资料，1992年，第300—302页。

11. 杨伯伦回忆红二十六军干校的建立及活动

一九三四年，在南梁荔园堡召开了陕甘边苏区工农兵代表大会，选举成立了陕甘边苏维埃政府。这时陕甘和陕北革命形势有了很大发展，红军和红军游击队建立了很多组织，好多县也成立了县、区、乡苏维埃政府。在这种陕甘边工农红军不断发展壮大和苏维埃政权相继建立的形势下，边区（陕甘边）政府开始创办红军干部学校，培训军政干部。

干校开始设在荔园堡一座破庙里，住了月余后迁到豹子川。校长刘志丹兼任，具体管理办学的是副校长吴岱峰（按吴本人说，应为"军事主任"——编者），教员马文瑞、蔡子伟。当时一切都很简单，没有教室，学员自己动手挖了八孔窑洞，在里面学习、住宿。学习的科目是：中央一、二、四方面红军的作战战术；南方苏区的建立和发展情况；游击战争的战术以及苏维埃选举法；分配土地；等。学员没有课本，每人发十张麻纸、一支铅笔。上课时，老师讲，学生记（多数学员不识字，不会作记录）。刘志丹也亲自讲过几次游击战术的课。学员来源主要是部队中的基层干部和开展苏区的积极分子。我当时是骑兵排的排长，参加了第一期学习。第一期学员六十多名。时间每期三个月，共办了三期。一九三五年肃反开始就停办了。这所干校虽然规模不大，但在陕甘边红军的历史上是一个极为重要的事件，它是我们党在陕甘边创办的第一所军政学校，对于培养提高广大军政干部的政治军事素质起了重要作用。

（此件系庆阳地委党史办根据1982年11月杨伯伦亲笔复信整理而成，标题是编者所加。杨伯伦，曾任西府工委副书记、新宁县委书记，解放战争时期随"一野"在西北参战，现为陕西省政协副主席。）

【资料来源】

中共庆阳地委党史资料征集办公室编,刘凤阁主编:《陕甘宁边区陇东的文教卫生事业》,内部资料,1992年,第303—304页。

12. 任质斌谈中央红军教导师在庆阳

中央红军教导师实际上就是红军大学第三科（当时红军大学第三科对外称红军教导师）。一九三五年十月中央红军到达陕甘宁边区后，即于一九三六年春天在延安成立了红军大学，林彪任校长，罗瑞卿任教育长。红军大学分设三个科：第一科有五六十个学员，是专门培养军师一级干部的，由林彪领导；第二科是培养团一级干部的，由叶飞领导；第三科是培养班排一级干部的，开设了几个兵部，如炮兵、步兵，学员一二千人。

红军大学第三科（就是步兵部，所以又称中央红军步兵学校）开始筹办在陕北瓦窑堡（今子长县），后搬迁到保安县（今志丹县）。一九三六年夏天，中央为了便于开辟新区，并鉴于保安地方小、学员多，吃饭等问题解决不了，命令红军大学第三科单独行动，迁至陇东。一九三六年六七月间，红军大学第三科到达甘肃曲子县木钵镇，一九三七年一月初进驻庆阳城。

红军大学第三科迁至陇东时其领导组织机构是：校长周昆，政委袁国平，教育长郭化若，政治部主任罗贵波，训练部长苏进，我任参谋长（这是我的对内身份，对外是红军教导师宣传科长兼民运科长）。

红军大学第三科一进驻陇东木钵镇就以木钵镇为中心积极开展活动。其主要任务是训练班排干部，经过一段时间训练，干部派到各连去任指导员、连长等职。当时，木钵周围土匪比较猖獗，所以教导师还担任保卫党中央和边区政府以及维护陇东地区的社会秩序等重大任务。一九三六年十月二十二日，当一、二、四方面军大会师时，四方面军有一所军事学校，二方面军也有一所军事学校，会合后这两所学校都合并到红大第三科学校了。合并后由于人数增多，红大三科几个营改为四个团，都驻在木钵镇附近，人多房子少。一九三六年冬发生了"双十二事变"，蒋的亲信就调兵遣将围攻张学良、杨虎城。张、杨二将军为了反击蒋的军队围攻，不得不把所有下属部队调回西安。张学良的东北军一〇九师原驻防庆阳城，一九三七年初，一〇九师从庆城撤走，我们就立即进驻了庆城。

红军大学第三科一进驻庆城就马上开始训练干部，维护庆城周围的社会秩序。不久，陕甘宁省委又从曲子派出一个以蔡畅为团长的五十多人工作团，进驻庆城和红军大学第三科一起开辟新区工作。开辟新区工作，首先是搞好宣传工作，向国民党政府及其上层人士开展统战工作，发动群众起来参加抗日救亡运动；其次是建立党的组织和民众武装，开展反冯灭霸斗争，维护地方社会秩序，打击地方上的土豪劣绅。当时的统战工作是我们做宣传工作人员的新课题，难度比较大，既在国民党内部开展党的工作，同时还要向群众做好宣传党的政策，即国共两党合作的意义。当时张学良的东北军虽然从庆城撤走了，但是，他们还留下一个区政府，并派来一个民政科长，作为国民党县政府（设在西峰）代表与我们同时驻在庆城。这个区政府的民政科长经常制造摩擦事件，破坏抗日统一战线工作。后来，根据国共两党合作方针，经中央研究决定，虽然不能打土豪、分田地了，但是仍然要发动群众，开展对敌斗争，这样我们的部队才能站住脚。按照中央这一精神，我们首先深入到群众中搞好调查，选择群众义愤填膺的土豪劣绅作斗争。当时在庆阳就取得了反冯（翊清）斗争的伟大胜利。通过斗争发现正直、大公无私、一心热爱共产党的积极分子，发展党员，扩大党的组织；通过斗争选拔、考验干部，加强各界抗日救国会的组织。民运科全力以赴协助县委（工委）搞好以上工作。

一九三七年七月，"七七卢沟桥事变"后，整个形势发生了变化，所有红军都实行改编。中央决定红军大学第三科撤离陇东庆阳（陕甘宁省委工作团一九三七年五六月份已调离庆阳，奔赴新开辟的地区工作了），一部分到陕西的三元和洛川；一部分到山西的太行山，只留下少数人在庆阳继续领导革命。留地方工作的有师长兼师政委袁国平和两个团政委段德彰、陈仁麒，还有一些其他同志。大约六月份，中央就决定让袁国平同志筹备成立中央陇东特委，领导庆阳、合水、镇原、平凉一带的新区工作。经过一段筹备工作之后，七月初，即红军大学第三科大队部撤走时，陇东特委成立了。特委书记袁国平，组织部长李铁轮，秘书长黄欧东，宣传部长是我并兼任庆阳县委书记，宣传部副部长吴铁鸣，统战部长段德彰。

至此，中央红军大学第三科的全部活动在陇东庆阳结束。

（此件系任质斌的回忆材料，原件存庆阳县委党史办。任质斌，山东省即墨县人，中华人民共和国成立前任庆阳县委书记等职，后曾任安徽省委书记、国家文物局局长，现为中顾委委员。）

【资料来源】

中共庆阳地委党史资料征集办公室编，刘凤阁主编：《陕甘宁边区陇东的文教卫生事业》，内部资料，1992年，第304—307页。

13. 中国抗日红军大学及红大第三科情况简介

一九三六年六月一日，中共中央决定西北红军大学定名为中国抗日红军大学。七月二日，红军大学随中共中央、中央军委由瓦窑堡迁至保安（今志丹）。此时，毛泽东任抗日红军大学教育委员会主席，林彪任校长，罗瑞卿任教育长，莫文骅任政治部主任，刘亚楼任训练部长。下设：第一科，科长陈光，政治委员罗荣桓，主要训练红军团以上高级干部，共三十八人，他们中有罗荣桓、罗瑞卿、谭政、彭雪枫、陈光、刘亚楼、杨成武、张爱萍等；第二科，科长周士第，主要训练营连干部，二百五十人；第三科（亦称附属步兵学校，对外又称中央教导师），校长周昆，政治委员袁国平，教育长郭化若，政治部主任罗贵波，训练部长苏进。步兵学校又辖第一团，团长杨伯证，政治委员廖海光；第二团，团长皮定均，政治委员黄华；第三团，团长黄彦斌，政治委员黄欧东；特务团，团长韦国清，政治委员陈仁麒。步兵学校七月由瓦窑堡迁到陕甘宁边区的曲子县木钵区一带。

一九三六年十二月七日，中华苏维埃中央政府任命林彪为红军大学校长兼政治委员，刘伯承为副校长，罗瑞卿为教育长，傅钟为政治部主任，下设第一校、第二校。

第一校：林彪兼任校长，罗瑞卿兼任教育长，傅钟兼任政治部主任，莫文骅任政治部副主任，刘亚楼任训练处长，何涤宙任训练处副处长，杨立三任教务处长。下设第一科，科长杜理卿，政治委员何畏；第二科，科长苏振华，政治委员方正平。

第二校：刘伯承兼任校长，袁国平任政治委员，周昆、郭化若先后任教育长，张际春任政治部主任，罗贵波任政治部副主任，郭化若任训练处长，苏进任训练处副处长，谢翰文任校务处长，张令彬任校务处副处长。下设上干队，队长张宗逊；步兵团，团长陈伯钧，政治委员张子意，副团长黄欧东；特科营，营长韦国清。

一九三七年一月二十日，抗日红军大学第一校、第二校由保安迁到延安，改名为"中国人民抗日军事政治大学"，简称"抗大"。原第三科（庆阳步校）改为八路军总部的随营学校，韦国清任校长，张平凯任政治委员。

在十年土地革命战争中，各个红军学校培训了大量军事、政治、后勤及其他专业人材〔才〕，为提高各级干部的指挥、领导水平，为夺取战争和战役的胜利，都做出了重大贡献。

【资料来源】

中共庆阳地委党史资料征集办公室编，刘凤阁主编：《陕甘宁边区陇东的文教卫生事业》，内部资料，1992年，第307—308页。

14. 抗大七分校在陇东

一九四三年四月二十六日，原晋绥陆军中学奉中央指示由绥德迁入合水，重建抗大七分校。校部驻老城镇，学员分住上、下柳沟县河川一带。一九四四年一月上旬，新军教导大队从延安来合水，以教导大队为基础与陆军中学编为抗大七分校第一大队，共九个学员队，一千五百余人。

一九四三年五月十六日，晋察冀边区抗大二分校附中学员一千五百余人奉中央指示，在校长江隆基带领下到达合水，编入七分校。八个男生队编为抗大七分校第二大队，进驻豹子川；三百余名女生集中编成两个队，直属校部领导，移驻上柳沟。同年五月，留晋察冀边区高上科附中及白求恩卫生学校的部分同学，历经千辛万苦，先后到达合水，女生留女生队，男生编为二大队第九队进驻豹子川。

一九四四年四月二十五日，太岳陆中、太行陆中合编为抗大七分校第三大队，九个学员队，一千一百余人，进驻平定川。

此时，抗大七分校处于鼎盛时期，全校达五千余人。中央军委任命彭绍辉为抗大七分校校长，张启龙为政治委员，俞楚杰为副校长，杨尚高为政治部主任，唐子奇任教育长。

一九四三年春，抗大七分校即组织了一千二百余人开始拓荒，一百六十二人挖窑建校，进行生产自救，开展劳动竞赛。五月二十日，校长彭绍辉亲自带领二大队学员赴苗村附近南山开荒。当年校部规定平均每人年开荒七亩（二大队学员年龄小，人均四亩），全年开荒地八千二百多亩，挖窑洞八百五十孔，生产金额折合边币一万四千一百余万元，初步改善了生活。

一九四四年，抗大七分校响应中央号召，全校动员，校直队和第一、二大队分别奋战在大凤川、豹子川，开展劳动竞赛。全年开荒共六万亩，生产折合细粮五千六百五十石，足够自供半年口粮，做到了蔬菜自给。全校养猪一千三百余头，羊一千一百余只，牛一百余头。其中一大队六队达到四人一口猪，三人一只羊，十人一头牛，每人一只鸡的较高水平。校直九队张秉照创造了一天开荒六亩多的高纪录，树为全校特等劳动英雄，受到了《解放日报》的表扬。

校直女生队三百余人，除参加开荒种菜、打柴、烧炭、背料、喂猪外，还进行纺纱织布。截至十一月底，共纺线五百五十三斤，缝棉衣二千八百六十套，织毛袜八百一十双，织手套四百八十九付〔副〕。

为了解决物质困难问题，七分校因地制宜，就地兴办染坊、磨坊、食堂、漆厂、造纸厂、木工厂，组织驮骡队赴三边运盐。在合水县办起了"永和公社"商店，在西华池开分社一处。一九四三年盐业赢利一千二百三十四万五千元，商业赢利六千三百余万元，既解决了学校给养，又给当地群众带来了莫大方便，受到了当地政府和群众赞扬。

一九四四年十二月，全校举行了第二次劳动英雄模范工作者大会，表彰了七十二人，选出校级劳动英雄模范工作者二十二人及六个先进单位，出席了边区劳模大会。

（节选自甘肃省军区党史办编《青春在这里闪光——抗日军政大学七分校简史》，题目系编者所加。）

【资料来源】

中共庆阳地委党史资料征集办公室编，刘凤阁主编：《陕甘宁边区陇东的文教卫生事业》，内部资料，1992年，第308—310页。

15. 胜利的保证
——抗大七分校二大队豹子川时期政治工作纪事

石林春

在绵延千里的子午岭北麓、甘肃省华池县北部，有一条四十多里长的小山沟，这就是战争年代曾养育过许多革命青年的地方——华池县豹子川。从一九四三年五月到一九四六年四月，抗大七分校第二大队就在这儿生活战斗了整整三个年头。当时我一直在二大队做政治工作，亲自参加了这里的一切活动。在这三年中，我们依靠自己的双手创造了优越的衣食住行条件，胜利地完成了党交给我们的各项任务，培养了许多通讯、机要、报务、测绘、摄影、炮兵、文艺、医务、财会、军事、政工干部。而豹子川，也在人民革命战争的史册上，留下了光辉的一页。

我们刚开进豹子川，呈现在面前的只是一条荒沟，满山梢林，只有七户人家散居在几十里长的川道里。同学们没有被这种困难所吓倒，他们放下背包，拿起斧头、镰刀，自己砍树枝、割野草，搭起了一排排临时窝棚；来不及搭窝棚的，就住在石崖底下。这些窝棚，尽管又湿又冷，四面透风，闭眼听狼叫，睁眼数星星，但同学们总算有一个栖身之所，到晚上大家挤在一起，共同温暖御寒，恢复着一天的疲劳，说上几句笑话，松弛一下精神，也别有一番情趣。这里没有粮食，要吃饭，就得到一百多华里外的葫芦河去背，背来小米还好办，背来麦子，无法磨面，只好煮麦粒吃；没有菜，同学们就满山遍野去找野菜。我们就在这样艰苦的条件下，站稳了脚跟，不断发展壮大，始终保持了坚定的信念、旺盛的革命斗志和充沛的革命干劲。这除了党的正确领导和同学们的艰苦奋斗、努力进取外，强有力的政治思想工作是一个重要的保证。这主要体现在以下几个方面：

一、进行共产主义教育，为革命打下坚实的思想基础

二大队的学员，大部分是一九四一年从冀中冀西招收来的青年学生，一部分是部队精兵简政时选送来的。他们平均年龄只有十六七岁。这批青年有一定的文化水平，接受能力强，善于钻研问题；思想单纯，好学上进，荣誉感强；大部分生长在农村，出身贫苦，又经过战争环境的锻炼，生活俭朴，勤劳勇敢，不怕困难；在战争最艰苦的时期参加革命，有一定的民族觉悟和阶级觉悟；生活活跃，情绪乐观，有一种勇往直前的精神。然而，他们参加革命时间较短，对个人利益与革命利益的关系在认识上还比较模糊，对树立什么样的人生观不甚明确，对共产党的性质以及党与阶级的关系也还缺乏基本了解。因此，稍遇大的风浪，他们的思想就会出现波动。为了把他们培养成能经得起革命风暴的骨干力量，二大队在建校初期就抓紧时间对全大队进行了以下四方面的教育：

一是学校性质转变的教育。二大队的前身是抗大二分校附设中学，以学文化为主。一九四三年五月，在延安八路军大礼堂，朱总司令、贺龙司令员亲自宣布了学校性质要转变，要由文化学校转为军事学校，每个人都要掌握"三杆子"（锄杆子、枪杆子、笔杆子），这就打破了部分同学想学文化、将来当什么家的思想，大家议论纷纷，情绪波动很大。因此，各队首先从分析抗战形势入手，引导同学们认识：由于日寇对根据地的连续"扫荡"，抗战处于困难时期，党中央为了保存和培养干部，把我们从战火纷飞的前线调回比较安全稳定的陕甘宁边区，这是党中央、毛主席对我们最大的关怀和爱护。现在不仅日本鬼子侵略我们，而且国民党反动派也在发动第三次反共高潮，调动军队来进攻我们。我们不拿起枪杆子消灭侵略军，打退敌人的进攻，能有活路吗？八路军是人民自己的军队，是为人民打仗的，我们要在八路军这个大学校里，不仅要学习文化知识，还要学军事，学打仗，才能保卫陕甘宁边区。为了生存，为了打破蒋介石的经济封锁，我们就得自己动手，为自己创造更好的学习条件。我们要把一切仇恨集中在日本鬼子和国民党反动派身上，我们所以远离家乡，来到这荒凉的小山沟，完全是他们的罪恶。我们是革命青年，在敌人面前绝不屈弱，在困难面前绝不低头。我们一定要响应党中央的号召，掌握好"三杆子"，为人民做出贡献。经过这样深入反复的教育，学员们的思想豁然开朗，热情大增。

二是生产劳动教育。首先学习了社会主义发展史的部分内容，明确劳动创造世界是

马克思主义的一个基本观点，增强了同学们的劳动观念。其次，公开揭露国民党反动派掀起第三次反共高潮，加紧封锁陕甘宁边区，妄想把我们困死、饿死，扼杀人民革命武装力量的罪恶。教育同学们在抗战最困难、物资最紧缺的时期，每一个革命战士都应该响应毛主席的伟大号召，"自己动手，丰衣足食"，尽量减轻边区人民的负担，自力更生，自给自足，为抗战胜利做出自己的贡献。

进入豹子川，我们首先解决住房问题。窝棚刚搭好，各队即迅速打响了打窑洞这一仗。从一九四三年七月起，每天天不亮就出工，天黑得实在看不见了才收工；各排各班展开竞赛，看谁打得快，看谁打得窑洞质量好。同学们情绪十分高涨，人人争先恐后，拼命大干，汗水湿透了衣服就光膀子干，一个个成了泥人也毫不在乎。休息时，吹破哨子也没有人理睬。到晚上，只要月亮好一点，又偷偷上工了，急得队长们只好规定：谁偷偷上工就处分谁。就这样，也还有违反"纪律"的。经过两个月的苦干，提前完成了宽八尺五、高九尺、深一丈五尺至三丈的窑洞一百三十七孔。就在打窑洞的战斗中，年轻的邱治水同学被土块砸伤，献出了宝贵的生命；尹继光同学也积劳成疾，患肺病而身亡。同学们为失掉两名亲密的战友而悲痛，及时总结经验，接受教训，振作精神，继续战斗。到九月下旬，学员队都先后欢欢乐乐住进了自己打的新窑洞。为了御寒，各队都抽人上山烧木炭，解决冬季取暖问题。时令到了十月下旬，豹子川可就冷起来了，地也开始冻结。这时，大队又组织各队平地修操场。经过二十多天的劳动，修出了一块近百亩大的平地，这便是二大队冬季进行军事训练的操场。一九四四年春天，全大队正式投入了大生产运动，每人平均开荒二十五亩左右。到秋后，全大队共开荒二万多亩，产粮一百多万斤。另外，每人还种了一亩菜地，收获各类蔬菜六十多万斤。各队都养了三五十头猪、一二百只羊，还有不少鸡，生活有了很大改善。女生队的同学们，除了完成自己的种菜任务外，主要担负纺纱捻线任务，还给男同学织毛袜、手套、做棉衣。一九四四年，八个队还修建了三用课堂（课堂、食堂、俱乐部），三队修建了一楼一底的课堂兼食堂。各队还帮大队部打了二十孔窑洞，又派人帮校部盖礼堂、打窑洞，这对增强学员的劳动观念，培养吃大苦耐大劳的精神，激励革命斗志，促进训练、学习有着极其重要的作用。

三是阶级教育课。鉴于同学们在这方面存在的不足，一九四三年冬至一九四四年春，大队在军事大练兵中，穿插进行了阶级教育补课，先后学习了《历史唯物主义》《中国革命和中国共产党》《新民主主义论》《评中国之命运》等文章的有关论述，使学员们初步明确了中国社会的阶级现状，揭露了阶级剥削的实质，认清了蒋家王朝所代表的阶级本性，也明确了一个革命战士的历史使命，使同学们大大增强了革命的自觉性。在此基础上，为了把这批青年再提高一步，使他们更加成熟，更适应革命的需要，大队在一九四四年冬有组织有准备地进行了评定阶级成分的活动，方法是学习了《中国社会各阶级的分析》，让每个同学以对党忠诚老实的态度，自报家庭经济状况和主要成员的政治面貌，再由班里集体讨论，最后由支部审定。这一工作对提高同学们的阶级觉悟有很大帮助。之后，又组织学习了七大新党章，重点学习了党的纲领、性质、党员条件、权利和义务部分，使同学们对党的知识有了较系统的了解，申请入党的人数骤增，要求也越来越迫切。一些要求入党和正在接受支部培养、考察的同学，一言一行都自觉地用党员条件要求自己，真正出现了一个求上进、争先进、创模范的生动活泼的局面，有力地保证了文化学习和战术训练任务的圆满完成。

四是开展了历史思想小结活动。这是一次系统、全面、自觉的群众自我教育运动，是革命人生观的再教育，是为全面考核学员做好毕业的组织和思想上的准备。具体方法是让每个同学自己写出一份历史思想表现小结，即：家庭情况、社会关系、个人经历和豹子川以来在历次大的活动中主要进步是什么，还存在什么不足。在自己小结的过程中，开展谈心活动，互相帮助启发，然后在班里逐个进行讨论，做出评价，最后由支部审定。这等于是一个毕业鉴定，为毕业分配打下了良好的思想基础。一些原来不愿干医务、文艺、财会工作的同志，通过这次自我教育，正确地解决了思想问题，愉快地走上了新的工作岗位。

另外，还做了大量的稳定思想情绪工作。从一九四三年十月起到一九四六年毕业前，先后有十多次抽调了四百多名同学去延安学习专业和到部队进行工作。尤其是日本投降后，七分校校部和一、三大队都下了山，只有二大队还留在豹子川。因此，不少学员思想波动比较大。对此，各队及时做了耐心细致的引导说服工作，稳定了思想情绪，做到了走者愉快，留者安心。

通过以上几个方面的教育，同学们由一个（个）一心学习文化知识的青年学生变成了一个个自觉的革命战士，懂得了革命的道理，掌握了生产、军事和文化知识等方面的技能，初步确立了共产主义的世界观。

二、狠抓党的基层建设，充分发挥党员干部的模范带头作用

1.狠抓了基层党的建设。一九四三年，二大队初来豹子川时，全大队的党员比例不到百分之二十，其中主要是干部、老师，学员中除从晋察冀军区部队来的一些同学外，很少党员，平均每个班不到两名。这批青年是革命的宝贵财富，培养他们，就是为将来抗战大反攻储备基层骨干。但党群比例如此悬殊，是不适应形势发展需要的。针对这种

情况，大队总支决定首先要把学员中经过考验的优秀分子吸收到党内来，加强党的力量，培养更多的骨干。因此一开始，大队就采取了积极慎重的发展方针，始终注意了考察培养发展对象的工作，对劳动表现突出、工作积极负责、思想表现较好、要求迫切的同学，先指定专人培养考察，支部大会通过后，大队总支都要派人谈话考察。这样，在一九四三年冬就发展少量同学入党。一九四四年冬，又接收了近百名在大生产运动中成长起来的劳动模范及其他先进分子入党，大队组织了集体入党宣誓仪式。这样，党的力量初步得到了加强，达到了班有小组。一九四五年至一九四六年在劳动和文化学习中，又不断壮大党的力量，不少培养对象都经过了一年半以上的考察培养。当时，同学们对入党的要求非常迫切，几乎所有人都写了入党申请书，都自觉地严格要求自己，主动向支部汇报他们的思想工作情况，征求意见。支部对他们的要求也十分严格。到一九四六年毕业时，百分之九十以上的同学都加入了组织，成了光荣的中国共产党党员。这支力量，不仅在豹子川大生产运动中和建党工作中起了骨干作用，特别是他们分配工作以后，在全国各地的工作中都发挥了重要的骨干作用。

为了使支部更好地发挥战斗堡垒作用，支部还建立了严格的党的生活制度。每项工作，支部都有计划和总结，对党员都有明确的要求，规定党员每月（开始是每周）汇报一次思想、工作情况，每月一次党的生活会，并且坚持了党课教育制度，保证了党的领导。

2. 每个队都有一支以党员为骨干的思想工作队伍。这支队伍，自身表现好，在群众中威信高，活动能力强，工作十分活跃。他们不仅是各项活动中的积极分子，而且是全队思想政治工作的重要力量。他们和同学们生活战斗在一起，相互最了解，同学们有话愿给他们讲，他们也最能说到同学们的心坎上。因此，每逢晚上或新的任务下达后，他们便活跃在同学们中间，同学中的许多生活困难和思想问题，在他们帮助下解决了。对分散执行任务的同学，如种菜组、烧炭组、木工组等，都有指定的"政治战士"负责组织大家学习，做思想工作。同时，支部还定期派出专人送学习材料、补课、了解思想情况，做到了思想工作不留死角。

3. 发挥了党员、干部的模范带头作用。在豹子川三年时间里，二大队党员、干部的模范带头作用始终如一地体现在生产劳动、军事训练、文化学习、思想工作和文化娱乐活动等各个方面。从大队干部到各队干部，都把自己看作是普通一兵，没有官气，不搞特殊，不摆架子，态度和蔼，平易近人，处处体现了干部之间的平等、互助关系。要求同学们做到的，干部、党员首先做到，以自己的模范行动，去影响带动群众。白天，干部和同学们一样劳动，出的力比同学们大，流的汗比同学们多；到晚上，招呼同学们睡觉后，他们才开始研究工作。当时，干部整天和大家在一起，了解情况及时具体，做思想工作、处理问题能从实际出发，很少有主观性和片面性。干部的一言一行深刻地影响着同学们，因而同学们把党员、干部看作是党的化身，不仅学习他们的工作作风、劳动态度，而且也学习他们的思想、语言、品德、情操。这样，在全大队便形成了一个尊干爱兵、团结互助、朝气蓬勃的生动局面。在大生产中，抗大七分校校长彭绍辉同志带头开荒。彭校长只有一只胳膊，还给自己做了一个特制的小镢头，上山开荒，使干部学员深受感动。副大队长黄荣忠，在最繁忙、最困难的创业时期，他是大队唯一的组织者和指挥者。一九四三年打窑洞、冬季大练兵，一九四四年大生产，都是他组织实施的。一年多时间里，他走遍了豹子川的山山岭岭。每一项大的活动，他都走在前面，勤勤恳恳，任劳任怨，既做军事行政工作，又做思想政治工作。一九四三年冬，绝大部分干部到校部参加整风学习，当时政治处只留下我和技术书记孟移山同志负责处理日常工作，黄荣忠同志经常过问支部建设、思想工作等情况，提出注意的问题，重要的会议都挤出时间参加指导，为二大队建校工作做出了很大贡献。政治处主任江锋，虽然领导政治工作时间不长，而留给我难以忘怀的是他那严于律己、勤于动脑、亲自动手、言传身教的好思想好作风。他很注意抓干部的培养，对我们这些年纪较轻的干部，象〔像〕对小弟弟一样一点一滴指教。记得一九四三年九、十月，二大队决定在每个队抽一个班，组成突击队去帮校部打窑洞，段福祯任队长，我任指导员，临行前，他具体指示我们要吸取大队打窑洞的经验教训，注重质量，搞好安全，做好团结工作，给了我们信心和力量。在最困难的打窑洞阶段，政治工作做得有声有色。不少指导员、队长同志做到了军政工作一起抓。不少老师在教学过程都穿插做思想政治工作，还分担了支部分配的和同学们的谈心活动。如三队有声望的语文老师王皂，知识渊博，人称"活字典"，他在教学过程和日常工作中，非常重视做思想工作，并能不断给我提建议、出点子，我也经常向他请教，确实是我的好参谋、好助手，对我帮助很大。

由于党员、干部的模范带头作用，充分调动了全大队的生产热情，激发了群众的革命干劲，在打窑洞、大练兵、大生产中，全大队都掀起了一个轰轰烈烈的革命竞赛高潮。每项大的任务，队与队之间，排与排之间，个人之间，都开展革命竞赛活动。同学们热情高涨，争先恐后，都很好地完成了任务，出现了丁建民、田博良、吕国忠、王有恒等二大队有名的劳动英雄，在大练兵中受大队奖励的一百五十名同学和大生产中受大队奖励的八十多名英雄模范人物中，不少是党员、干部。

4.充分发扬民主，集中群众的智慧。除开展大的民主活动外，队上的每项工作、计划、总结等都经过群众充分酝酿讨论，听取群众的正确意见。群众对领导有意见，可以当面批评，干部虚心接受，有则改之，无则加勉。各队在安排工作时，根据每个人的特长和爱好，组织木工组、种菜组、饲养组、烧炭组等专业组，举贤荐能，扬其所长，从而大大调动了群众的积极性，促进了劳动生产任务的完成。

三、充分发挥群众的聪明才智，大力开展了文化娱乐活动

豹子川的生活是艰苦的。为了能创造适当的学习和生活条件，同学们白手起家，搞了许多创新和发明。豹子川的沟沟岭岭，生长着一片片的桦树林，一棵棵修长、笔直、白亮，远远望去，犹如一层淡淡的烟云。白桦的树皮薄而韧，又有油性，既可点灯，又可当纸，同学们上山打柴时，便剥些回来，用它做纸，写起来居然柔软如帛。穿的棉衣、单衣很少有扣子，同学们有的用桦树皮剪，有的用石片磨，也别有一番意趣。以后，发明就越来越多、越来越精致了，有桦皮腰带、桦皮提包、桦皮饭盒，还有演戏用的头盔，可谓品种繁多，不可胜数。

在物质生活比较艰苦的条件下，我们大力开展了精神文化生活，使我们的生活丰富多彩，充满了乐趣。而俱乐部工作便成了政治工作的一项重要内容。回想起来，主要有以下几个方面：

1．充分发挥了文艺骨干的作用。二大队同学中，有一百多名在剧社工作过的文艺骨干。这些同志就象〔像〕春天的种子一样，在基层的土壤中发芽、开花、结果。他们不仅以自己的文艺才干活跃了各队的文艺生活，激发了同学们的劳动、学习热情，鼓舞了旺盛的革命斗志，而且发现和培养了一批学员中具有文艺才华的优秀人才。女生队归二大队建制后，各队和大队排练节目中的女角色都邀请她们承担，壮大了文艺工作队伍。这支队伍在艰苦生活的磨炼下，不断壮大、成熟、进步，他们以部队生活为源泉，直编自演节目，及时地反映新人新事，不仅成了二大队政治工作的一支重要力量，而且培养了一批有文艺才华的优秀人才，先后为校部文工队输送文艺骨干三十多人，以后全部并入贺龙司令员亲自领导的战斗剧社，为陕甘宁晋绥联防军政治部宣传队输送文艺骨干四十三人。直到今天，他们仍然活跃在各个文艺岗位上。已故青年作曲家罗宗贤，青年歌剧作家任萍，为万隆会议献出宝贵生命的摄影师郝风格，斯大林奖章获得者、摄影师郝玉生等，都是从这里成长起来的。

2．轻便、活泼的俱乐部活动形式。当时排练节目，一般都不占用专门时间，开荒、种地、砍柴，俱乐部成员和其他学员一样，没有任何特殊的地方。一九四三年至一九四四年打窑洞大生产期间，涌现出了许多劳动模范。为了及时宣扬他们的事迹，鼓动全队生产干劲，晚上别的学员都休息了，俱乐部的同志还要编练节目、办黑板报。第二天天麻麻亮，又和大家一起扛着镢头上山了。其次是唱歌曲，吃饭前唱，劳动休息时

唱，集会时唱，一有空就唱。再就是读报纸，俱乐部都设读报员，每次吃饭时都要念几段，主要是国内国际的重大新闻、陕甘宁边区的生产建设、国统区人民的反抗斗争和兄弟部队的生产经验等。排里都设有黑板报，主要是表扬好人好事，交流学习经验。俱乐部每月或一个小的工作阶段，出一期墙报。一九四三年秋天，同学们搬入新窑洞后，为了庆祝新居落成，我们第一次在豹子川的一块大平板石头上，演出了戏剧。舞台很简单，四角栽上木杆，用被单挡一下，分开前后台就行了。这一次我们演出，是从晋察冀带来的剧目，如《反徐州》《打渔杀家》等。道具乐器也很简单，木锨当鼓，铜脸盆做锣，搪瓷碗当钹，用砍来的枸子木做鼓槌，被单做斗篷，桦皮和麻籽串做灯。从此以后，大小型的演出就一直不断，各队每月开一次小晚会，大队每个大的工作阶段开一次大晚会，内容也越来越丰富。值得一提的是一九四四年夏天，联政宣传队来到豹子川给我们做慰问演出，他们不仅为我们演出了许多精彩节目，而且特别重要的是为我们带来了延安文艺座谈会后的好思想、好作风。他们放下背包，就深入到各队了解情况，编排节目，把我们大队的好事搬上舞台，对同学们教育很深，启发很大。从此，豹子川的文艺生活出现了新生面，不仅有从晋察冀带来的配合抗日的《拴不住》《小放牛》《报童》，还有自己创作的《邯郸起义》《豹子川大合唱》《攻打柠条梁》《转变》《背粮》《难民区》和《偷鸡》等。以后一直发展到编自己演自己。《好管家宁文俊》中宁文俊一角色便由他本人担当，《周石鲁转变》中的周石鲁，也由周本人表演，内容真切感人，教育作用极大。随着同学们创造力的充分发挥，脸盆、瓷缸便被自己制作的乐器所代替。用牛皮蒙了大鼓和鞭鼓，琴弦也由羊肠子换成了钢丝。为了增强乐器效果，同学们还上山捕蛇，用蛇皮蒙二胡、三弦。服装方面也有改进，用染红的羊毛做头盔的绒球，大大增强了艺术效果。

3. 支部支持，领导带头。二大队各队的干部，他们既是生产、训练、学习的组织者，又是文艺活动的支持者和积极分子。从编写剧本到演出，他们都亲自过问。晚上，大家都休息了，队长、指导员和俱乐部的同志们就坐在油灯下，讨论、修改编写的剧本，有时还亲自动手撰写质量较高的剧本。如《邯郸起义》就是指导员蔡正宁同志亲自动手写成的，以后成了联政宣传队的保留节目。每次演出，同学们忙着化装、背台词，队长和指导员就做后勤保障工作，又是找颜料染麻绳，又是找绳子拴幕布。有时，角色分配下来了，队干部就主动上去当个配角。不管演得好坏，这种精神对同学们是个很大鼓舞。

豹子川生活已经过去四十年了。在革命的长河中，虽然这只有短短的三年时间，然而，这却是难忘的三年，奠定基础的三年。岁月催人老，霜染须发白，许多往事已模糊暗淡，但豹子川生活却时时牵动我的思绪，勾起我的回忆。在那艰苦的环境下，我们没有后退，而是用自己的双手创造了一切；我们没有丧失信心，而是豪情满怀，坚信革命一定胜利；我们没有彷徨、消沉，而是精神振奋、乐观向上，创造了健康、清新的文化生活；我们不仅站稳了脚跟，壮大了力量，而且为各方面输送了大批优秀的革命人才，做出了自己的贡献。这是一种多么可贵的精神啊！如今，在四个现代化的伟大建设中，难道不是更需要这样的精神吗？

【资料来源】

《甘肃党史资料通讯》1984年第7期。

中共庆阳地委党史资料征集办公室编，刘凤阁主编：《陕甘宁边区陇东的文教卫生事业》，内部资料，1992年，第310—321页。

16. 我们在战斗中成长

王 昭

一九四三年下半年的一天，我们怀着恋恋不舍的心情告别了延安，向陇东高原进军。我们的队伍朝气蓬勃，边走边唱，有的在讲故事，有的吹口琴，一路歌声、琴声、啦啦队的叫喊声热闹异常，于六月初来到了合水县城。在合水见到了久别的同学们，大家都高兴地握着手跳起来了，眼里流出了欢乐的泪水。

在合水经过短时间整顿，全校三百多名女生编成了两个队，我在二队。在全校开动员大会时，彭绍辉校长做了报告。彭校长是一位身经百战失去左臂的老红军，讲起话来一口地道的湖南腔，特别精神。他说："同学们从晋察冀不远千里来到陕甘宁边区很辛苦，党中央、毛主席很关心你们。你们肩负着民族解放的重任，你们要求学习的愿望是好的，我们欢迎这种好学精神。可是，国民党反动派又掀起了第三次反共高潮，实行经济封锁，妄图困死我们。党中央、毛主席号召边区军民动员起来'自己动手，丰衣足食'，从现在起你们就正式入伍，成为革命军人了，既是革命军人就得学会几套本领。抗大同学将来毕业出去，既要会工作，又要会打仗，又有文化知识，希望你们拿出来在前方打鬼子的劲头来，办好抗大七分校。"彭校长的讲话使大家受到了一次生动的教育。以后我们女生队就移住合水县的柳沟了。柳沟有着大片肥沃的土地，只有几户农民住在半山坡上，山上是茂密的原始森林，山下遍地是野草，野鸡、野羊乱飞乱窜。据说在同治年间这里发生了一场回汉之战，把这美丽的柳沟变成了一片荒凉。今天我们女生队要在这里安家落户重建家园，困难很多呀！首先是没有粮吃、没有住房，怎么办？没有粮吃，就到几十里以外的葫芦河骑兵旅兄弟部队去借；背粮没有口袋，就用自己的裤子代替。没有柴烧就上山去砍。一周背的柴一冬都烧不完。可是背柴是个很重的活，一天背两趟，大点的同学背得快，放下后再返回去接替小同学。李振敏同学每次都背一百多斤，同学们给编了一首顺口溜："李振敏胖又小，打起柴来往前跑，捡得多，背得好，劳动模范是她的称号！"炊事班老王同志看着山堆似的柴垛高兴地说："姑娘们真能干，今年冬天不怕没柴烧了。"没有菜吃，我们到山上、河边去挖野菜，各式各样的野菜都很好吃，在城市里想吃还吃不上哩！上山开荒没有䦆头，我们就到老乡家去借。老大娘见我们要上山开荒，不放心地说："丫头们，开荒可不是闹着玩的，山上豺狼虎豹可多啦，男人白天一个人都不敢去，你们怎么能行哩？再说不知荒芜了多少年的荒山，你们怎么能挖得动呀？"我们说："大娘放心吧，日本鬼子、反动派我们都不怕，豺狼虎豹吓不倒我们，我们是英勇的女八路！"

开荒的那一天，梁队长、顾指导员和田敬田、耿国辉老师带领我们向荒山进军了。看吧，同学们像当年在前方打鬼子那样，抡起䦆头向前冲开了，队与队、班和班、个人和个人展开了紧张的劳动竞赛。听吧！满山遍野唱起了"要挑战，要应战"的嘹亮歌声。我们队也编了一首：

鸡叫三遍东方白，我们的队伍上山来。

挖掉狼牙刺，荒地我们开。

嗨哟，嗨哟，䦆头抡起来。

看谁开得快，樱桃好吃树难栽，

小米饭好吃荒难开。

劳动开始那几天确实不好受，每天回来腰痛腿酸，两手打满了血泡，有人泄气地说："哎呀，太累了，不学习光开荒真受不了呀！"但立刻就受到大家反驳："敌人封锁我们，不开荒种地吃什么？"你一言他一语道理一说就明白了，思想问题也就解决了。后来慢慢习惯了，一天干十多个钟头，腰不痛腿不酸。大家的饭量也大大增加了，一顿能吃两三碗小米干饭，一个个吃得红光满面，身体可结实啦。

播种以后，接着突击背柴、背炭、纺线、做棉衣。纺线许多同学都不会，纺车摇慢了抽不出销，摇快了线又断，顾了摇车顾不上拉线，真是急死人，后来同学们也学会了。纺线时各班坐在窑洞前的广场上围成一个大圈，值勤班长一声哨子响，人手挥动，车轮飞转，好一幅壮观的女八路纺线图！这一年我们纺的棉线，做的棉衣，织的毛衣、手套，除了自己穿用外，还支援全校男同学和其他兄弟部队。我们超额完成了各项生产任务，每人还得了几十万元（法币）的奖金，乐得大家一面劳动一面唱着："我们长着两只手，劳动起来样样有，学习英雄李振敏，吃饭穿衣都不愁。"这年，我们女生队涌现出了不少劳动英雄和编织、纺线能手。她们忘我的革命精神永远使我们纪念、歌颂。例如佟秀锦同学是劳动模范、纺线能手，每逢干脏活、重活她都抢着干。有次劳动回来她突然倒在地上，经卫生所医生检查她高烧到四十度，患有多种疾病，早就不应该参加劳动了，而她从来没有说过，一直瞒着大家坚持劳动，三天之后她就与世长辞了。这个聪慧善良的姑娘死时还不满十八岁。开追悼会时我们看到她还穿着那身补丁缀补丁的旧衣服，脚上穿的也还是她自己做的已磨破了底的白布鞋。同学们怀着悲痛的心情把鲜花摆放在她的棺材周围，但大家没有哭，化悲痛为力量，从此学习、劳动得更加出色。

冬天，寒风刺骨，鹅毛大雪下个不停，正当国民党反动派又大声叫喊加紧封锁边区，扬言要在这年冬天冻死、饿死我们的时候，我们却早已穿上了厚厚的新棉裤、棉袄，坐在暖烘烘的课堂里上课学习了。我们的生活也一天天改善，每日三餐，每餐都有三四个菜。我们打下的谷子、糜子、洋芋多得无处盛，堆在场上牛羊野鸡随便吃，没人轰也没人赶，真气死国民党反动派呀！

我们在柳沟、东华池的时间虽然不长，但它们对我们思想改造、树立坚定的人生观，都起了重要作用。那里虽然是贫苦的山沟，却使我们永远怀念、难忘。

抗中、附中、抗大七分校，为抗日战争、解放战争和新中国社会主义建设培养了大批人才，他们为党、为人民做出了应有的贡献。

一九四五年八月，抗日战争胜利前夕，我和刘志、张华、王振杰、何彬、常秀琴、顾品华、李文白、陈清瑞、张丹生十名女同学毕业了，奉命调往庆阳三八五旅宣传队工作。那两年我们下部队到地方演出、宣传，走遍了庆阳、合水、华池、曲子、环县各个村庄。以后这个部队改编为陕甘宁边区警备第三旅和一野四军十一师。在三年解放战争中，我们参加了保卫延安，出击西府、瓦子街、扶眉战役和解放兰州的战斗。多少英雄儿女牺牲了！我们十名女同学中，张丹生（蔚虹）一九五八年在甘肃临夏下乡工作中牺牲，王振杰一九七二年去世，顾品华（静溪）双目失明，其他同学有的因劳疾过早地失去了工作能力。我们这些幸存者，虽然有的已经离休，但我们仍在这些英雄鼓舞下，为社会主义建设发挥着"余热"。

【资料来源】

《甘肃党史资料通讯》1984年第2期。

中共庆阳地委党史资料征集办公室编，刘凤阁主编：《陕甘宁边区陇东的文教卫生事业》，内部资料，1992年，第321—324页。

17. 吴岱峰谈陕北（包括陕甘边）红军军事学校情况（节录）

（1959年5月21日谈话记录）

从一九三一年到一九三五年，先后办过以下军事学校：

（一）陕甘工农红军游击队军政训练队

一九三一年冬由西北反帝同盟军党组织办起，反帝同盟军改编为陕甘工农红军游击队后，训练队改为陕甘工农红军游击队军政训练队，队长××（留苏学生，现在内蒙古工作）。分两个班组：高级班，训练排长以上干部；普通班，训练班长与优秀战士。课程有游击队怎样活动等，主要是讨论部队的改编问题。训练队设在正宁县的三嘉原，一九三二年春结束。

（二）红二十六军二团随营学校

一九三二年春创办于照金根据地，红二十六军二团南下渭华失败后，学校也垮了。

（三）陕甘边苏区红军军政学校

成立于一九三四年春，是刘志丹同志办的，志丹同志鉴于部队扩大，就吸收了许多农民参加，他们的军事知识太差，亟待训练，于是办了这个军事学校，来提高整个红军质量。刘志丹同志兼任校长，吴岱峰同志任军事主任，校址设（在）荔园堡。一九三四年春到一九三五年春，共办了三期，对象都是排连级干部。第一期三十多个学员，学习一个多月；第二期七十多名学员，学习七十来天；第三期三个月，一百多人。第一期学员毕业后曾停办一个时期。二、三期是连接办的。政治课有"工农红军""共产党""土地革命（怎样分配土地）""六大决议（十大决议、革命性质等）"，军事课有"制式训练（基本动作）""尖兵活动""班、排、连进攻"等等。除训练干部外，还附带训练了十多个县长。学员毕业后，分配到红军、游击队中工作。

（抄自甘肃省档案馆）

【资料来源】

中共庆阳地委党史资料征集办公室编，刘凤阁主编：《陕甘宁边区陇东的文教卫生事业》，内部资料，1992年，第302—303页。

第四部分
军人、退役军人医疗卫生

　　本部分主要收录延安时期军人、退役军人医疗卫生方面的指令、通令、命令、通知等，具体内容涉及救治瘟疫、护送伤兵、人民解放卫生院编制等方面。

1. 陕甘宁边区政府指令
——关于救治瘟疫及纠正军队不用边币事

〔抗字第875号〕
（1941年3月19日）

令甘泉县政府：

呈悉。（一）关于该县发生流行瘟疫事，政府极为关切。已转令民政厅急速派医生携带药品，前往救治。县府方面，也应该尽力设法请当地国医及驻军卫生所医疗，防止扩大传染。（二）关于有些军队不用边钞事，这是他们还不明了政府禁用法币、发行边钞的用意，是为了巩固边区金融、防止法币资敌的等等道理，除函留守处通令各地部队严格执行禁用法币外，该县府应向各界广大宣传，说服禁用法币的利益，使大家彻底明了，一致为巩固边区金融而奋斗。

此令

主　席　林伯渠
副主席　高自立

【资料来源】

关保英主编：《陕甘宁边区行政救助法典汇编》，山东人民出版社，2016年，第79页。

2. 陕甘宁边区政府通令
——护送伤兵办法的规定[①]

〔通字第13号〕

（1941年4月5日）

令各专员县长：

　　据留守兵团军医处报告称："（略）边区在顽固军队重重包围之下，随时向我进攻袭击，数月以来，已达数十次之多，我军为自卫起见，曾作坚决之搏斗，每一战争的结果，虽获胜利，但受伤人员在所难免，而伤兵运送之困难，运输工具之缺乏，成为目前极严重的问题。前由关中运来之负伤兵员，因民众用一乡转一乡的办法，每到一乡即停留几点钟，沿途停滞，一直延迟到一个半月，始达延安，并以民众对受伤人员的注意及爱护得不够，表现着不切实负责，为省去麻烦，把人交出，即算完成，使伤兵在中途牺牲的、伤口化脓的以及来不及施行手术的数见不鲜；如此损失实大，为免除负伤员兵的痛苦，迅送后方医疗计，希边府令饬各县及区乡政府，应有计划有准备地护送，以免迟延时日，至对招待料理，均应切实负责，并以政治动员力量，提高民众关心负伤员兵的热忱。"等情。据此，查护送伤兵，事关抗战，按乡转送办法，延宕时日，增加伤兵痛

[①] 1942年版《抗日根据地政策条例汇集·陕甘宁之部》（上）与甘肃人民出版社1981年版《陕甘宁革命根据地史料选辑》第一辑护送伤兵办法的内容相同，山东人民出版社2016年版《陕甘宁边区行政救助法典汇编》作者加了护送伤兵办法的缘由。本书综合以上资料汇编，采用山东人民出版社2016年版《陕甘宁边区行政救助法典汇编》的内容，也加了护送伤兵办法的缘由，并修改为如今的题目。

苦，殊觉不合。兹由本府规定护送伤兵办法如下：

1. 各级政府，对战斗负伤员兵，应表示崇敬，并经常从政治上教育民众，提高民众爱护伤兵的热忱；
2. 伤兵经过的路线，政府、居民、群众团体应动员慰问，送开水或食物等；
3. 运送伤兵，应由甲县直送至乙县，中途不得按乡转送致延时日；
4. 伤兵到达甲县住宿后，当地政府应先通知乙县政府，以便准备；
5. 未接甲县通知，临时到达之负伤员兵，当地政府应立即动员群众直送乙县；
6. 对动员运送伤兵之群众，应减少其他义务劳动。

以上各条，合行令仰各专员各县长即便遵照，并转所属一体遵照为要！

此令

主　席　林伯渠
副主席　高自立
厅　长　刘景范
副厅长　李　华

【资料来源】

《抗日根据地政策条例汇集·陕甘宁之部》（上），1942年，第223页。

甘肃省社会科学院历史研究室编：《陕甘宁革命根据地史料选辑》第一辑，甘肃人民出版社，1981年，第486页。

关保英主编：《陕甘宁边区行政救助法典汇编》，山东人民出版社，2016年，第80—81页。

3. 陕甘宁边区政府关于关中人民解放卫生院之编制给关中专署的命令

〔努字第43号〕

（1948年11月20日）

杨、张专员：

兹决定"关中人民解放卫生院"准予设工作人员十五人（院长一、协理员一、医师二、医生二、司药一、助产士二、芦〔护〕士三、会计员一、管理员一、事务员一），另准设炊事员一人、运输员一人。医务人员训练班暂不设立，俟明年全边区卫生医务计划颁布后再行决定。

此令

主　席　林伯渠
副主席　杨明轩
　　　　刘景范

【资料来源】

关保英主编：《陕甘宁边区行政救助法典汇编》，山东人民出版社，2016年，第443页。

4. 陕甘宁边区政府通知
——关于人民解放卫生院之编制

〔生字第12号〕

（1948年11月21日）

王厅长，白、范厅长，王处长：

兹决定将旧邠县移进关中之私人医院为基础成立"关中人民解放卫生院"，准设工作人员十五人（院长一、协理员一、医师二、医生二、司药一、助产士二、护士三、会计员一、管理员一、事务员一），另设炊事员一人、运输员二人。特此通知。

主　席　林伯渠

副主席　杨明轩

刘景范

【资料来源】

关保英主编：《陕甘宁边区行政救助法典汇编》，山东人民出版社，2016年，第444页。

第五部分
军人、退役军人社会福利

本部分主要收录延安时期军人、退役军人社会福利方面的指令、通令、命令、通知等，具体内容涉及增加残废金、奖励劳动英雄、加强荣誉军人教育及娱乐活动、解决贫苦烈军属生活困难等方面。

1. 陕甘宁边区政府关于增加残废金的通知

（1942年4月7日）

关于残废金之增加，已经民政厅讨论，由政府备案，自民国三十年下季起一律遵照此标准发放：

一等残废金五十元；

二等残废金三十六元；

三等残废金二十元。

此外，老年优待金定为十六元。牺牲金定为二百元。

特此公布。

主　席　林伯渠
副主席　李鼎铭

附：民政厅为增加残废抚恤金的呈请

边区政府、林主席、李副主席：

关于增加残废金事，前已呈请在案，此次复经民政厅厅务会讨论，依照军委会后勤部规定一等增为五十元，二等三十六元，三等二十元，老年优待金十六元，牺牲金二百元，从四一年下期起增加。现在四一年下期残废金预算，已经财政厅批准，不日即当发放。

呈请

钧府早日公布，以便进行。

敬礼

厅　长　刘景范

副厅长　唐洪澄

一九四二年三月二十八日

【资料来源】

雷志华、李忠全主编：《陕甘宁边区民政工作资料选编》，陕西人民出版社，1992年，第223—224页。

2. 陕甘宁边区政府对民政厅呈请增加残废金问题的批答

（1942年8月11日）

民政厅刘厅长、唐副厅长：

七月二十七日呈悉。该厅呈请增加四二年残废金一案到府。查边区退伍残废军人共有若干，过去每年需要残废金若干，如果重新增加共需若干，望详查具报，以凭核办为要。

特此批答

林伯渠

李鼎铭

附一：民政厅七月二十七日呈文

边区政府林主席、李副主席：

现在物价高涨，残废同志纷请增加残废金，尤其是退伍残废同志的生活甚苦，没有办法维持。为了体恤残废同志生活，表示政府抚恤之意，我们认为从四二年起，残废金有增加的必要。已经本厅厅务会议讨论，增加为一等一百元，二等八十元，三等六十元，老年优待金五十元。将呈请鉴核公布施行！

此致
敬礼

厅　长　刘景范
副厅长　唐洪澄
七月二十七日

附二：马豫章为林、李主席的信

林、李主席：

民政厅以物价高涨生活为艰，请求增加残废金一案前由李主席批示令查明残废若干、增金若干，现该厅已呈明送上请鉴核示批，以便遵办。

马豫章
八月十四日

附三：吕文远复马豫章函

马豫章同志：

函悉。兹复如下：

截至目前，今年上半年已领残废金人数总计为三三八六人，其中一等残废二三三人（内新增五名）；二等残废一〇六六名（内新增五七名）；三等残废一五八八名（内新增五二名）；老年优待四九九名（内新增一八六名）。

此数根据目前的统计，尚有三边分区、关中分区、陇东公区的统计未曾具报，不在此数以内，全边区现有残废约计五千余名，因为年年都有新增，年年又有些离开边区，或失去残证，或退伍不领等等变动。每年残废确数尚无法统计，只能计及约数。

今年的残金尚未发，目前正发去年下半年的。去年残金已略增，计一等五〇元（前年三〇元），二等三六元（前年二〇元），三等二〇元（前年一二元）。

特复

敬礼

吕文远
八月十二日

附四：民政厅八月十九日呈文

边区政府林主席、李副主席：

奉批字第三〇四号批答，饬查残废人数及残废金数目。兹将四一年及本年新增加之残废数目，造具统计表两份，随文送上，请予核示遵行。

敬礼

厅　长　刘景范
副厅长　唐洪澄
八月十九日

1942年新增加残废及残废金数目统计　　（1942年8月18日）

等级	人数/人	每人应领金额/元	金额总数/元	说明
一等	450	100	45000	预计新增800人
二等	1450	80	116000	
三等	2500	60	150000	
老年优待	550	50	27500	
合计	4950		338500	
备考				

【资料来源】

雷志华、李忠全主编：《陕甘宁边区民政工作资料选编》，陕西人民出版社，1992年，第230—231页。

3. 陕甘宁边区政府为照准增加四二年残废金给民政厅的公函

（1942年8月31日）

刘厅长、唐厅长：

民厅呈字第六〇号呈请增加四二年残废金，一等增为一百元，二等八十元，三等六十元，老年优待金五十元，业经本府三十二次政务会议决议通过，相应函知，即希查照。

敬礼

秘书长　高自立

【资料来源】

雷志华、李忠全主编：《陕甘宁边区民政工作资料选编》，陕西人民出版社，1992年，第235页。

4. 陕甘宁边区政府为奖励劳动英雄的命令

〔秘字第4号〕
（1943年4月3日）

陇东、关中、绥德、三边专员：

为激励边区人民高度生产热忱，广泛开展生产运动起见，目前各地若已发现特殊好的劳动英雄，可由各县政府将他：

一、历年来发展生产专业的详细情况，值得为群众学习的优良成绩和特点；

二、为附件乡村群众中所拥护爱戴的具体事实；

三、对各种抗战负担的态度；

四、在拥军拥政工作上模范行为（不仅限于今年的）等等材料，整理成书面报告，先经你们审查认为合格者，可以将是项材料和审查意见，呈报本厅，以便呈请政府奖励。

关于一般条件较差，不值得提为全边区群众学习的劳动英雄，则可由县府或专署给以适当奖励。

此令

林伯渠
李鼎铭
高自立
霍子乐

【资料来源】

关保英主编:《陕甘宁边区行政救助法典汇编》,山东人民出版社,2016年,第202页。

5. 关于加强荣誉军人教育及娱乐活动的决议

（1944年11月16日边区文教大会通过，边区二届二次参议会批准）

（一）为了使回到后方的荣誉军人便于在后方条件下继续为战争与革命服务，提高他们的文化是必要的。为此，应加强荣誉学校教育工作的人力和领导，使现在荣校工作的残废干部及休养的残废同志在两三年内提高到会写会算的程度。估计到荣校学员的劳动生产能力的具体情况，应该适当地减轻他们的生产任务，发给一部分教育经费，并由出版机关赠送或廉价供给他们以各种通俗读物与教材，对于分散在各机关、学校、部队、农村中的荣誉军人的教育工作，各该部门的负责人亦应注意加强之。

（二）为了使荣誉军人得到更多的精神安慰，应该注意给他们参加娱乐活动的一切机会。各文化团体、机关、学校、部队，于举行娱乐晚会时，应注意请当地荣员参加，对新由前方回来的荣誉军人，应尽可能由主管机关组织欢迎晚会。在拥军月内，延安与边区各地方政府及机关，亦应尽可能组织招待荣誉军人的晚会，并分派剧团、秧歌队、电影团等到伤兵医院及荣校进行慰问。对荣校的日常娱乐活动及其"血花"剧团，应给予物质上与技术上的帮助。

【资料来源】

《解放日报》1945年1月15日第4版。

雷志华、李忠全主编：《陕甘宁边区民政工作资料选编》，陕西人民出版社，1992年，第262页。

关保英主编：《陕甘宁边区行政救助法典汇编》，山东人民出版社，2016年，第226页。

6. 陕甘宁边区政府通知
——一九四七年荣誉军人残废金及烈属抚恤费发放新规定

〔新胜字第78号〕
（1948年1月18日）

各专员、县长，各机关、部队：

一九四七年的荣誉军人残废金及牺牲烈士家属抚恤费，因目前边区灾情严重，财政困难，不能照过去规定标准如数发放。现将新规定通知如下，希望各级政府和有关机关及部队，向所有荣誉军人及烈属详加解释，务使了解原因，同心协力，克服困难，争取最后胜利。

（一）一九四七年边区自卫战争以来的荣誉军人之残废金一律发给。

（二）一九四七年以前的荣誉军人，其残废金之发放或停止，照下列规定行之。

1. 在军政民各机关工作或休养之荣誉军人，生活已由政府供给，在此灾荒年景、财政困难之际，残废金一律停发。

2. 退伍回家或已安置在农村的三等残废，未失去劳动力，尚能自产自给，其残废金一律停发。

3. 退伍在农村已建立家务或家庭系中农以上者，残废金停发。

4. 退伍较晚，家务未建立或家庭确系贫苦的一、二等残废，残废金照发。

（三）一九四七年残废金发放的标注〔准〕定为：一等的四斗小米，二等的二斗小米，三等的一斗小米。

（四）发放残废金时，须经过确实审查。其手续为：

1. 在部队者，由前总政治部和后勤部指定各级政治部审查发放；在后方边区一级机关者，由抚委会直接审查发放。发放时应注意审查其残废程度与残废等级是否相符，不符者应予更正，残废已消失者即应注销，并在残废证上批明，加盖公章。

2. 在地方者，由各县政府发放，并应注意审查：

（1）残废证是否本人的？如系转让购买，一律作废。并查明情节，依法处理。

（2）家庭是否贫苦？残废程度及等级是否符合？不符合者，以上项规定办理。

（五）一九四七年爱国自卫战争中牺牲烈士家属的抚恤费，规定凡家庭维持中农以上生活者暂缓发给。其家庭贫苦者发给抚恤金五斗小米，并依烈属优待办法优待。在土改中，烈士仍计算在家庭人口之内，分给一份土地。

（六）残废金及抚恤费发给实物或货币之规定：

1. 在延属、关中、陇东、三边等分区所属各县，一律从公粮中发给实物。

2. 在绥德分区各县，得依荣誉军人与烈属的自愿，发给实物或货币，但领取实物，须待三月份始能发给。

3. 在机关部队中一律发给本币，按贸易公司规定之价格折给。

接到以上通知后，前方各部队由前纵后勤部向抚委会统一编造预算，领款发放，并造决算报销。各县应依上述规定分别办理，并向边区抚委会编造预算请领，决算报销。在机关者可向抚委会直接领取。

附：关于边府新胜字第七十四号命令所称荣军工烈属的解释

（一）军属：指直接参加解放军、地方部队及脱离生产之游击队指战员的家属。

（二）工属：指脱离生产的革命工作人员的家属。

（三）烈属：指参加爱国自卫战争而牺牲之烈士家属，及以前几个革命时期为革命牺牲之烈士家属。但后者之享受分地权（指烈士分的一份），只限留有幼小无依之子女者。

（四）所称家属，以军工烈之配偶，并与军工烈人员一个家庭经济单位之直系亲属（父母亲、子女及依其为生之祖父母和未成年之弟妹）为限。

特此通知。

主　席　林伯渠

副主席　刘景范

【资料来源】

陕西省档案馆、陕西省社会科学院合编:《陕甘宁边区政府文件选编》第十二辑,档案出版社,1991年,第3—5页。

关保英主编:《陕甘宁边区行政救助法典汇编》,山东人民出版社,2016年,第386—387页。

7. 陕甘宁边区政府关于新订残废等级标准及残废证发给办法的通知

〔新胜字第109号〕
（1948年3月30日）

各级政府、各部队、各医院：

现将新订之残废等级标准及残废证发给办法通知于后（去年八月民政厅所印发之残废标准即行作废）：

一、划分残废等级的原则

残废等级依其残废后身体的健康情形是否能从事劳动生产及其从事劳动生产的程度为根据，划分为四等：以残废后完全不能从事劳动生产的程度为特等；仅能从事很少一部分劳动生产的为一等；能从事一半劳动生产的为二等；仅妨碍一少部分劳动生产的为三等。

二、评定残废等级的具体标准

（一）特等残废：

（1）双目失明者；

（2）四肢失去二肢者；

（3）四肢或躯干瘫痪或侧瘫截瘫之一者；

（4）十指全失者；

（5）精神完全失常者。

（二）一特〔等〕残废：

（1）听觉及语言机能全失者；

（2）一肢折断者；

（3）二肢关节僵直者；

（4）十趾全失或失去六趾以上者；

（5）因内脏损毁而妨碍大部劳动者；

（6）大便自遗小便失禁之严重者；

（7）口腔失去作用不能咀嚼者；

（8）其他相等于上项或具有二等残废二条以上者。

（三）二等残废：

（1）语言机能全失或口腔不便饮食者；

（2）耳目一个失去听觉视觉者；

（3）双耳失听者；

（4）双目羞〔差〕明者；

（5）一肢全部瘫痪者；

（6）一手或一足折断完全失去作用者；

（7）两侧面神经瘫痪者；

（8）内脏一部轻度损坏致成半劳动者；

（9）因伤完全失掉生殖机能者；

（10）两拇指全失者；

（11）其他相等于上项或具有三等残废二条以上者。

（四）三等残废：

（1）一目失明者；

（2）一耳失听或二耳听觉有显著障碍者；

（3）失去四指（或趾）以下者；

（4）一腿变形行走不便者；

（5）一臂僵直运动不便者；

（6）生殖器失去一部者。

三、残废证的发给

（一）凡参加革命战争因作战负伤致成残废者，发给"荣誉军人证"。由抚委会（或抚委会委托之机关）依照医院或卫生机关按前条标准检查填发之残废登记表，经审查确实后发给之。

（二）如发给之"荣誉军人证"遗失，呈请补发者，凡已安置在地方上的须得所在县县政府之证明，属机关的须得主管机关负责人之证明，属部队的须得团级负责人之证明，证明其遗失原因及遗失的时间地点，并将原证之字号登报声明作废后，由抚委会（或抚委会委托之机关）重新检查其残废程度补发新证。

四、残废等级的改变

如经部队的政治部或抚委会（或抚委会委托之机关）发现其残废等级与残废程度不符时，可随时检查更改等级。并规定二等及三等残废每二年检查一次，在秋季残废金发放前举行，由残废金发放机关负责，依其残废程度的变化，审查以前确定之等级，如需更改等级者，在残废证上须注明并加盖公章。残废已经消失者，将残废证收回，另发纪念证。

特此通知。

主　　　席　林伯渠

副　主　席　杨明轩

　　　　　　刘景范

民政厅代厅长　王子宜

【资料来源】

关保英主编：《陕甘宁边区行政救助法典汇编》，山东人民出版社，2016年，第410—411页。

8. 陕甘宁边区政府关于确实解决贫苦烈军工属生活困难的指示

〔新胜字第105号〕
（1948年3月26日）

各专员、县（市）长：

为纠正各地过去对于烈军工属不分贫富一律享受物质优待，形成干部家属生活特殊、脱离群众的严重现象，并求得减轻民负，集中力量支援前线起见，本府于去年十二月命令中严重指出以上毛病，并规定对于贫苦烈军工属应在土改中"帮助其打下建立家务的基础，达到生产自给"。如有十分贫穷，一时不能维持生活的烈军属应予物质优待，工属应予救济。当时这一指示是完全必要的。但有些地方在执行中，又发生了另外的偏向和毛病，如对于贫苦烈军工属不是去首先"帮助其打下建立家务的基础"以"达到生产自给"和具体解决其目前的生活困难，却相反采取不分贫富一律不管的态度，致使烈军工属一部分极其贫苦的濒于饥饿，有的迫于不得已携儿带女投奔机关要饭吃。这显然是错误的，必须立即纠正。为此特补充指示如下：

（一）必须指出，对于烈军工属不分贫富一律给予物质优待是不对的，但不分贫富一律不予照顾帮助也是不对的。照顾和帮助的方针：主要应从各方面经常地组织并推动其生产，以劳力或物力的帮助为辅。执行时必须仔细地一户一家认真具体地解决困难，达到帮助其建立家务的目的。

（二）对目前无以为生的烈军工属，凡系灾区的，地方政府应切实负责，从救济粮斗争果实中，以各家的不同情况分别救济；在民间粮食较多的地区，应在群众中发动互济借贷，调剂粮食，总期具体解决其生活上最迫切的问题，使之能够度过灾荒。

（三）今后对于没有劳动力或缺乏劳动力又缺乏土地及不能经营其他生产事业的贫苦烈军工属，应依不同情况分别给予必需之劳力、物力之帮助。帮助采取的办法如代耕、包耕、帮工、帮粮、帮杂等，应依具体情况及群众意见来决定。帮助的程度（数量）应经过村民大会民主讨论一致通过，并得到县政府的批准为有效。对于烈属及军属更应格外注意照顾。

以上指示，希切实讨论执行，并将具体解决贫苦烈军工属困难、帮助建立家务的办法和经验，随时报告民政厅。

主　　　席　林伯渠
副　主　席　杨明轩
　　　　　　刘景范
民政厅代厅长　王子宜

【资料来源】

陕西省档案馆、陕西省社会科学院合编：《陕甘宁边区政府文件选编》第十二辑，档案出版社，1991年，第72—73页。

关保英主编：《陕甘宁边区行政救助法典汇编》，山东人民出版社，2016年，第406—407页。

9. 陕甘宁边区政府指示
——关于解决未种或少种夏田的贫苦烈军工属的口粮问题

〔产字第3号〕

（1948年7月9日）

各专员、县（市）长：

为确实解决夏收后到秋收前部分未种或少种夏田的贫苦烈军工属的口粮问题，特规定如下办法：

（一）依本府〔新胜字第一〇五号〕指示原则，确定应享受物质优待的贫苦烈军工属中，凡因未种或少种夏田致夏收后至秋收前（约四个月时间）吃粮发生困难者，发动群众调剂解决，不定时以救灾粮救济之。

（二）一般非灾区与轻灾区，均以乡为单位进行调剂。重灾区群众无力调剂或因烈军工属数目过多本乡调剂不足者，由各分区救灾粮内解决。如各分区现有之救灾粮仍不足时，专署得具实呈报本府另行筹拨补助。

（三）上述烈军工属应给调剂或救济之粮数，一律经由村民会依当地一般群众生活水平为准，逐户评定，避免发生要私情不公平及浪费现象。已最后确定救济的粮食，尽可能一次拨给，以便其扩大生产；如个别有浪费可能者，分期支付。

（四）除以上列办法接济解决其生活困难外，目前并应着重检查各地的反耕（包耕）工作，切实督促锄草，尽量抢种一部分荞麦，保证秋田每家都有收成；并积极准备帮助多种冬麦，以接济明年能早食用。

主　席　林伯渠
副主席　杨明轩
　　　　刘景范

【资料来源】

陕西省档案馆、陕西省社会科学院合编：《陕甘宁边区政府文件选编》第十二辑，档案出版社，1991年，第141页。

关保英主编：《陕甘宁边区行政救助法典汇编》，山东人民出版社，2016年，第422页。

10. 陕甘宁边区政府通知
——一九四九年上半年抚恤各费应照所颁标准从速发放

〔生字第57号〕

（1949年7月22日）

各行署主任、直属市市长、专员、县长：

（一）一九四九年抚恤费、荣誉金等，均应从速发放。现将发放标准及发放办法列表说明，随文附发，望即遵照办理。

（二）民工、民兵或因前方缺乏医院治疗，扶伤回籍，应即验明其负伤轻重照章核发医疗费；残废者，应依照附颁《订定残废等级标准》之规定，评定等级发给抚恤费。

（三）现值痛歼胡马匪、解放大西北之时，对于前后方伤病员尤应切实照顾，此项抚恤工作，必须积极办理，认真做好，并将发放情形，随时报告我们。

特此通知。

主　席　林伯渠
代主席　刘景范
副主席　杨明轩

附一：

一九四九年抚恤各费标准及发放办法表

名称				发放标准	发放办法
烈士荣誉人员	家属抚恤费	团县长级以上干部		只发一次小米一千市斤	由烈属所在县县政府照烈属所持证件按上列标准发给，由专署汇总向抚恤总会报销
		连营排长及县科长级以上干部		只发一次小米八百市斤	
		排长战士及一般事务人员		只发一次小米六百市斤	
	埋葬补助费			除发给烈属及搬运人员来往路费外，再发小米四百至六百市斤	烈士家属如需起运遗骨者，得经所在县县政府斟酌其家庭情况及道路远近按上项标准发给埋葬补助费，并向上级抚委会报销
	荣誉金（在职或在校者）	特等（残废）		每年小米三百市斤	上项荣誉金及抚恤金每年分两次发放，每次发上项标准之半数。现在应发第一次（即上半年）的荣誉金或抚恤金，至于第二次发放时，另行规定。如旧有荣誉军工人员之残废等，并无甲级、乙级之分者，其荣誉金及抚恤金均按该等甲级标准发给。荣誉军工人员属于野战军各部队者，由野政发给，向抚恤总会报销。属于边区一级之机关、部队、学校者，由抚恤总会发给。属于专署及县级以下各机关、部队、学校者，或退休在乡之荣誉军工人员，由各该专署县政府发给，向上级抚委会报销
		一等		每年小米二百市斤	
		二等	甲级	每年小米一百五十市斤	
			乙级	每年小米一百二十市斤	
		三等	甲级	每年小米九十市斤	
			乙级	每年小米六十市斤	
	抚恤金（退休者）	特等		每年小米七百二十市斤又白土布六丈	
		一等		每年小米四百五十市斤又白土布六丈	
		二等	甲级	第一、二年小米四百市斤，两年后减半发给（除照章发给退休生产补助金外）	
			乙级	第一、二年小米三百市斤，两年后减半发给	
		三等	甲级	第一年小米三百市斤，以后每年发小米四十市斤	
			乙级	第一年小米一百五十市斤，以后每年发小米四十市斤	

续表

名称				发放标准	发放办法
民兵民工	抚恤金	特等（残废）		每年小米六百五十市斤	上项民兵民工残废抚恤金，每年分两次发放，每次发上项标准之半数。其发放时间之规定与发放荣誉军工员之抚恤金时间相同。如旧有民兵民工残废等并无甲级乙级之分者，其抚恤金统按该等级标准发给。民兵民工之残废抚恤金、医疗费、棺葬费及牺牲抚恤费，均由该民兵民工原籍县政府发给。直属分区由专署汇总，向抚恤总会报销。各行政区（即专署区）由行署抚委会汇总，向抚恤总会报销
		一等		每年小米五百市斤	
		二等	甲级	第一、二年小米三百五十市斤，两年后减半发给	
			乙级	第一、二年小米三百市斤，两年后减半发给	
		三等	甲级	第一年小米二百五十市斤，以后每年发小米三十市斤	
			乙级	第一年小米二百市斤，以后每年发小米三十市斤	
	民兵民工负伤医疗费			视其负伤轻重发给小米三十至一百五十市斤	
	民兵民工牺牲棺葬费			小米四百市斤	
	民兵民工牺牲抚恤费			只发一次小米四百市斤	
革命年老人员	优待金	在职者	年满五十岁参加革命十年以上者	每月发猪肉一斤	革命年老人员之优待金，由其所在之机关、部队、学校发给，向财政厅报销
			年满五十岁参加革命十二年以上者	每月发猪肉二斤	
			年满五十岁参加革命十五年以上者	每月发猪肉三斤	
		退休者	年满五十岁参加革命十年以上者	除照章发给生产补助金外只发一次小米三百市斤	由抚委会发给领具，由所在县政府按上项标准发给，向抚委会报销
			年满五十岁参加革命十二年以上者	除照章发给生产补助金外只发一次小米五百市斤	
军工退休人员	生产补助金	参加部队满一年参加机关工作二年以上者（荣军荣工不在此限）得发生产补助金		只发一次小米一百市斤	发放生产补助金办法与发放革命年老人员优待金办法相同
		参加革命每增一年		加发小米七十市斤	
		但至多不得超过		小米八百七十市斤	

附二：残废等级标准

甲、特等：凡全身瘫痪，或重症半身不遂，或失去三肢以上（包括三股以上伤后完全失去作用者），或具有一等、二等各一条以上致劳作能力全失且必须有专人招〔照〕护者，为特等残废。

乙、一等：具有下列情形之一，致全部失去劳作能力者为一等残疾。

1. 两肢失去或伤后完全失去作用者。

2. 手指完全失去者。

3. 两目失明者。

4. 咀嚼及言语机能均全废者。

5. 重要脏腑受伤或其他与上列各项相当之伤废者。

丙、二等，分为甲乙两级：

甲级：具有下列情形之一致失去大部劳作能力者，为二等甲级残废。

1. 一腿或一足、一臂或一手失去或伤后完全失去作用者。

2. 两肢以上伤后部分僵直尚能勉强行动者。

3. 拇指全失者。

4. 两耳全聋且哑者。

5. 两眼视力高度障碍（角膜受到损伤或烧伤及眼底出血或混溷）且根本不能恢复者（仅可勉强看见一米突近之物体）。

6. 大小便失禁，漏屎漏尿者。

7. 咀嚼机能全废者。

8. 重要脏腑受伤或其他与上列相当之伤废者。

乙级：具有下列情形之一，致失去一部（分）劳作能力者为二等乙级残废。

1. 一肢骨折伤后僵直，或一肢关节僵直致运动受重大障碍者。

2. 一手之拇指自第二指骨处截落兼有其他三指以上折断全失者。

3. 失去全部足趾或足之一部（分）者。

4. 生殖器损伤失去生殖机能者。

5. 头部或腰部因伤致运动发生较重障碍且不能恢复者。

6. 重要脏腑受伤或其他与上列相当之伤废者。

丁、三等，分为甲乙两级：

甲级：具有下列情形之一，致影响劳作能力，但尚能自谋生活者为三等甲级残废。

1. 一目失明或双目视物不清且短期不易恢复者（尚能看见两米突近之物体）。
2. 两耳全聋者。
3. 语言全废者。
4. 鼻管脱落者。
5. 一手拇指自第一指骨关节断离兼有食指或其他二指以上均折断者。
6. 足趾失去过半或足跖关节僵直者。
7. 伤筋伤骨行动不便者。
8. 伤愈后精神有障碍者。
9. 其他与上列相当之伤废者。

乙级：具有下列情形之一，致影响劳作能力，但仍能自谋生活者为三等乙级残废。

1. 语言障碍不清者。
2. 听觉有重大障碍者。
3. 一手拇指自第一指骨折断或其他一指以上失去或僵直者。
4. 足趾失去两个以上者。
5. 关节筋肉伸缩时有不便者。
6. 其他与上列各项相当之伤废者。

凡伤愈后并未影响劳作能力者（如子弹伤皮伤肉），不得列入上述残废等级，可由部队委托医院发给"光荣负伤纪念证"以资纪念。

【资料来源】

陕西省档案馆、陕西省社会科学院合编：《陕甘宁边区政府文件选编》第十三辑，档案出版社，1991年，第421—426页。

11. 陕甘宁边区政府通知
—— 关于颁发一九四九年下半年抚恤各费标准仰即遵照执行

〔生字第73号〕

（1949年12月16日）

各省政府主席、行署主任、直辖市长、专员、县（市）长：

（一）一九四九年行将届终，下半年抚恤费、荣誉金、优待金等均应迅速发放。兹将发放标准随文附发，仰即遵照办理。

（二）民兵民工负伤后，如因前方缺乏医院治疗扶伤回籍者，应即验明其负伤轻重，照章发给医疗费；残废者依所颁《评定残废等级标准》评定其等级，并发给抚恤费。

（三）现值革命战争将在全国取得最后胜利之时，对于前后方负伤病员，应切实照顾，此项抚恤工作，必须认真办理，并将办理情形，随时具报为要。

特此通知。

附颁《一九四九年下半年抚恤各费标准》表格三纸

《评定残废等级标准》一份

主　席　林伯渠
代主席　刘景范
副主席　杨明轩

附一：一九四九年下半年抚恤各费标准

甲表：自作战参战牺牲之烈士或致成废残之荣誉军人及民兵民工抚恤各费标准

名　称					发放标准	发放办法
烈士	抚恤费（家属）			团县长以上干部		只发一次小米一千市斤	由烈属所在县政府凭烈属所持证件按上列标准发给
^^	^^			连营排长及县科长级以上干部		只发一次小米八百市斤	^^
^^	^^			排长战士级及一般事务人员		只发一次小米六百市斤	^^
^^	埋葬补助费				1.一般规定为小米四百至六百市斤； 2.凡烈属搬移尸体者每人每日发路费粮小米三市斤半（菜金在内）	1.烈属搬尸去时路费由原籍县政府发给，回时路费由烈士遗体所在地县政府发给。 2.烈士尸体搬运返籍时无棺材或棺材破烂不堪者由烈士所在地县政府按上项标准发给埋葬补助费，棺材尚好者只斟酌给予补助。
荣誉军工人员	荣誉金	在职者	一等		每年小米三百市斤	上项荣誉金及抚恤金每年分两次发给，每次发上项标准之半数。如旧有荣誉军工人员之残废等级并无甲级乙级之分者，其荣誉金及抚恤金均按该等甲级标准发给，下期按评定新等级发给。荣誉军工人员属于野战军各部队者，由野政发给；属于边区一级之机关部队学校者，由抚恤总会发给；属于省行署一级之机关部队学校者，由各省行署抚委会发给；属于专署及县级以下各机关部队学校者，或退休在乡之荣誉军工人员，由各该专署、县政府发给；直属市一级机关由市政府民政局发给
^^	^^	^^	二等	甲级	每年小米二百市斤	^^
^^	^^	^^	^^	乙级	每年小米一百五十市斤	^^
^^	^^	^^	三等	甲级	每年小米一百市斤	^^
^^	^^	^^	^^	乙级	每年小米八十市斤	^^
^^	^^	住荣院者	特等		每年小米三百市斤	^^
^^	^^	^^	一等		每年小米二百市斤	^^
^^	^^	^^	二等	甲级	每年小米一百五十市斤	^^
^^	^^	^^	^^	乙级	每年小米一百市斤	^^
^^	^^	^^	三等	甲级	每年小米八十市斤	^^
^^	^^	^^	^^	乙级	每年小米六十市斤	^^
^^	^^	退休者	特等		每年小米三百市斤	^^
^^	^^	^^	一等		每年小米二百市斤	^^
^^	^^	^^	二等	甲级	每年小米一百五十市斤	^^
^^	^^	^^	^^	乙级	每年小米一百市斤	^^
^^	^^	^^	三等	甲级	只发一次小米四百市斤	该项荣誉金随退休抚恤费先发一半，第二年再发一半即行停止
^^	^^	^^	^^	乙级	只发一次小米三百市斤	^^

续表

名 称				发放标准	发放办法
抚恤金（退休）	除照章发给荣誉金外	特等		每年发给小米一千三百市斤	
		一等		每年发给小米一千市斤	
		二等	甲级	第一、二年发给小米九百市斤，两年后减半发给	
			乙级	第一、二年发给小米六百市斤，两年后减半发给	
		三等	甲级	只发一次小米五百市斤	
			乙级	只发一次小米三百市斤	
民兵民工	抚恤金	特等		每年小米六百五十市斤	上项民兵民工残废抚恤金每年分两次发放，每次发上项标准之半数，其发放时间之规定与发放荣誉军工人员之抚恤金时间相同。如旧有民兵民工残废等级并无甲级、乙级之分者其抚恤金统按该等甲级标准发给，下期按评定之新等级发给。民兵民工残废抚恤金医疗费（送公立医院免费治疗者不发医疗费）及抚恤费均由该民兵民工原籍县政府发给，棺葬费发放办法与烈士同
		一等		每年小米五百市斤	
		二等	甲级	每年小米四百五十市斤，两年后减半发给	
			乙级	每年小米三百市斤，两年后减半发给	
		三等	甲级	只发一次小米三百市斤	
			乙级	只发一次小米二百市斤	
	负伤医疗费			视负伤轻重发给小米三十至一百五十市斤	
	棺葬费			小米四百市斤	
	抚恤费			只发一次小米四百市斤	
	年满五十岁参加革命十二年以上者			除照章发给生产补助金外只发一次小米五百市斤	

乙表：因公积劳成疾而致死亡或致成残废之革命军工人员各项抚恤费标准

名　称				发 放 标 准	备 注
烈士	抚恤费（家属）	团县长以上干部		只发一次小米七百五十市斤	同甲表
		连营排长及县科长级以上干部		只发一次小米六百市斤	
		班长战士及一般服务人员		只发一次小米四百五十市斤	
	埋葬补助费			同甲表	
荣誉军工人员	荣誉金	在职者	一等（残废）	每年小米二百市斤	每年分两次发给，每次发给半数 同甲表
			二等 甲级	每年小米一百五十市斤	
			二等 乙级	每年小米一百市斤	
			三等 甲级	每年小米八十市斤	
			三等 乙级	每年小米六十市斤	
		住荣校者	一等（残废）	每年小米一百五十市斤	
			二等 甲级	每年小米一百市斤	
			二等 乙级	每年小米八十市斤	
			三等 甲级	每年小米六十市斤	
			三等 乙级	每年小米五十市斤	
	抚恤金（退休者）	特　等		每年小米一千三百市斤	每年分两次发给，每次发给半数 同甲表
		一　等		每年小米一千市斤	
		二等	甲级	第一、二年发给小米九百市斤，两年后减半发给	
			乙级	第一、二年发给小米六百市斤，两年后减半发给	
		三等	甲级	只发一次小米五百市斤	
			乙级	只发一次小米三百市斤	

丙表：革命军工人员年老优待金及退休生产补助金标准

名　称				发放标准	发放办法
革命年老人员	优待金	军人	在职 年在四十五岁以上参加革命满五年者	每月猪肉一斤	在职军工人员优待金由所在部队机关发给。退休军工人员优待金由退休机关收回优待证，发给领据，再由当地县政府按照领据发给
			在职 年在四十五岁以上参加革命满八年者	每月猪肉二斤	
			在职 年在四十五岁以上参加革命满十二年者	每月猪肉三斤	
			退休 年在四十五岁以上入伍满五年者	在退休时只发一次小米三百市斤	
			退休 年在五十岁以上入伍满十年者	在退休时只发一次小米五百市斤	
		工作人员	在职 年在五十岁以上参加革命满十年者	每月猪肉一斤	
			在职 年在五十岁以上参加革命满十二年者	每月猪肉二斤	
			在职 年在五十岁以上参加革命满十五年者	每月猪肉三斤	
			退休 年在五十岁以上参加革命满十年者	在退休时只发一次小米三百市斤	
			退休 年在五十岁以上参加革命满十二年者	在退休时只发一次小米五百市斤	
退休军工人员	生产补助金	军人	参加部队满一年者（荣工荣军不在此限）	在退休时一次发给小米一百市斤	生产补助金由批准退休机关发给领据，再由当地县政府按照领据发给
			参加革命每增一年	加发小米五十市斤。尾数超过一个月者，以半年计（增发小米二十五市斤）；超过五个月者，以全年计；参军入伍未满一年而退伍者亦以满一年计	
			排级以上干部	除以上规定发给外，另加发小米五十市斤	
			对革命有特殊贡献者	得酌情多发，但最多不得超过补助金额数的二分之一	
		工作人员	参加工作满三年者	在退休时一次发给小米八十市斤	荣誉工作人员参加革命未满三年者亦按三年计算
			每多一年者	加发小米四十市斤	尾数超过一个月者按半年计算，超过七个月者按全年计算
			对革命有特殊贡献者	得酌情多发，但最多不得超过补助金额数的二分之一	
附注	1. 在职军工人员的老年优待金，由各部队、机关依据标准按月列入经常费内直接向财政部门领取报销。 2. 退休军工人员优待金及生产补助金报销办法同甲表。				

附二：评定残废等级标准

甲、特等：凡全身瘫痪，或重症半身不遂，或失去三肢以上（包括三肢以上伤后完全失去作用者），或具有一等二等各一条以上致劳作能力全失且必须有专人招〔照〕护者，为特等残废。

乙、一等：具有下列情形之一，致全部失去劳作能力者为一等残疾。

1. 两肢失去或伤后完全失去作用者。
2. 手指完全失去者。
3. 两目失明者。
4. 咀嚼及言语机能均全废者。
5. 重要脏腑受伤或其他与上列各项相当之伤废者。

丙、二等，分为甲乙两级：

甲级：具有下列情形之一致失去大部（分）劳作能力者，为二等甲级残废。

1. 一腿或一足、一臂或一手失去或伤后完全失去作用者。
2. 两肢以上伤后部分僵直尚能勉强行动者。
3. 拇指全失者。
4. 两耳全聋且哑者。
5. 两眼视力高度障碍（角膜受到损伤或烧伤及眼底出血或混溷）且根本不能恢复者（仅可勉强看见一米突近之物体）。
6. 大小便失禁，漏屎漏尿者。
7. 咀嚼机能全废者。
8. 重要脏腑受伤或其他与上列相当之伤废者。

乙级：具有下列情形之一，致失去一部（分）劳作能力者为二等乙级残废。

1. 一肢骨折伤后僵直，或一肢关节僵直致运动受重大障碍者。
2. 一手之拇指自第二指骨处截落兼有其他三指以上折断全失者。
3. 失去全部足趾或足之一部（分）者。
4. 生殖器损伤失去生殖机能者。
5. 头部或腰部因伤致运动发生较重障碍且不能恢复者。
6. 重要脏腑受伤或其他与上列相当之伤废者。

丁、三等，分为甲乙两级：

甲级：具有下列情形之一，致影响劳作能力，但尚能自谋生活者为三等甲级残废。

1. 一目失明或双目视物不清（尚能看见两米突近之物体）且短期不易恢复者。
2. 两耳全聋者。
3. 语言全废者。
4. 鼻管脱落者。
5. 一手拇指自第一指骨关节断离兼有食指或其他二指以上均折断者。
6. 足趾失去过半或足□关节僵直者。
7. 伤筋伤骨行动不便者。
8. 伤愈后精神有障碍者。
9. 其他与上列相当之伤废者。

乙级：具有下列情形之一，致影响劳作能力，但仍能自谋生活者为三等乙级残废。

1. 语言障碍不清者。
2. 听觉有重大障碍者。
3. 一手拇指自第一指骨折断或其他一指以上失去或僵直者。
4. 足趾失去两个以上者。
5. 关节筋肉伸缩时有不便者。
6. 其他与上列各项相当之伤废者。

凡伤愈后并未影响劳作能力者（如子弹伤皮伤肉），不得列入上述残废等级，可由部队委托医院发给"光荣伤员纪念证"以资纪念。

【资料来源】

陕西省档案馆、陕西省社会科学院合编：《陕甘宁边区政府文件选编》第十四辑，档案出版社，1991年，第358—363页。

第六部分
军人退役安置

　　本部分主要收录延安时期军人退役安置方面的通知、条例、方案等,具体内容涉及退伍及安置暂行办法、复员方案、成立干部休养所等方面。

1. 陕甘宁边区抗日军人退伍条例草案

（1942年）

第一条　凡抗日军人退伍，悉依本条例办理之。

第二条　本条例所称退伍军人，系指现在或曾经直接参加抗日武装部队之将士，因于战争中致成残废或年老力衰不能继续工作请经政府登记退伍者。

说明：本条所称现在或曾经直接参加抗日武装部队之将士，系指现在前方或后方留守部队工作之抗日军人以及曾经参加武装斗争，加之过去参加红军或于前方抗战，因残废或有病而调到后方工作者。

第三条　凡抗日军人具备下列情形之一者，均可准其退伍。

一、身体残废不能工作者。

二、身患慢性病不能参加工作者。

三、年满四十五岁以上，精力衰弱，不能继续工作者。

说明：过去退伍，因无明文规定，故在执行中发生无原则地决定退伍和无原则地要求退伍的偏向。因此，必须规定退伍条件。

第四条　凡退伍军人属于军事系统者，须经团级以上长官批准；属于政府系统者，须经县长以上负责人批准。

说明：在执行精兵简政过程中，有的对于编余人员处理不大适当，以致发生不好的影响。为了慎重处理退伍军人问题，必须通过团级和县级以上之主要负责人批准。

第五条　凡退伍军人办理退伍手续时，须持主管机关之介绍信与公共卫生机关医生证明书。

第六条　边区抚恤委员会为退伍主办机关，但以后委托各专署办理之。退伍手续由边区抚恤委员会统一制定之。

说明：今后的退伍工作由抚恤委员会主办，故退伍手续由该会统一制定。

第七条　凡要求退伍军人，经各主办机关审查，符合前列第二、三、四、五各条时，始发给退伍证，准予退伍。

说明：过去无原则地发给退伍证，如非抗日军人（守法期满者、工厂工人等）及意识落后不愿工作者，一律准其退伍和给予退伍证，以致弊端丛生，各地政府困难处理，因此，今后必须审查符合本条例规定后，才能发给退伍证。

第八条　退伍军人安置办法：

一、家住边区者，由主办机关发给路费并介绍回家，自谋生计。

说明：本款所称主办机关，系指抚恤委员会或抚委会委托之分区专员公署。

二、家住边区外，有劳动者，由地方政府安置农村生产。

三、有技能或愿学职业者，由地方政府设法介绍职业。

四、无家可归之重残废稍能谋生者，由地方政府适当安置。

第九条　退伍军人优待办法：

一、退伍时由主办机关酌量发给退伍金及路费。

说明：依据各县长意见，退伍金一定要发，否则每人发给粮食六斗（给支粮证）以便安置。

二、退伍军人要求土地耕种者，得由地方政府适当调剂之。

说明：如无公地区域，即开垦荒地或租佃别人土地，均由地方政府适当调剂之。

三、重残废或入伍五年以上之年老力衰而无力谋生者，由当地政府给予公地代耕或救济食粮。

说明：依据县长意见，无法谋生之退伍军人，必须适当优待，否则政治影响不好。

四、无力谋生之退伍军人，其家属与抗属同等优待。

说明：退伍军人及其家属之本身均无力谋生者，亦须优待之。（县长意见）

五、退伍抗日军人得享受《陕甘宁边区优待抗日军人家属条例》第七条规定之精神优待。

六、退伍军人得免除三年内之地方一切义务负担。

说明：贫穷无物质基础之退伍军人，在初退伍的三年内，可以免除负担，但家住边区以内或经济富裕之退伍军人不在此例。

七、退伍军人抚恤金照发。

八、贫穷之退伍军人有病时，由地方政府介绍至公立卫生机关免费治疗。如无公立卫生机关，由当地政府发动居民互助之。

说明：如无公立卫生机关区域，由当地政府发动居民互助之。

第十条　凡退伍军人均得依法享受必需之权利与尽公民之义务。

说明：刻〔可〕有许多退伍军人，认为自己是退伍休养的在职军人，不仅要地方政府供给一切需要，而且假其抗日之光荣，随便破坏法纪。

第十一条　凡退伍军人有下列情形之一者，得停止其优待。

一、本人离开边区者。

二、犯罪褫夺公权期间者。

说明：恢复公民资格后，如无法谋生者，仍须优待之。

三、转让优待权于他人者。

说明：转让优待权者，系指出买〔卖〕优待证、残废证、退伍证，或借故他往而将其受代耕之土地转赠给他人等。

四、经政府审查不合优待资格者。

说明：因下面有非军人、非残废或受伤已愈者还持着残废证、退伍证无原则地要求优待，故今后必须经常审查，淘汰不良分子。

五、本人死亡者。

第十二条　本条例之修改解释权属于边区政府。

第十三条　本条例自公布日起施行之。

【资料来源】

雷志华、李忠全主编：《陕甘宁边区民政工作资料选编》，陕西人民出版社，1992年，第240—243页。

2. 陕甘宁边区抗日军人退伍及安置暂行办法

（1942年）

一、凡抗日军人退伍，悉由边区抚恤委员会主办或抚恤委员会委托之各专署（以下简称抚委会或抚委分会）主办。

二、凡抗日军人退伍，悉依本办法处理之。

三、凡抗日军人（系指现在直接参加抗日武装部队如前方正规军、游击队或警备、保安、警卫等部队之战士），因于战争中致成残疾或年老力衰不能继续工作者，得依本办法进行退伍。

四、抗日军人具备下列情形者，准其退伍。

1. 身体已成残废不能服务者。
2. 身患慢性病无法医疗不能工作者。
3. 年满四十五岁精力衰弱不能继续工作者。

五、凡抗日军人退伍，须照下列规定办理手续。

1. 凡退伍者须经医生检验证明合于上项规定。

①正规军须经过四种政治机关批准（如战士退伍须经营政治机关批准，班长退伍须经团政治机关批准，排长退伍须经旅政治机关批准，连长退伍须经师政治机关批准，以此类推）方为有效；

②地方部队、警卫部队及游击队，属于政府系统者，必经县长以上负责人批准。

说明：为了改正过去退伍中的不良现象，今后必须慎重处理军人问题，因此抗日军人退伍时至低限度，须经团级或县级以上主要负责人批准，免致发生不好影响。

2．凡退伍者均发给退伍证方为有效。

3．凡由边区政府安置者，须经下列机关介绍：

①八路军前方部队须经总政介绍；

②留守兵团须经留政介绍；

③警卫部队（各县警卫队、保安团）须经保安处介绍。

六、退伍军人经政府抚委会审查符合前三、四、五条之规定，始得填发退伍登记表，并发给退伍证，准其退伍。

七、退伍军人安置办法如下：

1．安置区域暂划定陇东分区之华池、曲子；关中分区之新宁、淳耀；三边分区之吴旗、定边；延安分区之甘泉、安塞、志丹等县。但有特殊情形愿到其他区域居住者，须经抚委会批准。

说明：为了有计划和适当安置退伍军人，必须事先划定区域，以便地方政府准备。

2．土地由地方政府负责调剂，限定每人三垧至五垧（熟地），但有能力开垦者，则不限制。

说明：调剂土地对象，可于有公地区及群众耕地中适当抽出，或发动群众帮助开荒。

3．住址、耕牛、农具、籽种等，由地方政府发动群众适当调剂与互助之。

说明：主要系指家住边区外之贫苦退伍者。

4．食粮由地方政府每人发给六斗细粮（按五个月分发，每月以一斗二升计，此粮由地方附加粮内开支），如不足时由当地政府发动群众帮助。

说明：此粮食之发给，其意义与退伍金同，故凡退伍军人，皆得享有此项待遇；但有个别能谋生者，不在此例。

5．路费由抚委会按其行程远近，每人每日暂以二十元发给之。

6．家住边区能谋生者，由抚委会发给路费，介绍回家，自谋生计。

7．家住边区外有劳动力者，由地方政府安置农村生产；若有劳动力不足谋生者，由退伍军人自由合作，或与群众换工调剂。

8．愿经商谋生者，每人除发给资本五百元至一千元外，并发给一月粮食，但二者不能超出六斗粮之范围。

9．愿揽工为生者，由地方政府帮助介绍，如替群众放牛、放羊、打柴、打盐及其他轻劳动等。

10．有技能或愿学职业者，由地方政府设法介绍入工厂生产，或入商店当学徒等。

11. 愿找社会关系自谋生者，由抚委会发给路费，介绍当地政府登记叫其自谋生计。

12. 重残废或年老有病无力谋生之退伍军人，由地方政府适当安置之。

13. 愿参加集体生产者，由主管机关安置于生产部门工作（如南泥湾农场及同性质之手工业工厂等）。

14. 由地方政府选定适当区域设立退伍（荣誉）军人新村（或乡）集体安置与生产，并指定其中政治坚定与意识优良者为村长（或乡长）负责管理之。

说明：此种办处〔法〕优点——

①可以调剂劳动力，解决稍能劳动或不能重劳动者之困难；

②多垦荒地，解决调剂熟地之困难，并能普遍发展农业生产；

③便利进行教育不使退伍者在政治上落后，但其缺点，财政上难以解决退伍者住房、耕牛、农具及一切家具等等开支（至少在百万元以上）。

15. 由地方政府有计划分散安置其生产、住房、耕牛等物，悉于群众中调剂之；但每村至多安置五人，并组成小组选出组长管理之。

八、退伍军人优待办法如下：

1. 全无劳动力而不得谋生者，由地方政府发动群众为之全代耕；如有尽其力尚不足维持生产者半代耕或辅助耕种。

2. 无力谋生之退伍军人家属与抗属同等优待。

3. 退伍军人为〔得〕享受《陕甘宁边区优待抗日军人家属条例》第七条之优待。

4. 退伍军人得免除三年内之地方一切义务负担。

说明：务农者三年后可纳公粮，经商者可纳商业税，但于五年后一切负担仍与公民相同。

5. 退伍军人之抚恤金照发。

6. 退伍军人死亡时得享受《陕甘宁边区抗日军人抚恤条例》第十二条规定之优待。

九、凡退伍军人均得享受公民权利与遵守政府法令之义务。

说明：刻〔可〕有许多退伍军人，认为自己是退伍休养之在职军人，不仅要地方政府供给一切需要，而且假其抗日军人光荣，随便轻视法纪。

十、凡退伍军人有下列情形之一者，得停止其优待。

1. 本人离开边区者。

2. 本人犯罪褫夺公权期内者。

3. 转让优待权于他人者。

说明：为制止过去出卖优待证、残废证、退伍证或借故他往而将其受代耕之土地转赠他人等之现象。

4. 本人死亡者。

十一、凡退伍军人迁移或有事他往，均须向当地政府报告及办理手续。

十二、本办法之修改解释权属于边区政府。

十三、本办法自公布日起施行之。

【资料来源】

雷志华、李忠全主编：《陕甘宁边区民政工作资料选编》，陕西人民出版社，1992年，第445—448页。

3. 陕甘宁边区政府给在延安各医院休养所病员的慰问信

（1943年2月1日）

全体休养员同志们：

　　一年一度的旧历新年就要到了，边区人民在西北局和边区政府领导下，已展开了拥军运动的热潮。对于坚持敌后抗战六个年头之久和守卫河防保卫边区、建设边区、增进边区人民福利的八路军、保卫队、警卫队，各人心头无不洋溢着敬爱之意。这是八路军、保安队、警卫队的光荣，也就是你们的光荣。这确使政府和人民有无限的拥护和爱戴。

　　同志们！你们为了中华民族和全人类的解放，在抗日战争中尽了革命军人的天职，发挥了八路军的优良传统，努力抗日战争的工作，使你们身受残伤或疾病之苦，暂时不得不休养，你们是很辛苦的。我们这里代表边区人民和政府全体同志，向你们致以衷心钦敬与热忱慰问。你们虽暂时不能参加抗日战斗工作，但还有成千成万的中华民族优秀儿女继续为驱逐法西斯日寇出境和建立新中国而奋斗。在国际上，苏联已取得胜利，希特勒匪徒已走上日暮穷途，同盟国更加团结，更加接近胜利。中华民族的抗日战争胜利日近一日。这都说明了最后胜利是属于我们的。希望同志们安心休养，早日恢复健康。

　　我们因政务羁身，不能亲自前来慰问，特备慰劳费××元，以表敬意。祝同志们新年快乐，身体健康！

主　席　林伯渠
副主席　李鼎铭

【资料来源】

关保英主编：《陕甘宁边区行政救助法典汇编》，山东人民出版社，2016年，第187页。

4. 陕甘宁边区复员方案

（1946年4月23日第三届参议会第一次大会全体通过）

一、为什么要复员

在已经过去的抗战时期，边区虽然处于相对的和平状态，但因为是八路军、新四军的总后方与各解放区指导中心的所在地，任务重大，与强敌隔河对峙，受数十万国民党反动派军队三面包围，环境复杂。为支持抗战，防卫国民党的进攻以保卫边区，必须有足够数量的工作人员和军队，必须有适应上述任务的机构和制度，必须进行广泛的人力物力的动员，正因为我们这样做了，所以发展了军事、政治、经济、文化，不仅保卫了边区，并且完成了抗日民主模范根据地的历史任务。

现在抗日战争已经胜利结束，政治协商会议已获初步成功，在全国和平民主不被破坏的条件下，我们边区即将进入一个建设的新时期。因此这个时期，我们的任务：更进一步发展国民经济，发展国民文化，发展与巩固国民自治能力。根据这一环境与这些任务，同时根据全国整军方案所确定的原则，我们就必须适当地改变机构、制度等组织形式，必须重新部署人力物力，必须进行广泛的复员。这样做，一方面就可以增加农村劳动力，而这些劳动力是直接间接受过军事训练的，是经历过有组织的集体生活的，因之不但加强了生产战线，而且必然加强了群众文化战线，加强了人民自治基础，也就有可能更合理地调整在职人员，加强下级，加强事业机关，加强工作效率；另方面，就可以减少脱离生产人员，从而就可以积蓄财力，减轻人民负担，以便人民获得休养生息的机会，发展经济与文化建设事业。因此这次复员必须保证复员人员百分之百地就业。

二、如何进行复员

复员的第一步计划，是六月一日以前，裁减现有脱离生产人员总额的三分之一。边区政府系统与地方部队，现在脱离生产人员总额，共计三万五千人，拟复员一万一千六百人。

（一）关于地方部队的复员

部队系统复员的原则，应是合并指挥单位，各地保安团与边区保卫团，按需要适当合并。专署警卫队合并于所在地之县警卫队。复员服役多年的老战士与家庭缺乏劳动力的战士，适当安置因战斗而残废的官兵，做到复员后，仍能担负保卫边区维持地方治安的任务。因此，边区各地的保安团与保卫团和各县专署警卫队共二万人中，即拟复员六千六百人，占原额百分之三十三（具体编制另定）。

（二）关于政府系统的复员

政府系统应该尽先复员能马上直接参加生产和家庭急需劳动力的某些地方干部和事务人员。合并托儿所、保育院、招待所、休养所、卫生所、门诊部、税务机关等，紧缩边区政府、专署、区公署，加强县政府、乡政府，并改变专署组织机构，做到复员之后，使领导加强、机构精干、工作效能提高，足以完成各级政府的任务。

这样政府系统现有人员共计一万五千人，复员五千人，占原数百分之三十三强（学校系统不在内）。

这样地方部队与边区政府系统，总计现有三万五千人，编留二万三千四百人，复员一万一千六百人，复员人员占百分之三十三点一强。

三、复员人员如何处理

应给以思想上的教育、精神上的鼓励。使他们了解，过去为了革命的需要，脱离生产，参加部队和机关服务，是光荣的行为；现在又是为了革命的需要，脱离部队或机关，回到生产岗位，加强边区民主建设，同样是光荣的行为。使他们了解，过去他们在机关或部队内埋头工作为人民服务，是光荣的行为；现在回到农村回到城镇，回到各个生产战线或文化战线，成为积极分子或不脱离生产的干部，成为团结群众、改进乡村工作的核心，同样是光荣的行为。因此，各机关部队均应首长负责，亲自动手，自行个别地调查研究，具体地酝酿、讨论，耐心地说服教育，并在各部队各级政府，应设立复员委员会，拟定复员的具体计划与执行的步骤方法等，慎重从事，真正做到复员人员乐于就业，各得其所，发挥其应有的作用。在群众方面就必须认识他们创造边区、保卫边区、保卫国家民族，都是为了人民利益，现在参加各地的经济和文化建设，也是为了人民的利益，因此必须欢迎他们、慰问他们、尊重他们。

应该给以适当的安置与物质的照顾。各复员的领导机关应按各人的身体与技能条件，予以适当的安置，使复员人员各得其所。同时在物质上，政府应发给单衣一套、单鞋一双，按革命经历与功绩、身体强弱、家庭经济状况、复员地区之不同，发给七斗至十三斗小米的生产补助金，按路途远近发给足够的路费；妇女、病员与老弱、残废得酌情拨用牲口；如因公丧失劳动力的老弱残废，应给予适当时期或长时期的代耕（重残废全部丧失劳动力者，由政府供养，或送入军人荣誉学校）。如此等等，目的在于保证其起码的生产与生活条件，帮助其建立家务。复员后得享受如下的优待：家在边区或复员在边区务农无土地者，政府酌量拨给公地；无公地地区在不违背租佃条例的原则下，有租种土地之优先权；凡政府发放生产贷款时，有贷款之优先权；务农，三年免纳农业税；经商，三年免纳商业税。此外政府尤应发动群众具体地帮助他们解决各种困难（工具、籽种等）。如此等等，目的在于巩固其生产与生活条件，帮助其建立家务。对一般人员的处理办法，大概就是如此。

同时在复员者本身方面，也应该了解自己是一个革命者，并受过长期的革命锻炼，因此，更应联系群众，团结群众，遵守自己政府的法令政策，下定决心，自己努力生产，建立家务，成为模范的公民；决不可自高自大，胡作乱为，与事事依靠政府。

另外，还有在职人员的家属，家中有办法的，应动员其回家治理家务，实行工作人员一年一次的短期回家探亲制度；家中确实没有办法的，应组织其生产自给，视其具体情况发给津贴和补助金。有工作能力的女干部成为家属者，应设法安置其小孩，使能继续工作。为此，同样须在干部与家属中进行细致的解释说服，以免影响工作人员情绪，因而妨碍工作。

四、复员后如何提高工作效率

复员后，干部减少，如何提高工作效率？

首先，进一步地健全各级政府的行政制度。今后区公署、专署根据其督察与助理的性质应适当缩小组织，改变工作方式。因此，边区政府应注重加强各县工作，县府除带原则性的政策等问题必须请示边府外，县有权处理本县一切应兴应革事宜，研究和执行边府的政策、法令、指示、具体领导与帮助各个乡村的各种建设事业；乡政权为自治的基层组织，尤应给以更多的帮助与加强。

这样做到：

边区政府确能深入了解各县情况，掌握与督促各种政策的执行；其各个工作部门与附属机关，能掌握业务政策与熟悉业务情况，并领导业务之发展。

专署则根据新的环境，能代表边府督察各所属县行政，帮助县政府掌握与执行边府的政策法令，并经常调查研究反映下情于边府，以加强边府之领导。

县政府能实际做到领导乡村自治和人民经济、文化建设的中心领导机关。

区公署，确能助理县政府，了解督促检查并帮助乡政府的工作。

尤其乡政权为边区政府的基层组织，人民经济、文化的发展，自治能力的提高，各种政策法令的实际贯彻，都决定于乡政权的领导效能。去年选举中建立了乡代表制，改善了乡村政权机构，今后更应加强乡长与乡文书，使他们确能具体帮助乡代表工作，以完成乡村自治的任务。为此必须在这次复员中，对各级政府机关中的干部进行调整，使边府与专署的干部少而精，县府的干部健全，区署与乡上的干部加强，各级政府应本此原则适当地配备。

其次，应改变、改善或从〔重〕新研究建立一套适合和平民主建设的各种制度，如用人制度、财政税收制度、经济教育制度、司法与社会制度、救济制度等。在用人制度方面，过去统一管理，获得很大成绩，但也有毛病：一方面是边府专管干部的机关，陷于日常事务，形成"包"与"拖"的现象；另方面是各机关放任不管，形成单纯"送"与"要"的现象。大规模的复员后，在职干部应确定"统一领导，分工管理"的方针。民政厅主要在于掌握整个的干部政策，制定统一的管理制度和干部工作计划，负责主要干部的配备、使用、培养、教育等；各机关各县在统一干部政策制度与计划下，负责进行所属干部的登记、审查、任免、培养、教育、待遇、保健等日常工作，并须首长负责，纠正过去首长不关心干部工作的现象。在财务税收制度方面，严格执行预决算制，建立合理的税收制度，停止一切募捐摊派，逐渐改供给制为薪金制，首先在部分人员中（如技术人员、学校教职员、杂务人员等）试行。在供给制下提倡公家按一定标准保证供给，私人在这个标准内可自由处理以便逐步过渡到薪金制度。大部分工厂改供给性为营业性，职工均实行薪金（工资）制，政府停止供给，机关、部队的生产自给制度，在不妨碍工作与学习的条件下，仍须继续坚持。（边区军政人员复员处理办法另定。）总之，许多制度应该继续研究制定。

这样不致〔至〕于因复员而影响减弱我们的工作，反而由于复员的结果，更提高了各级政府的工作能力与行政效率，更加强了边区和平民主的各项建设，使之成为和平建设时期的模范。

【资料来源】

第三届参议会常驻会编印:《陕甘宁边区第三届参议会第一次大会汇刊》,1946年,第86—88页。

甘肃省社会科学院历史研究室编:《陕甘宁革命根据地史料选辑》第三辑,甘肃人民出版社,1983年,第124—129页。

5. 陕甘宁边区政府关于发给退休人员生产补助金的通知

〔新胜字第96号〕
（1948年3月12日）

各专员、县长：

为了使不能继续在部队或机关工作之残废老弱人员在复原还乡之后能够进行生产、建立家务，特规定发给生产补助金之办法如下：

一、办理退休的条件：

（一）凡在人民革命战争中因作战或因公致成残疾，确定不能继续在部队或机关工作，须要复员还乡者。

（二）凡参加我野战兵团及地方兵团已满两年以上军龄（解放兵根据其作战表现来决定），因年老体弱，确定不能继续在部队或机关工作，须要复员还乡者。

（三）凡在我党政各部门及后方军事机关和军事系统之工厂、学校、医院已服务三年以上，因年老体弱，确定不能继续在机关工作，须要复员还乡者。

（四）凡不具备以上退休条件之精简人员及清洗分子，均予遣散。遣散人员的待遇，除发给路费并介绍回原籍从事生产外（精简人员中过去工作有模范事迹者可酌情发给部分生产补助金），不得享受退休人员生产补助金的待遇。

二、退休生产补助金的标准：

（一）残废退休人员参加革命一年或两年者，发给小米九十斤，以后每增加一年加发小米三十斤，但加发最多不得超过三百斤。

（二）部队退休之老弱，军龄已满二年者及一般机关之退休人员参加革命已满三年者，发给小米三十斤，以后每增加一年发小米三十斤，但加发最多不得超过三百斤。

以上两项逐年加发米数，并须依其家庭情况决定按数加发或酌予增加或不加。

（三）参加革命有特殊供〔贡〕献或已满十五年，工作一贯积极的年老退休人员，除按以上标准发给生产补助金外，可再酌予增加。

三、退休生产补助金发给的办法：

（一）家在边区或安置在边区境内之退休人员，由所在县政府按边区抚委会委托处理之机关批发数，一次发给粮食，并通知当地政府负责监督该项粮食用于安家生产上。各县所发之生产补助粮，于月终决算送抚委会转财厅报销。

（二）介绍去其他解放区处理之人员，各该解放区政府决定其退休者，其退休生产补助金由当地政府决定发给。

（三）回蒋管区之退休人员，暂不发生产补助金，只发临时补助费。

特此通知。

主　　　席　林伯渠
副　主　席　杨明轩
　　　　　　刘景范
民政厅代厅长　王子宜

【资料来源】

关保英主编：《陕甘宁边区行政救助法典汇编》，山东人民出版社，2016年，第401—402页。

6. 陕甘宁边区政府关于成立干部休养所问题致习仲勋的函

〔前字第67号〕
（1949年10月8日）

习政委：

　　关于西北军区政治部提议，由边府负责设立一专门机关收容党政军系统久病不愈及革命之年老人员问题。经我们于九月二十二日第十次集体办公会议讨论，大家认为：以今天的人力、医药、管理教育等条件并追溯以往经验，此等机关组织不宜庞大，否则绝难办好。故我们意见，党政两系统久病不愈之人员应成立一干部休养所收容，由民政厅负责管理。至军队系统之上述人员，仍应由军区政治部另行成立疗养院收容。未知妥否？请核夺。

　　此致

敬礼

刘景范
杨明轩

【资料来源】

　　关保英主编：《陕甘宁边区行政救助法典汇编》，山东人民出版社，2016年，第514页。

7. 陕甘宁边区政府函
——关于分别成立干部休养所问题

〔前字第68号〕

（1949年10月19日）

谭、刘部长：

你处提议由边府设立一专门机关，统一收容党政军系统久病不愈之干部及革命年老人员一事。经我们研究认为：以今天之人力、医药、管理教育等条件并根据以往经验，此等机关组织不宜庞大，否则很难办好。故我们的意见是：党政两系统之上述人员由民政厅负责成立一干部休养所收容之，军队系统之上述人员应由军区政治部另行成立收容机关收容之。以上意见业经习政委同意，特此函达。

林伯渠
刘景范
杨明轩

【资料来源】

关保英主编：《陕甘宁边区行政救助法典汇编》，山东人民出版社，2016年，第515页。

第七部分
烈士公墓

本部分收录了延安时期烈士公墓修筑方面的训令。

1. 陕甘宁边区政府民政厅关于建筑革命公墓给延安市的训令

（1942年8月16日）

令延安市市长高述先：

在抗日民族解放战争中，远道来边区参加革命的同志们，间有因公致劳，死于疾病，或效命疆场为国牺牲，政府为死者之关切表达革命之崇仰，特建立革命公墓以示纪念。此公墓之建筑及管理，责由延安市府主掌重事，特指示如下：

1. 在延安市距城十里以内，在南门外及北门外各觅一地点建立革命公墓，凡参加革命死亡同志均得入葬，树〔竖〕立碑志，并于每年"七七"公祭之。

2. 死亡入葬之同志，其生平遗物及著作，由死者所属各部门交延安市府保存，以备死者家属之索取，或作革命纪念。

3. 死亡入葬之同志，其平身〔生平〕履历、生年卒月，均须登记之。

4. 死者家属或朋友欲移灵柩回籍者，得向市府申请之。

5. 公墓的建筑，先行绘制图案须做到：

①四周筑短围墙；

②门楣宏敞；

③种植森林；

④规划墓基，并将图案送核。

6. 建筑工程分期进行：第一期在九日内将地点勘定，建筑围墙；第二期建筑门楣，栽植树木。限明年三月完成。所需砖石，得以城墙砖补充之。

7. 本厅通知各机关、部队、学校，所有因病或在战场牺牲的同志，均得送入革命公墓安葬。

8. 公墓管理规程及公祭仪式另令公布之。

以上各节，仰该市长即便遵照办理。

此令

厅　长　刘景范

副厅长　李　华

【资料来源】

雷志华、李忠全主编：《陕甘宁边区民政工作资料选编》，陕西人民出版社，1992年，第233—234页。

后　记

这本书稿终于要交付出版了，回想这几年的研究经历，记忆犹新。2017年11月在去延安参加廉政文化研究会议途中，我无意间与我校纪委书记肖道远及副书记周立、黄静等人谈到了自主择业干部以及退役军人的生活保障问题，遂萌生对这一领域进行研究的念头。从文献查阅到研究大纲的撰写，几年来，周立、黄静两位老同志给予我多方面的关心和支持；肖道远同志30多年的军旅生涯以及退役军人的身份，使他对退役军人群体有着独特的情感及深刻的见解，多次与他讨论并实地调研后，我的研究思路越来越清晰，确定了退役军人生活保障的核心和研究的主要内容。自此，退役军人生活保障的研究正式开始了。

2018年主持申报的教育部人文社科青年基金项目"延安时期党的领导与社会保障建设相统一的实践智慧及其当代意义研究"经教育部社科基金学科评审组评审，有幸获得立项资助（项目批准号：18XJC710010），作为延安时期社会保障的重要组成部分，军人（退役军人）社会保障法律文献自此开始整理汇编。2019年度陕西省退役军人事务厅项目"特困退役军人关爱基金服务体系建设研究"（项目批准号：STYJRSWKT201906）、2020年度西北政法大学退役军人事务研究院项目"中国共产党在新民主主义革命时期的军人社会保障制度及实践研究"、2021年度"中国共产党百年军人社会保障制度及实践研究"（项目批准号：JM-202108）、2020年度西北政法大学教改项目"我校军转干部培训中'课程思政'与'思政课程'问题研究"（项目批准号：XJYB202036）的先后获批立项与结项，都为本书资料的查找与搜集提供了有力支持。2021年，我参与中山大学朱亚鹏教授主持的"研究阐释党的十九届五中全会精神"国家社科基金重大项目"健全退役军人工作体系和保障制度研究"（项目批准号：21ZDA102），撰写了子课题"国内外退役军人工作体系和保障制度经验借鉴"的内容，系统梳理总结了近几年在军人（退役军人）社会保障方面的思考和想法。没有以上课题的支撑，对退役军人社会保障的研究很难开展。

与其他社会保障制度的研究相比，退役军人社会保障问题的研究比较艰难。首先，资料的查找与获取比较困难。2017年在中国人民大学清史研究所访学之际，我专门利用中国人民大学图书馆丰富的馆藏资源，详细查阅了延安时期以及其他革命根据地时期的军人、退役军人社会保障方面的资料。在资料的查阅过程中，中国人民大学图书馆副馆员胡菊芳老师给予我大力的支持，访学期间导师夏明方教授也给予我各方面的指导，其深厚的学术功底和严谨求实的学术作风时时鞭策着我，在此深表感谢！师姐乔庆梅和李莹老师为我提供了住宿的便利条件，一并表示感谢！

其次，退役军人社会保障的研究离不开西北政法大学退役军人事务研究院的支持，军民融合法治保障与退役军人事务治理协同创新研究中心、退役军人事务部退役军人事务研究基地的相继获批建立，为退役军人社会保障搭建了良好的研究平台。在董玮院长的大力支持和刘卫波、宋文静、景晋、王志刚等多位老师的艰辛努力下，研究院不仅设立课题支持退役军人社会保障的研究，而且多方筹措资金解决出版费用。一年多来，研究院各位军转干部在每周研讨会上与我交流，良好的学术环境为深入了解退役军人面临的各方面问题提供了便利条件。在此一并表示感谢！

在本书校对过程中，西北大学公共管理学院硕士研究生潘瑞玲协助改正错别字、查找史料的出处，西北政法大学法治学院硕士研究生蒲媛缘、景国红协助补录陇东地区的部分资料并处理表格。几位同学认真负责，一丝不苟，在此也表示深深的谢意。

从2016年资料的搜集开始到本书付梓之际，家人的关心是我开展相关研究的最大支持。东京大学访学期间，父母帮助照看小朋友，给予了我莫大的支持。如今，小朋友已经独立，还成为一个"小助手"。访学期间周文豪对小朋友教育的付出，也使我能安心踏实工作。

多年来，导师郑功成教授开阔的学术视野、战略性的眼光以及放眼世界的学术理想一直激励着我对中国社会保障史的研究和思考，他对中国社会保障史研究的关注和支持给予了我莫大的鼓励！近些年来我能克服各种困难一直坚持社会保障史的研究，和郑老师的勉励分不开。在此致以深深的谢意！

延安时期军人、退役军人的社会保障是中国近现代社会保障史的重要内容之一。本书是中国近现代社会保障史研究的系列成果之一，望各位读者不吝赐教，助其更加完善。

文姚丽

2022年6月11日